CW01643111

DICCIONARIO MARITIMO
con diálogos entre Capitán y Práctico

Inglés ▪ Español

Español ▪ Inglés

MANUEL RODRIGUEZ BARRIENTOS

Capitán de la Marina mercante
Práctico del puerto de Algeciras. La Línea

DICCIONARIO MARITIMO
con diálogos entre Capitán y Práctico

Inglés - Español

Español - Inglés

1987

PARANINFO S.A.

MADRID

Fotografía de portada:
FIRO-FOTO

© MANUEL RODRIGUEZ BARRIENTOS
Algeciras (Cádiz) España

Reservados los derechos para todos los países. Ninguna parte de esta publicación, incluído el diseño de la cubierta, puede ser reproducida, almacenada, o transmitida de ninguna forma, ni por ningún medio, sea éste electrónico, químico, mecánico, electro-óptico, grabación, fotocopia o cualquier otro, sin la previa autorización escrita por parte de la Editorial.

IMPRESO EN ESPAÑA
PRINTED IN SPAIN

ISBN: 84-283-1514-0
Depósito legal: M. 42.834.—1986

PARANINFO S.A. Magallanes, 25 - 28015 MADRID (12303/35/32)

Artes Gráficas Benzal, S.A. - Virtudes, 7 - 28010 MADRID

CONTENIDO

A Mary Tere

PROLOGO

Desarrollando a lo largo de muchos años su trabajo como Práctico de número del puerto de Algeciras, el autor, con envidiable tenacidad, ha ido recopilando todas sus experiencias en lengua inglesa, derivadas de sus muchos contactos con gran número de buques mercantes de muy diversas nacionalidades arribados a puerto, todos ellos obligados a conocer en mayor o menor profundidad este idioma, considerado hoy día como el universalmente comercial.

Ello le ha movido, consciente de la dificultad de hallar frases tan técnicas y tan poco usuales fuera de los buques, a publicar este volumen, compilado a lo largo del tiempo, y cuya encomiable labor, a buen seguro, será muy bien recibida en el ámbito a que pertenece y ayudará, con su estudio, al entendimiento entre los Prácticos y los buques en su aproximación a puerto y atraque a los mismos, para conseguir entrambos "llevar los buques a buen puerto".

ENRIQUE NOVAL GARCIA

Capitán de Navío

INTRODUCCION

Un objetivo muy simple nos indujo a iniciar la redacción de esta obra: poder brindar - tanto a los Capitanes, Pilotos y Patrones de la Marina mercante como a los Prácticos de puerto - un repertorio de las voces y frases inglesas más usuales relativas al manejo de los buques, con las que aquéllos se puedan entender al encontrarse en puerto o buque extranjero.

Con este propósito, pues, emprendimos nuestra labor y, poco a poco, fuimos recopilando una serie de términos y expresiones que - dado el número y diversidad temática que llegó a alcanzar - se nos ocurrió podrían resultar de utilidad a los técnicos de la mar a quienes preferentemente va dedicado nuestro trabajo, no ya sólo con ocasión del desarrollo de las maniobras de entrada y salida de buques, sino también en otros distintos momentos de sus vidas profesionales. Así que, ordenado convenientemente el citado material, compusimos con él los vocabularios inglés-español y español-inglés que ofrecemos en las dos primeras partes de la obra.

La tercera parte, compuesta exclusivamente por diálogos, recoge nuestra inicial idea y en ella presentamos, agrupadas bajo diferentes epígrafes, una serie de frases con las que creemos que será fácil, tanto a Capitanes como a Prácticos, expresar cuantas ideas, en relación con el manejo del buque, se vean en la necesidad de manifestar.

Si se logra nuestro deseo de que este libro resulte de alguna utilidad, podemos dar por bien empleados el tiempo y el esfuerzo que nos llevó su preparación.

EL AUTOR

BIBLIOGRAFIA

Barbudo Duarte, Enrique, *Diccionario marítimo inglés-español y español-inglés* Cádiz, 1965.

Bell, Claude, *Seafaring in English,* Bergen, 1975.

Crespo Rodríguez, Rafael, *Vocabulario de construcción naval, español-inglés, inglés-español* Madrid, 1975.

Editions Maritimes et d'outre-mer. *Dictionnaire anglais-français et français-anglais des termes el locutions maritimes,* París, 1964.

Inter-governmental maritime consultive Organization, *Glosario de términos técnicos marítimos, inglés, francés, español, ruso,* Londres.

Leal y Leal, Luís, *Diccionario naval inglés-español y español-inglés,* Madrid, 1963.

Rocafull y Pol, Rafael, *Inglés práctico-marítimo,* Cádiz, 1916.

Suarez Gil, Luís, *Diccionario técnico marítimo, inglés-español, español-inglés,* Madrid, 1981.

Terry y Rivas, Antonio, *Diccionario de los términos y frases de Marina, Español-Francés-Inglés,* Madrid, 1899.

The Concise Oxford Dictionary, Oxford, 1982.

Watson, G.O., *Dictionary of marine engineering and nautical terms,* Londres, 1964.

ABREVIATURAS USADAS EN ESTA OBRA

adj.	adjetivo	*Mat.*	matemáticas
adv.	adverbio	*Mec.*	mecánica
ant.	anticuado, antiguo	*Med.*	medicina
Arm.	armas	*Meteor.*	meteorología
Arq. nav.	arquitectura naval	*Mot.*	motores
Astr.	astronomía	*Náut.*	náutica
Bot.	botánica.	*Nav.*	navegación
Com.	comercio	*Ocean.*	oceanografía
Const. nav.	construcción naval	*Opt.*	óptica
Dib.	dibujo	*Pesc.*	pesca
Der. mar.	derecho marítimo	*Pir.*	pirotécnica
EE.UU.	Estados Unidos	*pl.*	plural
Elect.	electricidad	*p.p.*	participio pasado
f.	sustantivo femenino	*prep.*	preposición
Fís.	física	*Rad.*	radiotecnia, radionavegación
Geogr.	geografía		
Geom.	geometría	*s.*	sustantivo
Hidr.	hidrografía	*Señ.*	señales
loc. adv.	locución adverbial	*V.*	véase
m.	sustantivo masculino	*v.*	verbo
Man.	maniobra	*v.i.*	verbo intransitivo
Máq.	máquinas	*v.t*	verbo transitivo
Mar. g.	marina de guerra	*v.r.*	verbo reflexivo
Mar. m.	marina mercante	*Zool.*	zoología

PRIMERA PARTE

Inglés ▪ Español

A

aback *adv.* en facha.

abaft *adv.* y *prep.* *(en el mismo buque)* a popa de, por la cara de popa de □ ~ **the beam** a popa del través.

abandon *s.* abandono ‖ *v.t.* abandonar.
~ **ship** *(por la tripulación)* abandono de buque.
to ~ **ship** abandonar el buque.

abandonment *s.* abandono.
~ **to insurers** abandono a los aseguradores.

abate *v.i.* *(el viento)* amainar □ **the wind** ~**s** el viento amaina.

abeam *adv.* por el través.

ablaze *adj.* y *adv.* en llamas, ardiendo.

aboard *adv.* y *prep.* a bordo □ **to go** ~ embarcar.

abreast *adv.* por el través □ ~ **of** al través de, a la altura de.

accessible *adj.* *(costa, puerto, etc.)* abordable.

accident *s.* accidente.
labour ~ accidente de trabajo.
nuclear ~ accidente nuclear.

accommodation *s.* *(para personas)* alojamiento.
crew ~ alojamiento de la tripulación
officers' ~ alojamiento de oficiales.
passengers' ~ alojamiento de pasaje.

act *s.:*
~ **of God** fuerza mayor
Merchant Shipping ~**s** legislación de Marina mercante.

action *s.* acción, operación.
~ **to alter course** maniobra de cambiar de rumbo.
~ **to avoid collision** maniobra para evitar un abordaje.

adjust *v.t.* **1.** regular, ajustar, reglar; **2.** *(el compás)* compensar.
to ~ **the compass** compensar la aguja [el compás].

adjuster *s.* *Der. mar.* liquidador.
average ~ liquidador de averías.

adjustment *s.* **1.** *(en general)* ajuste, regulación, rectificación; **2.** *(compás)* compensación; **3.** *Com.* liquidación.
~ **of average** *Der. mar.* liquidación de averías.
~ **of compass** compensación de la aguja [del compás].
~ **of sextant** rectificación del sextante.
average ~ *Der. mar.* liquidación de averías.
compass ~ compensación de la aguja [del compás].
sextant ~ rectificación del sextante.

admiral *s.* **1.** almirante; **2.** buque insignia.

admit *v.t.:*
to ~ **to pratique** levantar la cuarentena.

adrift *adv.* a la deriva [ronza], al garete □ **to break** ~ romper amarras (y quedar al garete); **to go** ~ ir a la deriva [a la ronza, al garete].

adventure *s.:*
gross ~ préstamo a la gruesa.

advice *s.:*
~ **boat** *(buque)* aviso.

aerial *s.* *Rad.* antena.

artificial ~ antena artificial [ficticia].
radar ~ antena de radar.
radar scanner [scanning] ~ antena de radar.
scanner [scanning] ~ antena de radar.
sense ~ antena de sentido.

aeroplane *s.* avión.

afloat *adj.* y *adv.* a flote □ **to get** ~ desembarrancar, desencallar, poner a flote; **to lie** ~ estar a flote.

affidavit *s.* declaración jurada.

affreightment *s.* fletamento.
~ **for a lump sum** fletamento a tanto alzado.

aflame *adv.* en llamas.

afore *adv.* y *prep. (situación dentro del buque)* a proa (de).

aft *adv. (situación, movimiento dentro del buque)* a popa □ ~ **of** a popa de, por la cara de popa de; **fore and** ~ de proa a popa.

afterpeak *s.* racel [rasel] de popa.

age *s.* edad.
~ **of tide** edad de la marea.

agent *s. (persona o cosa)* agente.
charterer's ~ agente del fletador.
company's ~ agente de la compañía.
consular ~ agente consular.
extinguishing ~ agente extintor.
forwarding ~ agente de transportes.
insurance ~ agente de seguros.
Lloyd's ~ agente del Lloyd's.
shipping [ship's] ~ *(representante del armador)* consignatario.

agreement *s.* convenio, contrato.
average ~ compromiso de avería.
salvage ~ contrato de salvamento.

aground *adv.* encallado, varado □ **to come [go, run]** ~ varar, encallar, embarrancar.
~ **on rocky bottom** encallado en fondo de roca.
~ **on soft bottom** encallado en fondo blando.

ahead *adv.* **1.** *(objeto o posición fuera del buque)* a proa, por la proa; **2.** *(marcha del buque o de la máquina)* avante □ **to go** ~ ir avante; **dead slow** ~**!** ¡avante muy poca!; **full (speed)** ~**!** ¡avante toda!; **half (speed)** ~**!** ¡avante media!; **slow** ~**!** ¡avante poca!

ahull *adv.* en [a la] capa cerrada.

aid *s.* ayuda.
~**s to navigation** ayudas a la navegación.
radio ~**s** ayudas radioeléctricas.

air *s.* aire.
compressed ~ aire comprimido.
foul ~ aire viciado.
light ~ *(fuerza 1 en la escala de Beaufort)* ventolina.
pure ~ aire puro.

aircraft *s.* aeronave.

alarm *s.* alarma □ **to give the** ~ dar la alarma || *v.t.* dar la alarma.

alidade *s. (de teodolito)* alidada.

alight *v.i.* amarar.
to ~ **upon the sea** amarar.

alley *s.* túnel.
shaft ~ túnel del eje.

alleyway *s.* pasillo, corredor.

almacantar o **almucantar** *s.* almicantarada, almicantarat, paralelo de altura.

almanac *s.* almanaque.
Nautical ~ almanaque náutico.

alongside *adv.* y *prep.* a lo largo de, al costado □ **to come [go, haul]** ~ atracar, abarloar; **to come [go]** ~ **a ship** atracar al costado de un buque.

alter *v.t.* y *v.i.* cambiar(se), enmendar(se).
to ~ **course** cambiar [enmendar] el rumbo.
to ~ **course to port** caer a babor.

alteration *s.* cambio.
~ **of course** cambio de rumbo.
~ **of speed** cambio de velocidad.

alternator *s. Elect.* alternador.

altitude *s. Astr.* altura.
apparent ~ altura aparente.
meridian ~ altura meridiana.
observed ~ altura observada.
true ~ altura verdadera.

amain *adv.* en banda □ **to let go** ~ arriar en banda.

amidships *adv.* en medio del buque, en el centro [la medianía] del buque, en crujía □ **amidships!** ¡a la vía!.

amplitude *s.* amplitud.
~ **of tide** amplitud de la marea.
tidal ~ amplitud de la marea.

anchor *s.* ancla □ **to cast** ~ fondear; **to drop (the)** ~ fondear; **to heave** ~ levar el ancla; **to lay out an** ~ tender un ancla; **to lie at** ~ estar al ancla; **to ride at** ~ estar al ancla; **to let go (the)** ~ fondear; **to lose an** ~ perder un ancla; **to weigh** ~ levar el ancla || *v.i.* fondear.
back ~ ancla de [para] engalgar.
boat's ~ ancla de bote.
bower ~ ancla de amura [leva, servicio].
drag ~ ancla flotante.
drift ~ ancla flotante.
floating ~ ancla flotante.
kedge ~ anclote.
mooring ~ ancla de cuerpo muerto.
mud ~ ancla de hongo.
mushroom ~ ancla de hongo.
off-shore ~ ancla de fuera [de la mar].
patent ~ ancla de patente
port ~ ancla de babor.
sea ~ ancla flotante.
sheet ~ ancla de esperanza.
spare ~ ancla de respeto.
starboard ~ ancla de estribor.
stern ~ ancla de popa.
stockless ~ ancla sin cepo.
stream ~ ancla de codera.
weather ~ ancla de barlovento.
to ~ **by the stern** fondear por la popa.

anchorage *s.* **1.** *(acción de anclar)* fondeo; **2.** fondeadero □ **to arrive at the** ~ llegar al fondeadero; **to change** ~ cambiar de fondeadero.
~ **prohibited** fondeadero prohibido.
bad ~ mal fondeadero

anemograph *s.* anemógrafo.

anemometer *s.* anemómetro.

angary *s.* angaria.

angle *s.* **1.** *Geom.* ángulo; **2.** *Const. nav.* angular.
~ **bar** *Const. nav.* angular.
~ **iron** *Const. nav.* angular.
~ **of dip** ángulo de inclinación magnética.
~ **of heel** ángulo de escora.
~ **of incidence** ángulo de incidencia.
~ **of list** ángulo de escora.
~ **of rudder with keel** ángulo del timón con la quilla.
~ **of stem rake** ángulo de lanzamiento de la roda.
~ **of stern rake** ángulo de lanzamiento del codaste.
acute ~ ángulo agudo.
boundary ~ angular de contorno.
bulb ~ angular con bulbo [nervio].
danger ~ ángulo de certidumbre [seguridad].
drift ~ ángulo de deriva [abatimiento].
equal ~ angular de alas iguales.
inverted ~ angular invertido.
obtuse ~ ángulo obtuso.
polar ~ ángulo en el polo.
reversed ~ angular invertido
right ~ ángulo recto.
rolling ~ ángulo de balance.
stringer ~ angular de trancanil.
upsetting ~ ángulo crítico de estabilidad.

anomaly *s.* anomalía, irregularidad.
magnetic ~ anomalía magnética.

answer *v.t.* y *v.i.* responder.
to ~ **the helm** obedecer al timón, gobernar.

antarctic *adj.* antártico.

antenna *s. Rad.* antena.
artificial ~ antena artificial [ficticia].
dummy ~ antena artificial [ficticia].
radar ~ antena de radar.
radar scanner [scanning] ~ antena de radar.
scanner [scanning] ~ antena de radar.
sense ~ antena de sentido.

anticyclone *s.* anticiclón.

apeak *adv. (anclas)* a pique.

aperture *s.* abertura.
propeller [screw] ~ marco [vano] de la hélice.

apparatus *s.* aparato.
~ **for forced draft to boilers** aparatos de tiro forzado para calderas.
breathing ~ aparato respiratorio.
buoyant ~ aparato [artefacto] flotante.
echo-sounding ~ sondador acústico, aparato de sonda acústica.
feedwater heating ~ aparato de calentamiento de agua de alimentación.
fire detecting and extinguishing ~ equipo detector y extintor de incendios.
heating ~ aparatos de calefacción.
line throwing ~ aparato lanzacabos.

mechanical sounding ~ sondador mecánico.
portable radio ~ aparato de radio portátil.
propulsion ~ aparato motor.
radio ~ aparato de radio.
respiratory ~ aparato respiratorio.
salvage ~ *(buque, mercancías)* aparatos de salvamento.
sounding ~ sondador.

appearance *s.:*
~ **of the sky** cariz.

appliance *s.* aparato, dispositivo || ~**s** *s. pl.* material.
fire-extinguishing ~**s** material contra incendios.
heating ~**s** aparatos de calefacción.
internal buoyancy ~**s** *(bote, etc.)* flotadores interiores.
life saving ~**s** *(de personas)* aparatos salvavidas, aparatos [elementos, equipo, material] de salvamento.
line throwing ~ aparato lanzacabos
mooring ~**s** elementos de amarre.

appointment *s. (de oficiales, etc.)* nombramiento.

approach *v.t.* y *v.i. (acercarse a otra embarcación)* abordar.

approache *s. (costa, puerto, etc.)* acceso.

apron *s.* contrarroda.

arbitration *s.* arbitraje.

arc *s.* **1.** arco; **2.** *(sextante)* limbo.
~ **of visibility** *(de una luz)* sector de visibilidad.

archipelago *s.* archipiélago.

architect *s.:*
naval ~ ingeniero naval.

area *s.* área, superficie, zona.
~ **of accident** zona del accidente.
~ **of the distress** zona del siniestro.
clear ~ zona despejada.
friction ~ superficie de rozamiento.
grate ~ superficie de parrilla.
reserved seaplane ~ zona reservada a los hidroaviones.
sail ~ superficie de velamen.
search ~ zona de búsqueda.
seasonal ~ *(líneas de carga)* zona periódica.

arm *s.* brazo || *v.t. (proveer de armas)* armar.
~ **of (the) sea** brazo de mar.
anchor ~ brazo de ancla.
lever ~ brazo de palanca.
righting ~ brazo adrizante.
rudder ~ abrazadera del timón.
sea ~ brazo de mar.

armament *s. (el total de armas de un buque)* armamento.

armour *s. Arq. nav.* blindaje || *v.t.* blindar.
~**-plating** blindaje.

arrangement *s.* instalación, dispositivo.
bilge ~ dispositivo [instalación] de achique.
bilge pumping [suction] ~ dispositivo [instalación] de achique.
change-over ~ *Elect.* dispositivo de permutación.
fire extinguishing [extinction] ~ instalación contra incendios.
purifying ~**s** instalación de purificación.
sanitary ~**s** intalaciones sanitarias.

arrival *s.* llegada □ **on** ~ **in harbour** a la llegada a puerto.
safe ~ llegada sin novedad.

arrive *v.i.* llegar, arribar.
to ~ **at rendezvous** llegar al punto de reunión.
to ~ **at anchorage** llegar al fondeadero.
to ~ **in time** llegar a tiempo.
to ~ **on board** llegar a bordo.
to ~ **off** *(cabo, puerto, etc)* llegar delante de.

articles *s. pl.* rol.
ship's ~ rol.

ashore *adv.* en tierra, a tierra □ **to come** ~ varar, encallar; **to go** ~ ir [saltar, salir] a tierra; **to run** ~ varar, encallar.

assemble *v.t. (una máquina)* armar, montar.

assist *v.t.* auxiliar.

assistance *s.* asistencia, auxilio, ayuda, socorro □ **to call for** ~ pedir auxilio [socorro]; **to give [render]** ~ prestar auxilio; **to require** ~ necesitar auxilio.
immediate ~ auxilio [socorro] inmediato.
medical ~ asistencia médica.

astern *adv.* **1.** *(objeto o posición fuera del buque)* a [por la] popa □ ~ **of** *(de otro* *buque)* a popa de; **dead [right]** ~ por la misma popa, justo por la popa; **2.** *(marcha del buque o de la máquina)* atrás □ **to go** ~ ir atrás, ciar; **dead slow** ~**!** ¡atrás muy poca! **full (speed)** ~**!** ¡atrás toda! **half (speed)** ~**!** ¡atrás media!; **slow** ~**!** ¡atrás poca!

ataunto *adv.* a toda vela, a velas tendidas.

athawart(ship) *prep.* de banda a banda, de través.

atmosphere *s.* atmósfera.

atmospherics *s. pl. Rad.* atmosféricos.

attach *v.t.* amarrar.

attendant *s.:*
sick berth ~ enfermero.

attention *s.* atención □ **to attract the** ~ atraer [llamar] la atención.

authority *s.* autoridad.
civil authorities autoridades civiles.
competent ~ autoridad competente.
Customs authorities autoridades de Aduanas.
harbour authorities autoridades del puerto.
health authorities autoridades de Sanidad.
judicial authorities autoridades judiciales.
local authorities autoridades locales.
military authorities autoridades militares.
naval authorities autoridades navales.
port authorities autoridades del puerto.
sanitary authorities autoridades de Sanidad.

autumn *s.* otoño.

auxiliar *adj.* y *s.* auxiliar.
engine-room auxiliaries auxiliares (de la cámara) de máquinas.

average *s. Der. mar.* avería.
general ~ avería común [gruesa].
particular ~ avería particular [simple].

awash *adv.* a flor de agua.

aweigh *adv. (ancla, al levar)* desprendida del fondo □ **anchor** ~**!** ¡zarpó!

awning *s.* toldo.
forecastle ~ toldo del castillo.
poop ~ toldo de la toldilla.

axe *s.* hacha.
fire(man's) ~ hacha de bombero.

axis *s. Geom.* eje.
neutral ~ eje neutro.

axle *s. Máq.* eje.

azimuth *s.* acimut, azimut.

B

back *v.t.* **1.** *(ancla)* engalgar **2.** *(velas)* fachear || *v.i.* **1.** ir atrás, ciar; **2.** *(viento)* rolar en sentido contrario a las manecillas de un reloj.
to ~ sails fachear.

backboard *s.* *(de bote)* escudo.

backstay *s.* burda.

backwash *s.* remolino de la hélice.

bag *s.* *(receptáculo)* saco □ **in ~s** en sacos.
duffel ~ saco de marinero.
flag ~ saco de banderas.
oil ~ *(para calmar la mar)* saco de aceite.
sea ~ saco de marinero.

bail *v.t.* *(un bote con achicador)* achicar.
to ~ out achicar.

bailer *s.* achicador.

bait *s.* *Pesc.* carnada, cebo.

bale *s.* bala, fardo || *v.t.* *(un bote con achicador)* achicar.
to ~ out achicar.

ball *s.* bola.
anchor ~ bola de fondeo
signal ~ bola de señales.

ballast *s.* lastre □ **in ~** en lastre; **to take in ~** lastrar || *v.t.* lastrar.
dry ~ lastre seco.
fixed ~ lastre fijo [permanente].
permanent ~ lastre permanente [fijo].
water ~ lastre de agua [líquido].

ballasting *s.* lastraje.

band *s.* **1.** *(velas)* faja; **2.** *(metal)* fleje; **3.** *Rad.* banda.
reef ~ faja de rizos.
rudder ~ hembra del timón.

bank *s.* **1.** *(arena, niebla, etc.)* banco; **2.** *(río)* orilla || *v.t.* *(fuegos de calderas)* retirar, mantener.
fog ~ banco de niebla.
sand ~ banco de arena.
to ~ the fires *(calderas)* retirar [mantener] los fuegos.

banker *s.* *(embarcación de Terranova)* bacaladero.

bar *s.* **1.** *(de metal)* perfil, barra; **2.** *Ocean.* barra □ **to cross [go over] the ~** cruzar [pasar, tomar] la barra.
angle ~ *Const. nav.* angular.
boundary (angle) ~ angular de contorno.
bounding (angle) ~ angular de contorno.
bulb (angle) ~ angular con bulbo [nervio].
capstan ~ barra de cabrestante.
channel ~ perfil [hierro] en U.
dangerous ~ *Ocean.* barra peligrosa.
equal-angle [-flange, -leg] ~ angular de alas iguales.
frame (angle) ~ angular de fondo de varenga.
gutter ~ angular interior del trancanil.
hatch (locking) ~ *(escotilla)* barra de cierre.
outer ~ *Ocean.* barra exterior.
pinch ~ pie de cabra.
port ~ *(porta)* barra de cierre.

reversed ~ angular invertido.
stay-~ *Máq.* estay.
stringer (angle) ~ angular de trancanil.
waterway ~ angular invertido del trancanil.

barge *s.* barcaza, chalana, gabarra.
dumb ~ barcaza sin propulsión.
hopper ~ gánguil, gánguil de compuertas.
mud ~ gánguil.
non-propelled ~ barcaza sin propulsión.
river ~ gabarra de río.
rubbish ~ chalana para basuras.
water ~ buque aljibe.

bargeman *s.* gabarrero.

bark *s.* (bric)barca.

barograph *s.* barógrafo.

barometer *s.* barómetro.

barque *s.* (bric)barca.

barquentine *s.* barca goleta.

barratry *s.* baratería.

barrel *s.* *(medida de capacidad y recipiente de madera)* barril.

barrier *s.* barrera.
~**-reef** barrera de arrecifes.
ice-~ barrera de hielo.

base *s.:*
naval ~ base naval.

basin *s.* dársena.
tidal ~ dársena de marea.
turning ~ dársena de reviro.

basket *s.* cesto, canasta.
rescue ~ cesto de salvamento.
strainer ~ canasta de filtro.

batten *s.* **1.** listón; **2.** *(escotilla)* barra de cierre. || *v.t.* listonar, enlatar.
cargo ~ serreta, vagra al aire [de carga].
hatch ~ barra de cierre de escotilla.
hold ~ serreta, vagra al aire [de carga].
to ~ **down** *(escotillas)* cerrar y trincar.

batter *v.t.* *(viento o mar)* azotar.

battery *s.* *Elect.* batería, pila.
accumulator ~ batería de acumuladores.
dry ~ pila seca.
storage ~ batería de acumuladores.

battleship *s.* *(buque)* acorazado.

bay *s.* bahía.
sick ~ enfermería.

beach *s.* playa || *v.t.* varar, encallar, embarrancar.

beacon *s.* baliza || *v.t.* balizar.
directional radio ~ radiofaro direccional.
emergency position-indicating radio ~ radiobaliza de localización de siniestros.
fixed ~ baliza fija.
floating ~ baliza flotante.
light(ed) ~ baliza luminosa.
maritime radio ~ radiofaro marítimo.
radar (reflector) ~ baliza radar.
radio ~ radiobaliza, radiofaro.
rotating radio ~ radiofaro giratorio.

beaconage *s.* derechos (por gastos) de balizamiento.

beaconing *s.* balizamiento.

beading *s.* *Arq. nav.* galón.

beam *s.* **1.** bao; **2** *(ancho del buque)* manga; **3** *(dirección)* través □ **abaft the** ~ a popa del través; **before the** ~ a proa del través; **on the** ~ por el través; **on the port** ~ por el través de babor.
deck ~ bao de cubierta.
half ~ medio bao.
hatch ~ galeota.
hatch-end ~ bao del extremo de escotilla.
hatch(way) ~ bao de escotilla.
main ~ bao maestro.
midship ~ bao maestro.
short ~ medio bao.

bear *v.i.* **1.** apoyarse; **2.** *Náut.* demorar.
to ~ **away** arribar, girar a sotavento.
to ~ **off** *(de otro buque o de la costa)* desatracar(se).

bearing *s.* *Náut.* demora □ **to find one's** ~**s** orientarse; **to take a** ~ tomar una demora, marcar.
~ **and distance** demora y distancia.
approximate ~ demora aproximada.
compass ~ demora de la aguja.
cross ~**s** demoras simultáneas.
magnetic ~ demora magnética.
radio ~ demora radiogoniométrica.
relative ~ marcación.
relative radio (direction finder) ~ marcación radiogoniométrica.
true ~ demora verdadera.

beat *v.i.* barloventear, navegar de vuelta y vuelta.
to ~ about [up] barloventear.

becalm *v.i.* *(mar, viento, etc.)* calmar(se), encalmarse.

becalmed *adj.* encalmado □ **to be ~** estar encalmado.

becket *s.* vinatera.

belay *v.t.* tomar vuelta, hacer firme, amarrar.

bell *s.* campana □ **to strike the ~** picar la campana.
diving ~ campana de buzo.
fog ~ campana de niebla.
ship's ~ campana de a bordo.

belly *s.* *(de una vela)* seno.

belt *s.* cinturón.
life ~ cinturón salvavidas.

bench *s.* *(asiento para personas y mesa de taller)* banco.
side ~ *(en los botes)* bancada lateral.
test ~ banco de pruebas.

bend *s.* **1.** vuelta, nudo; **2.** *(río, canal)* torno || *v.t.* **1.** *(anclas)* entalingar; **2.** *(velas)* envergar.
double sheet ~ vuelta doble de escota.
sheet ~ vuelta sencilla de escota.

berth *s.* **1.** amarradero, atracadero, fondeadero, sitio de amarre [fondeo] □ **to allot anchoring ~** asignar fondeadero; **2.** resguardo, distancia prudencial □ **to give a wide ~** dar [hacer] resguardo, pasar lejos; **3.** litera || *v.t.* atracar, fondear.
~ and space clara de [distancia entre] cuadernas.
anchoring ~ fondeadero.
building ~ grada de construcción.
sick ~ enfermería.
wide ~ resguardo, distancia prudencial.
to ~ alongside *(a tierra)* atracar.

berthage *s.* derechos de atraque [muelle].

berthing *s.* atracada.

bight *s.* **1.** *Geogr.* caleta, ensenada, seno; **2.** *Man.* *(parte de un cabo distinta de sus extremos)* seno.

bilge *s.* pantoque, sentina.

bill *s.* **1.** cuenta, factura, cédula; **2.** *(ancla)* pico de loro [papagayo].
~ of entry declaración de aduana.
~ of health patente de sanidad.
~ of lading conocimiento (de embarque).
~ of sale escritura de venta.
average ~ declaración de averías.
blank ~ of lading conocimiento (de embarque) al portador.
clean ~ of health patente limpia de sanidad.
clean ~ of lading conocimiento (de embarque) limpio.
foul ~ of health patente sucia de sanidad.
foul ~ of lading conocimiento (de embarque) sucio.
negociable ~ of lading conocimiento (de embarque) negociable.
order ~ of lading conocimiento (de embarque) a la orden.
stations ~ cuadro orgánico.
straight ~ of lading conocimiento (de embarque) nominativo.
through ~ of lading conocimiento (de embaque) directo.

billboard *s.* *(de madera)* varadero (de la uña) del ancla.

binnacle *s.* bitácora.

binoculars *s. pl. ópt.* gemelos.
prismatic ~ gemelos prismáticos.

biscuit *s.* *(pan sin levadura)* galleta.
sea [ship, ship's] ~ galleta.

bit *s.* vuelta sobre la bita, bitadura.

bite *v.t.* y *v.i.* **1.** *(el ancla)* morder, aferrar, agarrar **2.** *(los peces)* picar.

bitt *s.* bita || *v.t.* tomar vuelta sobre la bita, (a)bitar.
mooring ~ bita de amarre.
towing ~ bita de remolque.

bitter *s.* vuelta sobre la bita, bitadura.

blade *s.* **1.** *(remo)* pala; **2.** *(turbina)* paleta; **3.** *(timón)* azafrán, pala; **4.** *(hélice)* pala, paleta.
oar ~ pala de remo.
propeller ~ pal(et)a de la hélice.
rudder ~ azafrán [pala] del timón.
screw ~ pal(et)a de la hélice.

blast *s.* pitada.
prolonged ~ pitada larga.
short ~ pitada corta.

block *s.* **1.** bloque; **2.** motón, cuadernal.
~ **with becket** motón [cuadernal] con arraigada.
~ **with hook** motón [cuadernal] con gancho.
becket ~ motón [cuadernal] con arraigada.
bilge ~ picadero lateral [del pantoque].
building ~ picadero.
double ~ cuadernal doble [de dos ojos].
double-sheave(d) ~ cuadernal doble [de dos ojos].
fourfold ~ cuadernal cuádruple [de cuatro ojos].
hawse ~ tapa [tapón] de escobén.
hook ~ motón [cuadernal] de gancho.
iron-strapped ~ motón [cuadernal] herrado.
iron-bound ~ motón [cuadernal] herrado.
keel ~ picadero de quilla.
lead(ing) ~ motón de retorno.
monkey ~ motón giratorio.
moving ~ motón [cuadernal] movible.
multiple-sheave(d) ~ cuadernal.
rope-strapped ~ motón [cuadernal] de gaza de cabo.
running ~ motón [cuadernal] movible.
sister ~ motón de briol.
snatch ~ pasteca.
standing ~ motón [cuadernal] fijo.
swivel ~ motón giratorio.
tail ~ motón de rabiza.
threefold ~ cuadernal triple [de tres ojos].
treble ~ cuadernal triple [de tres ojos].
treble-sheave(d) ~ cuadernal triple [de tres ojos].
twofold ~ cuadernal doble [de dos ojos].

blockade *s.* bloqueo || *v.t.* bloquear.

blocked *p.p.* bloqueado.
~ **by mines** bloqueado por minas.

blocking *s.* línea de picaderos.

blow *v.i.* soplar.
to ~ **hard** *(el viento)* soplar con fuerza.

blower *s.* *(aparato)* ventilador.
draught ~ ventilador de aspiración.
ventilating [ventilation] ~ ventilador.

bluff *adj.* **1.** acantilado, a pique; **2.** *(barco de proa redondeada)* lleno || *s.* promontorio acantilado.

board *s.* **1.** *(pieza de madera)* tabla, tablero; **2.** *(costado del buque)* bordo □ **on** ~ a bordo; **to go on**~ embarcar; **3.** *Man.* bordada, bordo; **4.** *Elect.* cuadro || *v.t.* **1.** atracar, abarloar; **2.** *(a otra embarcación)* abordar.
bulk shifting ~ arcada.
centre ~ orza.
covering ~ tapa de regala.
distribution ~ *Elect.* cuadro de distribución.
gang-~ *(de portalón)* plancha.
shifting ~ arcada.
to ~ **a ship** *(examinar su documentación)* reconocer un buque.

boarding *s.* **1.** *(a otro buque)* atracada; **2.** *(acción de guerra)* abordaje; **3.** *(de personas)* embarco, embarque, embarcación.

boat *s.* bote, embarcación; buque, barco □ **by** ~ por barco; **to hoist a** ~ izar un bote; **to hoist a** ~ **in** meter un bote a bordo; **to lower a** ~ arriar un bote.
accident ~ bote de emergencia.
banana ~ buque platanero.
cargo ~ buque de carga.
carvel-built ~ bote de construcción a tope.
clincher [clinker]-built ~ bote de tingladillo.
collapsible ~ bote plegable.
decked ~ bote cerrado.
emergency ~ bote de emergencia.
ferry ~ buque transbordador.
fire ~ embarcación contraincendios.
fishing ~ bote [embarcación] de pesca, buque de pesca.
lobster ~ langostero.
mail-~ buque correo.
motor ~ bote de motor.
open ~ bote abierto [sin cubierta].
packet-~ paquebot(e), paquete.
paddle ~ buque de ruedas.
passenger ~ buque de pasaje.
pilot ~ bote del práctico.
pleasure ~ buque de recreo.
police ~ bote de la policía.
port doctor's ~ bote de Sanidad del puerto.
post-~ buque correo.
row(ing) ~ bote de remos.

rubber ~ bote neumático.
self-righting ~ bote autoadrizante [inzozobrable].
ship's ~ embarcación de a bordo.
trawl-~ buque de pesca de arrastre.
tunny ~ (buque) atunero.
water ~ buque aljibe.
whale ~ (lancha) ballenera.
work ~ bote de servicio.

boatage *s.* gastos de bote.

boatbuilder *s.* constructor de botes.

boatman *s.* barquero, botero.

boatswain *s.* contramaestre.
~**'s mate** segundo contramaestre.

boatwright *s.* contructor de botes.

boiler *s.* caldera.
auxiliary ~ caldereta.
donkey ~ caldereta.
main ~ caldera principal.
marine ~ caldera marina.

bollard *s.* bolardo, noray.

bolt *s.* perno.
blunt ~ perno no pasante.
dump ~ perno no pasante.
eye ~ cáncamo.
hook ~ perno de gancho.
in-and-out ~ perno pasante.
ring ~ perno con argolla, cáncamo de argolla.
shackle ~ perno de grillete.
through ~ perno pasante.

bomb *s. Arm.* bomba.

bond *s.* compromiso, fianza.
average ~ compromiso de avería.
bottomry ~ *ant.* carta de gruesa aventura.
salvage ~ contrato de salvamento.

bonnet *s.* capó.
engine ~ *(bote)* capó del motor.

book *s.* libro.
cargo ~ libro de cargamentos.
chronometer record ~ diario de cronómetros.
register-~ (libro) registro.
signal ~ código de señales.

boom *s.* **1.** pluma [puntal] de carga; **2.** *(de grúa)* pluma; **3.** *(rastrera)* tangón, botalón; **4.** *(cangreja)* botavara.
cargo ~ pluma [puntal] de carga.
derrick ~ pluma [puntal] de carga.
gaff-sail ~ botavara.
heavy-lift ~ pluma de grandes pesos [real].
jib-~ **1.** botalón de foque; **2.** *(de grúa)* pluma.
jumbo ~ pluma de grandes pesos [real].
lower studding sail ~ *(rastrera)* tangón, botalón.
spanker ~ botavara.
studding sail ~ botalón de ala.
swinging ~ **1.** *(rastrera)* tangón, botalón; **2.** tangón para botes.

bora *s. Meteor.* bora.

bore *s.* mascaret.
tidal ~ mascaret.

borer *s.:*
marine ~ broma, teredo, taraza.

boss *s.* **1.** *(rosa náutica)* chapitel; **2.** *Máq.* núcleo.
propeller ~ núcleo de la hélice.

bo'sun *s.* contramaestre.
bosun's mate segundo contramaestre.

bottom *s.* **1.** *Ocean.* fondo □ **at the** ~ *(del mar)* en el fondo; **on the** ~ *(del mar)*sobre el fondo; **to sink to the** ~ irse al fondo; **2.** *Arq. nav.* carena, obra viva, fondo □ ~ **up(wards)** quilla al sol; **3.** *(de mamparo)* pie.
clay ~ fondo de arcilla.
coral ~ fondo de coral.
double ~ doble fondo.
flat ~ *(buque)* fondo plano.
foul ~ *(buque)* fondos sucios.
hull ~ carena, obra viva.
inner ~ fondo interior.
muddy ~ fondo de fango.
pebbly ~ fondo de cascajo.
rocky ~ fondo de piedra.
sandy ~ fondo de arena.

bound *adj.* **1.** detenido, bloqueado; **2.** destinado a, con destino a □ ~ **for** con destino a.
fog-~ detenido por la niebla.
ice-~ **1.** *(buque)* bloqueado [detenido] por los hielos; **2.** *(puerto)*cerrado por los hielos.
weather-~ detenido por el mal tiempo.
wind-~ detenido por el viento.

bounty *s.* prima, subvención.
~ **on exportation** prima de exportación.

prize-~ parte [gratificación] de presa.

bouse *v.t.* halar de un aparejo.

bow *s. Const. nav.* **1.** amura □ **on the port ~** por la amura de babor; **on the starboard ~** por la amura de estribor; **2.** proa □ **~ to ~** proa contra proa.
bluff ~ proa llena.
bulbous ~ proa de bulbo.
flare-out ~ proa de abanico.
lean ~ proa fina.
port ~ amura de babor.
starboard ~ amura de estribor.

bowl *s. (de la aguja)* mortero.

bowline *s.* **1.** *(de una vela)* bolina; **2.** as de guía.
~ on the bight as de guía [balso] por seno.
double [French] ~ as de guía [balso] por seno.
running ~ ahorcaperro, as de guía para lazo.

bowse *v.t.* halar de un aparejo.

bowsprit *s.* bauprés.

box *s.* caja.
connection ~ *Elect.* caja de conexión [empalme].
fire ~ *(caldera)* caja de fuego.
junction ~ *Elect.* caja de conexión [empalme].
mud ~ caja de fangos.
oil ~ engrasador.
outlet ~ *Elect.* caja de derivación [salida].
packing ~ prensaestopas.
rose ~ *(tuberías de achique)* chupador.
rudder stuffing-~ prensaestopas de la mecha del timón.
sand ~ *(contra incendios)* caja de arena.
sludge ~ caja de fangos.
smoke ~ caja de humo.
stern-tube stuffing-~ prensaestopas de la bocina [del codaste].
strainer ~ caja de fangos.
strum ~ *(tubería de achique)* caja de aspiración, canasta, chupador.
stuffing-~ prensaestopas.
valve ~ caja de válvulas.

brace *s.* **1.** *(vergas)* braza; **2.** *(pieza para sujetar ciñendo)* abrazadera.
rudder ~ hembra del timón.
to ~ aback bracear a ceñir.
to ~ up descargar, bracear por sotavento.

bracket *s. Const. nav.* **1.** cartabón, curvatón; **2.** arbotante.
plate ~ cartabón.
propeller shaft ~ arbotante del eje.

brackish *adj.* salobre.

brail *s.* candaliza || *v.t. (vela)* cargar.
to ~ up *(vela)* cargar.

brake *s.* freno.
rudder ~ freno del timón.

bread *s.* pan.
pilot [sea, ship, ship's] ~ galleta.

breadth *s.* **1.** ancho, anchura; **2.** *Const. nav.* manga.
aftermost ~ manga de la popa.
extreme ~ manga máxima [en el fuerte].
moulded ~ manga de trazado [fuera de miembros].
tonnage ~ manga de arqueo.

break *s.* **1.** rotura; **2.** *Const. nav.* saltillo; **3.** *Elect.* interrupción || *v.t.* romper.
to ~ adrift romper amarras.
to ~ up desguazar.

breakage *s.* rotura □ **leakage and ~** *(mercancías)* rotura y derrame.

breakdown *s. Máq.* avería, rotura.
engines ~ avería [rotura] de máquinas.

breaker *s. (para botes salvavidas)* barril de agua, tanque de agua potable || **~s** *s. pl.* rompientes.
ice-~ *(buque)* rompehielos.
water ~ *(bote salvavidas)* barril de agua, tanque de agua potable.

breaking *s.* rotura.
~ of a shaft rotura de un eje.
~-up desguace.

breakwater *s.* rompeolas.

breeching *s. (calderas)* conducto de humos.

breeze *s.* brisa.
fresh ~ *(fuerza 5)* viento fresquito.
gentle ~ *(fuerza 3)* viento flojo.
light ~ *(fuerza 2)* viento flojito
moderate ~ *(fuerza 7)* viento frescachón.
sea ~ brisa marina, virazón.
strong ~ *(fuerza 6)* viento fresco.
variable ~ *(viento suave de dirección variable)* ventolina.

bridge *s. Arq. nav.* puente.
navigation ~ puente de navegación.

brig *s.* bergantín, bergantín redondo.

brigantine *s.* bergantín goleta.

bright *adj.* claro, brillante.

brine *s. (agua cargada de sal)* salmuera.
pickling ~ *(para conservar alimentos)* salmuera.

bring *v.t.* llevar, traer.
to ~ **out** *(un ancla)* tender.
to ~ **to** fachear, ponerse en facha.
to ~ **to the capstan** guarnir al cabrestante.
to ~ **up 1.** subir; **2.** *(girar la proa al viento, corriente, etc.)* aproar.

broach *v.t.:*
to ~ **to** tomar por avante [la lúa], hacer capilla.

broadcast *v.t.* y *v.i.* radiar, transmitir por radio.

broker *s.* corredor, agente.
chartering ~ agente de fletamentos.
insurance ~ agente de seguros.

brokerage *s. (trabajo del corredor y comisión que éste percibe)* corretaje.

brow *s. (de portalón)* plancha.

bucket *s.* balde.
ash ~ balde de cenizas.
canvas ~ balde de lona.
fire ~ balde contraincendios.
grab ~ *(para descarga)* cuchara.

buckle *s.:*
turn-~ *Man.* tensor.

buckler *s.* tapa [tapón] de escobén.

builder *s.* constructor.

built *p.p.* de **to build.**
clincher [clinker] ~ (construcción a) tingladillo.

bulk *s.* □ **in** ~ a granel.

bulkhead *s.* mamparo.
afterpeak ~ mamparo del rasel de popa.
boundary ~ mamparo de cierre.
collision ~ mamparo de colisión [abordaje].
corrugated ~ mamparo ondulado.
divisional ~ mamparo divisorio.
enclosure ~ mamparo de cierre.
engine room ~ mamparo de la cámara de máquinas.
fire-proof ~ mamparo resistente al fuego.
fire-resisting ~ mamparo resistente al fuego.
fire(-retarding) ~ mamparo cortafuegos.
fluted ~ mamparo ondulado.
grain ~ *(fijo, en bodega)* mamparo de balance, arcada.
machinery ~ mamparo de la cámara de máquinas.
main transverse ~ mamparo transversal principal.
partition ~ mamparo divisorio.
portable grain ~ *(desmontable, en bodega)* mamparo de balance, arcada.
recess(ed) ~ mamparo de nicho.
sloping ~ mamparo inclinado.
step(ped) ~ mamparo de bayoneta.
wash ~ *(en tanque)* mamparo de balance.
watertight ~ mamparo estanco.

bulwark *s.* amurada.
full ~ amurada alta.

bundle *s.* fardo.

bunk *s.* litera.

bunker *s.* carbonera □ **to complete** ~**s** rellenar de combustible || *v.t.* y *v.i.* hacer [tomar] combustible.
coal ~ carbonera.
reserve ~ carbonera de reserva.
spare ~ carbonera de reserva.
tweendeck ~ carbonera de entrepuente.

bunt *s. (de una vela)* seno.

bunting *s.* lanilla.

buoy *s.* boya || *v.t.* balizar con boyas.
anchor ~ boya de ancla [de orinque], boyarín de ancla.
anchorage ~ (EE.UU.) boya de amarre [de cuerpo muerto], amarra fija.
bar ~ boya de la barra.
barrel ~ boya de barril(ete).
beacon ~ boya baliza.
bell ~ boya de campana.
breeches ~ andarivel de salvamento.
cable ~ boya de ancla [de orinque].
can ~ boya cilíndrica.
cask ~ (EE.UU.) boya de barril(ete).

chequered ~ boya ajedrezada [pintada a cuadros].
conical ~ boya cónica.
cylindrical ~ boya cilíndrica.
entrance ~ boya de la entrada.
fairway ~ boya de la canal.
fishing net ~ boya de arte de pesca.
light ~ boya luminosa.
mark ~ **1.** *(regatas, etc.)* boya de marca; **2.** (EE.UU.) boya baliza.
marker ~ (EE.UU.) boya baliza.
mooring ~ boya de amarre [de cuerpo muerto], muerto, amarra fija.
pillar ~ boya de columna.
port hand ~ boya de babor.
spar ~ boya (en forma) de percha.
staff ~ boya con marca de tope.
starboard hand ~ boya de estribor.
spherical ~ boya esférica.
striped ~ boya con listas [fajas].
telegraph ~ boya de cable telegráfico.
topmark ~ boya con marca de tope.
turning ~ boya de virada.
unlighted ~ boya ciega.
whistle [whistling] ~ boya de silbato.
wreck ~ boya de naufragio.
to ~ out balizar con boyas.

buoyage *s.* balizamiento.

buoyancy *s.* **1.** flotabilidad; **2.** *(en el agua)* empuje.
reserve ~ reserva de flotabilidad.

buoyant *adj.* *(que puede flotar)* flotante.

buoying. *s.* balizamiento.

burden *s.* porte, capacidad de carga.

burgee *s.* **1.** *(bandera de dos puntas)* corneta; **2.** bandera de la Casa Naviera, bandera del armador.

burn *v.t.* incendiar, quemar || *v.i.* arder, quemarse.

burthen *s.* porte, capacidad de carga.

butt *s.* *(de tablón o chapa)* tope, cabeza □ **~ and ~** a tope.

C

cabin *s.* cabina, camarote.
individual ~ camarote individual
inside ~ camarote interior.
officer's ~ camarote de oficial.
one-berth ~ camarote individual.
outside ~ camarote exterior.
passenger ~ camarote de pasajero.
single(-berth) ~ camarote individual.

cabinet *s.:*
hose ~ caja para manguera.

cable *s.* **1.** *(en todas sus acepciones)* cable; **2.** *(ancla)* cadena, cable.
~ **length** *(medida de longitud)* cable.
anchor (chain) ~ cadena de ancla.
chain ~ *(ancla)* cadena.
electric ~ cable eléctrico.
port ~ cadena de babor.
starboard ~ cadena de estribor.
stud(ded) link (chain) ~ cadena con contrete.
submarine ~ cable submarino.

cabotage *s.* cabotaje.

caisson *s.* barco puerta.
floating ~ barco puerta.

calculation *s.* cálculo.
stability ~s cálculos de estabilidad.

calibrate *v.t.* calibrar, graduar.

calk *v.t.* calafatear, retacar.

calker *s.* calafate.

calking *s.* calafateo.

call *s.* llamada || *v.t.* llamar || *v.i.* hacer escala, tocar.
distress ~ *Rad.* llamada de socorro.
general ~ *Señ.* llamada general.
to ~ **by radio** llamar por radio.

cal(l)ipers *s. pl.* compás de espesores [gruesos].

calm *s.* calma || *adj.* en calma || *v.i. (viento, mar, etc.)* calmar(se).
~**s of Cancer** calmas de Cáncer.
dead [flat] ~ calma chicha.
to ~ **down** calmar(se).

camber *s.* brusca del bao.

can *s. Señ.* cilindro.

canal *s. (artificial)* canal.
ship ~ canal marítimo.

cannon *s. Arm.* cañón.
~ **shot** cañonazo.

canoe *s.* canoa.
outrigger ~ canoa con balancines.

canvas *s.* **1.** *(tejido)* lona; **2.** *(conjunto de velas)* velamen.

cap *s.:*
compass card ~ chapitel de la rosa.

capacity *s.* capacidad.
bale ~ capacidad en balas.
bunker ~ capacidad de combustible.
cargo carrying ~ *(buque)* capacidad de carga, porte.
cubic ~ *(bote, bodega, etc.)* volumen.
grain ~ capacidad en granos.
hoisting ~ capacidad de izado.
lifting ~ capacidad de izado.
stowage ~ capacidad de estiba.

cape *s. Geogr.* cabo □ **to round a** ~ remontar un cabo.

~**-fly-away** tierra mantecosa.

capsize *v.t.* y *v.i.* zozobrar, dar la vuelta.

capstan *s.* cabrestante.
hand ~ cabrestante de mano.
electric ~ cabrestante eléctrico.
steam ~ cabrestante de vapor.

captain *s.* capitán.

capture *s.* **1.** apresamiento, captura **2.** presa, botín || *v.t.* apresar.

card *s.:*
compass ~ rosa náutica [de la aguja, de los vientos].

careen *v.t.* y *v.i.* *(el buque)* escorar(se).

cargo *s.* mercancías, carga, cargamento.
~ **carrying capacity** carga útil.
~ **in bulk** carga(mento) a granel.
~ **of coal** cargamento de carbón.
~ **of grain** cargamento de grano.
bag(ged) ~ carga en sacos.
bulk ~ carga(mento) a granel.
chilled ~ *(no congelada)* carga refrigerada.
damaged ~ carga averiada.
dangerous ~ carga peligrosa, cargamento peligroso, mercancías peligrosas.
deadweight ~ *(mucho peso con relación al volumen)* carga(mento) de peso.
deck ~ mercancías en cubierta, carga de cubierta, cubertada.
dry ~ carga seca.
full ~ carga completa, cargamento completo.
general ~ carga general.
inflammable ~ cargamento inflamable.
jettisoned ~ carga tirada a la mar.
measurement ~ *(mucho volumen en relación al peso)* carga(mento) de volumen.
perishable ~ mercancías perecederas, carga perecedera.
prohibited ~ mercancías prohibidas.
refrigerated ~ carga frigorífica.
return ~ cargamento de retorno.
short delivery [shortlanded] ~ carga descargada con faltas.
timber deck ~ cubertada de madera.
under deck ~ carga bajo cubierta.
valuable ~ cargamento de valor.
various ~ carga general.

carpenter *s.* carpintero.
ship's ~ carpintero de a bordo.

Carrying note: Registro de Buques

carriage *s.* **1.** *(acción de transportar)* transporte; **2.** porte, gasto de transporte.
~ **by sea** transporte marítimo.
~ **prepaid** porte pagado.

carrier *s.* **1.** soporte; **2.** porteador, transportador; **3.** *(en palabras compuestas)* buque.
aircraft-~ portaaviones.
asphalt ~ buque asfaltero.
banana ~ buque platanero.
bulk (dry cargo) ~ buque para carga a granel, granelero.
bulk ore ~ buque mineralero.
bulk wine ~ buque cisterna para (el transporte de) vino.
cargo ~ buque de carga.
container ~ buque portacontenedores.
fruit ~ buque frutero.
gas ~ buque butanero.
grain ~ buque para transporte de grano.
ore ~ buque mineralero.
rudder ~ cojinete (soporte) de la mecha.
troop ~ buque transporte de tropas.

carry *v.t.* transportar.

case *s.* caja.
air ~ *(bote salvavidas)* caja de aire.
centre board ~ caja de orza, pozo de deriva.
chart ~ armario de cartas.
rudder ~ bocina [caja] de limera.

casing *s.* **1.** *(cámara de máquinas)* guardacalor; **2.** *(motor de bote)* capó.
air ~ tronco de ventilación.
engine ~ **1.** guardacalor de la máquina; **2.** *(bote)* capó del motor.
engine room ~ guardacalor de la máquina.
funnel ~ guardacalor de la chimenea.
light ~ tronco de iluminación.
machinery ~ guardacalor de la máquina.

cask *s.* barrica, barril, tonel.
water-~ barril.

cast *v.i.* abatir, caer a sotavento.
to ~ **off** *(amarras de tierra)* largar, arriar.
to ~ **off moorings** largar amarras.

castaway *adj* y *s.* náufrago.

casualty *s.* accidente, siniestro.
marine ~ siniestro marítimo.

catcher *s.:*
whale ~ buque ballenero.

cathead *s.* pescante de gata, serviola.

caulk *v.t.* calafatear, retacar.

caulker *s.* calafate.

caulking *s.* calafateo.

cavitation *s.* cavitación.

cay *s.* cayo.

ceiling *s.:*
floor ~ vagras del plan.
side ~ forro interior del costado.

cell *s. (de una pila o acumulador)* elemento.

center *s.* (EE.UU.) centro.

centre *s.* centro.
~ **of buoyancy** centro de carena [empuje].
~ **of displacement** centro de carena.
~ **of effort of the sails** centro vélico.
~ **of gravity** centro de gravedad.
~ **of lateral resistance** centro de deriva.
~ **of pressure** centro de presión.
~ **of sail effort** centro vélico.
dead ~ *Mec.* punto muerto.

certificate *s.* certificado.
~ **of measurement** certificado de arqueo.
~ **of nationality** certificado de nacionalidad.
~ **of origin** certificado de origen.
~ **of registry** certificado de registro, patente de navegación.
~ **of seaworthiness** certificado de navegabilidad.
~ **of survey** certificado de reconocimiento.

builder's ~ certificado de construcción.
cargo ship safety construction ~ certificado de seguridad de construcción para buque de carga.
cargo ship safety equipment ~ certificado de seguridad de armamento para buque de carga.
cargo ship safety radiotelegraphy ~ certificado de seguridad radiotelegráfica para buque de carga.
cargo ship safety radiotelephony ~ certificado de seguridad radiotelefónica para buque de carga.
clearance ~ certificado de (despacho en) la Aduana.
crew's insurance ~ certificado de seguro de la tripulación.
deratization ~ certificado de desratización.
deratization exemption ~ certificado de exención de desratización.
exemption ~ certificado de exención.

gas(-free) ~ certificado de desgasificación.
gas-freeing ~ certificado de desgasificación.
grain (cargo) ~ certificado de aptitud para el transporte de granos.
international load line ~ certificado internacional de francobordo.
nuclear cargo ship safety ~ certificado de seguridad para un buque nuclear de carga.
nuclear passenger ship safety ~ certificado de seguridad para un buque nuclear de pasaje.
passenger ~ certificado de pasajeros.
passenger ship safety ~ certificado de seguridad para buque de pasaje.
safety ~ certificado de seguridad.
seaworthiness ~ certificado de navegabilidad.
stowage ~ certificado de inspección de estiba (de carga).
tonnage ~ certificado de arqueo.

chafe *v.t.* y *v.i.* desgastar(se) por el roce.

chafing *s.* desgaste por rozamiento.

chain *s.* cadena □ **to unbend a ~ cable** desentalingar una cadena; **to veer away ~ cable** filar cadena.
~ **cable** *(ancla)* cadena.
anchor ~ **(cable)** cadena de ancla.
curb ~ *(para dar trincas)* cadena de eslabones pequeños.
mooring ~ cadena de amarre.
steering [tiller, wheel] ~ (cadena de) guardín.

chair *s.:*
boatswain's ~ guindola de arboladura.

chalder *s.:*
dumb-~ tajuelo del timón.

chalk *s.* greda.

chamber *s.* cámara.

combustion ~ *(caldera)* cámara de combustión.
lock ~ cuenco de esclusa.

chandler *s.:*
ship('s)-~ proveedor de buques.

change *s.* cambio || *v.t.* y *v.i.* cambiar(se), enmendar(se).
~ **of the tide** cambio de la marea.
~ **of time zone** cambio de huso horario.

to ~ anchorage cambiar(se) [enmendar(se)] de fondeadero.

channel *s.* **1.** *Hidr. (natural)* canal; **2.** *Rad.* canal □ **on ~ 16** en el canal 16.
buoyed ~ canal balizado.
dredged ~ canal dragado.
narrow ~ canal angosto.
navigable ~ canal navegable.

charge *s.* **1.** gasto, derechos, tributo; **2.** *(repuesto de cierto material)* carga || *v.t. (baterías, etc.)* cargar.
berth ~ derechos de atraque [muelle].
overhead ~s gastos generales.
port ~s derechos de puerto.
salvage ~s derechos de salvamento.
spare ~ *(extintores, etc.)* carga de respeto.

chart *s. Náut.* carta.
coast ~ carta costera.
current ~ carta de corrientes.
general ~ carta general.
gnomonic ~ carta gnomónica.
ice ~ carta de hielos.
magnetic ~ carta de declinación magnética.
Mercator ~ carta mercatoriana.
meteorological ~ carta meteorológica.
nautical ~ carta marina.
particular ~ carta en punto mayor.
plotting ~ rosa para punteo radar.
small ~ carta en punto menor.
variation ~ carta de declinación magnética.
weather ~ carta meteorológica.
wind ~ carta de vientos.

charter *s.* fletamento || *v.t.* fletar.
lump sum ~ fletamento a tanto alzado.

charterer *s.* fletador.

chartering *s.* fletamento.

charter-party *s.* póliza de fletamento.

charthouse *s.* cuarto de derrota.

chartroom *s.* cuarto de derrota.

check *v.t. Man.* lascar.

cheek *s. (de motón o cuadernal)* quijada.

chest *s.* caja.
chart ~ armario de cartas.
distribution valve ~ caja colectora.
flag ~ armario de banderas.
signal ~ armario de banderas.
smoke ~ caja de humo.
valve ~ caja de válvulas.

chief *s.* jefe.
~ **cook** jefe de cocina.
~ **engineer** jefe de máquinas.

chip *v.t. (con piqueta)* picar.
to ~ the rust picar la herrumbre.

chock *s.* **1.** alabante, galápago, guiacabos, guía (de amarre); **2.** calzo || *v.t.* calzar.
anti-rolling ~ quilla de balance.
boat ~s calzos de [para] bote.
cable ~ guía (de amarre).
mooring ~ guía (de amarre).
roller ~ guía de rodillos, guiacabos con rolete.
rolling ~ quilla de balance.
warping ~ guía (de amarre).

chop *v.t.* picar, cortar con hacha.

choppy *adj. (la mar)* picada □ **to become [get]** ~ *(la mar)* picarse.

chronometer *s.* cronómetro □ **to rate the** ~ arreglar el cronómetro; **to wind up the** ~ dar cuerda al cronómetro.

circle *s.* círculo.
azimuth ~ *(compás)* alidada, círculo azimutal.
great ~ círculo máximo.
hour ~ círculo horario
polar ~ círculo polar.
turning ~ círculo evolutivo [de giro], curva de evolución.

circuit *s.* circuito □ **to break the** ~ abrir el circuito; **to close [make] the** ~ cerrar el circuito; **to open [switch off] the** ~ abrir el circuito; **to switch on the** ~ cerrar el circuito.
communication ~ circuito de comunicaciones.
feeder ~ *Elect.* circuito de alimentación.
high voltage ~ circuito de alta tensión.
low voltage communication ~ circuito de transmisión de bajo voltaje.

Bare boat chartering = Fletamento de Buque sin dotación

primary ~ circuito primario.
supply ~ *Elect.* circuito de alimentación.

cirrus *s.* cirrus.

clamp *s.* abrazadera, grapa.

clasp *s.* *(para sujetar ciñendo)* abrazadera.

clause *s.* cláusula.
collision ~ *(seguro)* cláusula de abordaje.
continuation ~ *(seguro)* cláusula de prorrogación.
deviation ~ *(conocimiento de embarque)* cláusula de cambio de derrota.
exception ~ cláusula de excepción.
running down ~ *(seguro)* cláusula de abordaje.

claw *s.:*
devil's ~ boza de la cadena (del ancla).

clay *s.* arcilla.

clean *v.t.* limpiar.
to ~ **the bottom** limpiar fondos.

cleaning *s.* *(acción y efecto de limpiar)* limpieza.
~ **of bottom** limpieza de fondos.

clearance *s.* **1.** despacho de aduana, certificado de (despacho en) la Aduana; **2.** *Máq.* huelgo.
~ **of piston** huelgo del émbolo.

clear *adj.* **1.** claro, franco, libre de obstáculos; **2.** *(cabo, beta, etc.)* claro, zafo; **3.** *(con luz)* claro || *v.t.* **1.** aclarar, zafar; **2.** *(de Aduanas)* despachar || *v.i.* **1.** aclararse; **2.** abrirse, alejarse, separarse.
~ **of all danger** libre [zafo] de todo peligro.
to ~ **a rope** zafar un cabo.
to ~ **the land** abrirse [separarse] de la costa.
to ~ **up** *(el tiempo)* aclarar(se), despejar(se).

clearing *s.* escampada, clara.

cleat *s.* **1.** cornamusa; **2.** listón, tojino; **3.** paso de plancha de desembarco.
belaying ~ cornamusa.
horn ~ cornamusa.

clerk *s.:*
tally ~ *(de la carga)* anotador, apuntador.

clew *s.* puño de escota.
to ~ **up** *(los puños)* cargar.

cliff *s.* acantilado.

climb *v.i.* trepar, subir.
to ~ **into a lifeboat** subirse a un bote salvavidas.

clinometer *s.* clinómetro.

clock *s.* reloj.
ship's ~ reloj de a bordo.

close *adv.* de cerca, estrechamente || *v.t.* cerrar.
~ **up** *(banderas)* a tope.
to ~ **watertight doors** cerrar las puertas estancas.

cloth *s.* paño, lienzo.
tarred ~ lienzo alquitranado.

cloud *s.* nube || *v.i.* *(el cielo)* nublarse, cerrarse.
~**-burst** chaparrón.
high ~**s** nubes altas.
low ~**s** nubes bajas.
rain ~**s** nubes de agua.
squall ~**s** nubes de chubasco.
thunder ~**s** nubes de tormenta.

cloudy *adj.* nuboso.

clue *s.* puño de escota.

clutch *s.* *(mecanismo)* embrague.

coal *s.* carbón || *v.i.* carbonear.

coaler *s.* (buque) carbonero.

coaling *s.* carboneo.

coaming *s.* brazola.
end ~ brazola transversal, contrabrazola.
flush ~ brazola de cubierta rasa.
hatch ~ brazola de escotilla.
side ~ brazola transversal [longitudinal].
thwartship ~ brazola transversal, contrabrazola.

coast *s.* costa □ **along the** ~ a lo largo de la costa; **to range (along) the** ~ costear, barajar la costa || *v.i.* costear, barajar la costa.
bold ~ costa acantilada.
clean ~ costa limpia.
dangerous ~ costa peligrosa.
flat ~ costa baja.
foul ~ costa sucia.

coastal *adj.* costero.

coaster *s.* (buque) costero, buque de cabotaje.

coastline *s.* (línea de la) costa.

coastwise *adv.* a lo largo de la costa.

coat *s.* **1.** *(de pintura, barniz, etc.)* capa, mano; **2.** *(lona embreada)* capa.
mast ~ capa aguadera [de fogonadura].
pump ~ capa de bomba.
rudder ~ capa del timón.

coating *s.* *(de pintura, barniz, etc.)* capa, mano.

cock *s.* grifo, llave.
air ~ grifo de purga.
blow ~ grifo de purga.
drain ~ grifo de purga.
feed ~ grifo de alimentación.
gauge ~ grifo de prueba.
sea ~ válvula de (comunicación con el) mar, válvula de toma de mar.
test ~ grifo de prueba.
through ~ grifo de purga.

code *s.* código.
International ~ **of Signals** Código Internacional de Señales.
Morse ~ alfabeto [código] Morse.
Q ~ código Q.

coefficient *s.* coeficiente.
~ **of expansion** coeficiente de dilatación.
~ **of fineness** coeficiente de bloque [afinamiento].
~ **of propulsion** coeficiente de propulsión.
~ **of safety** coeficiente de seguridad.
block ~ coeficiente de bloque [afinamiento].
cylindrical ~ coeficiente cilíndrico.
fineness ~ coeficiente de bloque [afinamiento]
longitudinal ~ coeficiente cilíndrico.
waterplane (area) ~ coeficiente de líneas de agua.

cofferdam *s.* cofferdam.
after ~ cofferdam de popa.
forward ~ cofferdam de proa.

collector *s. Máq.* colector.

collide *v.t.* y *v.i.* abordar, colisionar.

collier *s.* (buque) carbonero.

collision *s.* abordaje, colisión □ **to come into** ~ **with** *(chocar con otra embarcación)* abordar.

colours *s. pl.* bandera nacional, enseña □ **to fly the** ~ arbolar la bandera nacional.

combustible *adj.* combustible.

combustion *s.* combustión
spontaneous ~ combustión espontánea.

come *v.i.* venir.
to ~ **aground [ashore]** varar, encallar, embarrancar.
to ~ **back** regresar.
to ~ **down** bajar, descender.
to ~ **into force** entrar en vigor.
to ~ **into harbour** entrar en puerto.
to ~ **into operation** entrar en vigor.
to ~ **out** salir.
to ~ **up** subir.
to ~ **within hail** *(de otro buque)* ponerse a [al alcance de] la voz.

command *s.* orden, mandato.
engine ~**s** órdenes a la máquina.
helm ~**s** órdenes al timón [timonel].
rudder ~**s** órdenes al timón [timonel]
steering ~**s** órdenes al timón [timonel].

commerce *s.* comercio.
domestic ~ comercio interior.
foreign ~ comercio exterior.

communicate *v.t.* *(por carta, radio, etc.)* comunicar.

communication *s.* comunicación.
~ **by International Code flags** comunicación por banderas del Código Internacional.
~ **by loud hailer** comunicación por megáfono.
~ **by megaphone** comunicación por megáfono.
~ **by Morse signalling lamp** comunicación por proyector de señales Morse.
~ **by radiotelegraphy** comunicación por radiotelegrafía.
~ **by radiotelephony** comunicación por radiotelefonía.
~ **by semaphore** comunicación por semáforo.
~ **by sound signals** comunicación por señales acústicas.
~ **by VHF** comunicación por VHF.
~ **by visual signals** comunicación por señales visuales.

~ **with the shore** *(por bote, radio, etc.)* comunicación con tierra.

commutator *s. Elect.* colector.

company *s.* **1.** *Com.* compañía; **2.** *Nav.* conserva □ **to navigate [sail] in** ~ ir [navegar] en conserva.
insurance ~ compañía de seguros.
shipping ~ compañía de navegación.

comparison *s.:*
~ **of chronometers** comparación de los cronómetros.

compartment *s.* compartim(i)ento, espacio.
buoyancy ~ *(bote)* caja de aire.
cold storage ~ compartim(i)ento refrigerado.

compartmentation *s.* compartimentado.

compass *s.* **1.** *Dib.* compás; **2.** *Nav.* aguja, compás □ **to adjust the** ~ compensar la aguja [el compás].
azimuth ~ aguja [compás] azimutal.
bearing ~ aguja [compás] de marcar.
boat's ~ compás de bote.
cabin ~ aguja [compás] de cámara.
dead-beat ~ aguja [compás] (de líquido) de oscilación amortiguada.
dry(-card) ~ aguja seca, compás seco.
gyro ~ compás giroscópico, girocompás.
hanging ~ aguja revirada [de revés], compás invertido [de revés].
inverted ~ aguja revirada [de revés], compás invertido [de revés].
liquid ~ aguja [compás] de líquido.
magnetic ~ compás magnético.
master ~ *(giroscópico)* compás magistral.
overhead ~ aguja revirada [de revés], compás invertido [de revés].
spare ~ aguja [compás] de respeto.
spirit ~ aguja [compás] de líquido.
standard ~ *(magnético)* compás magistral.
steering ~ compás de gobierno.
telltale ~ aguja revirada [de revés], compás invertido [de revés].
wet ~ aguja [compás] de líquido.

completeness *s. Const. nav.* integridad.

composition *s.* compuesto.
bottom ~ pintura para fondos.

con *v.t.* dar órdenes de gobierno al timonel, gobernar.

condensation *s.* condensación.

condition *s.* estado, condición □ **in bad** ~ en mal estado; **in good** ~ en buen estado.
atmospheric ~**s** condiciones atmosféricas.
climatic ~**s** condiciones climatológicas.
local ~**s** condiciones locales.
weather ~**s** condiciones meteorológicas.

conductible *adj. Fís.* conductor.

conductor *s. Elect.* conductor.

connect *v.t.* **1.** juntar, unir, enlazar; **2.** *Elect.* conectar **3.** *Mec.* conectar, embragar ‖ *v.i.* juntarse, unirse.

connection *s.* conexión, comunicación, contacto.
earth(ing) ~ *Elect.* conexión a tierra.
ground(ing) ~ *Elect.* conexión a tierra.
international shore ~ conexión internacional a tierra.
outboard [overboard] ~ *(orificio de entrada en el buque)* toma.
radio ~ contacto radio.
sea ~ toma de agua de la mar.

connector *s. Elect.* borne.

consign *v.t. (remitir mercancías)* consignar.

consignation *s.* consignación.

consignee *s. (de las mercancías)* consignatario, receptor.
~ **of the shipment** consignatario [receptor] de la carga.

consigner *s. (el que remite las mercancías)* consignador.

consignment *s.* consignación.

consignor *s. (el que remite las mercancías)* consignador.

constant *adj.* y *s.* constante.
tidal ~**s** constantes de marea.

construction *s.* construcción.
composite ~ construcción mixta.
naval ~ *Mar. g.* construcción naval.
tranverse ~ construcción transversal.
welded ~ construcción soldada.

consul *s.* cónsul.

consulate *s.* consulado.

consume *v.t.* consumir.

consumption *s.* consumo.
~ **per hour** consumo horario.

daily ~ consumo diario.
fuel ~ consumo de combustible.
water ~ consumo de agua.

contact *s.* contacto □ **to lose** ~ perder el contacto.

container *s. (carga)* contenedor.

content *s.:*
cubic ~ volumen.

continent *s. Geogr.* continente.

contour *s.* contorno.
depth ~ *(en las cartas)* curva isobata, línea de sonda, línea de nivel de profundidades, veril.

contraband *s.* contrabando.
~ **of war** contrabando de guerra.
war ~ contrabando de guerra.

contract *s.* contrato.
~ **of affreightment** contrato de fletamento.
marine insurance ~ contrato de seguro marítimo.
towage ~ contrato de remolque.

convey *v.t.* transportar.

conveyance *s. (acción de transportar)* transporte.

convoy *s.* convoy, escolta □ **under** ~ en convoy || *v.t.* convoyar, escoltar.

cook *s.* cocinero.
chief ~ jefe de cocina.
second ~ segundo cocinero.

core *s. (de un cabo)* alma.

cork *s.* corcho.

correct *adj.* correcto □ **all** ~ sin novedad.

corrosion *s.* corrosión.

corsair *s.* corsario.

corvette *s.* corbeta.

cost *s.* coste.
~ **and insurance** coste y seguro.
~, **insurance and freight** coste, seguro y flete.
running ~ gastos de explotación.

cotter *s.* chaveta.
~ **pin** chaveta.

counter *s. Arq. nav.* bovedilla.

countermand *s.* contraorden.

couple *s. Fís.* par || *v.t.* conectar, embragar.
righting ~ par de adrizamiento.
to ~ **up** *Mec.* conectar, embragar.

coupling *s.* acoplamiento, racor.
electric ~ acoplamiento eléctrico.
rudder ~ acoplamiento de la mecha.

course *s.* rumbo, derrota □ **to alter [change]** ~ cambiar el rumbo; **to keep** ~ mantener el rumbo; **to take** ~ arrumbar, aproarse || ~**s** *s. pl.* velas mayores.
air ~ *(buques de madera)* traca de ventilación.
compass ~ rumbo de la aguja.
magnetic ~ rumbo magnético.
opposite ~ rumbo opuesto.
orthodromic ~ derrota ortodrómica.
parallel ~ rumbo paralelo.
present ~ rumbo actual.
steered ~ rumbo aparente.
true ~ rumbo verdadero.
zigzag ~ derrota en zigzag.

court *s.* tribunal.
~**-martial** consejo de guerra.
Admiralty ~ tribunal marítimo.
maritime ~ tribunal marítimo
prize ~ tribunal de presa.

cove *s.* caleta, ensenada.

cover *s.* tapa, cierre, funda, cubierta □ **under** ~ **of** al abrigo de.
binnacle ~ cubichete.
boat ~ funda de bote.
compass ~ cubichete.
cylinder ~ tapa de cilindro.
hatch ~ tapa de escotilla.
manhole ~ tapa de registro.
scuttle (hatch) ~ tapa de escotillón.
skylight ~ funda [tapa] de lumbrera.
winch ~ funda de maquinilla.

coxwain *s.* patrón de bote.

cradle *s.* calzo, cuna.
boat ~ calzos de [para] bote.
launching ~ cuna de lanzamiento.

craft *s.* embarcación, embarcaciones.
fishing ~ embarcación [embarcaciones] de pesca.
pleasure ~ embarcación [embarcaciones] de recreo.
river ~ embarcación fluvial, embarcaciones fluviales.
ship's ~ embarcación [embarcaciones] de a bordo.

small ~ embarcación menor, embarcaciones menores.
survival ~ embarcación [embarcaciones] salvavidas.

crane *s.* grúa.
floating ~ grúa flotante.
gantry ~ grúa de pórtico.
hand ~ grúa a mano.
heavy weight ~ grúa de gran potencia.
pontoon ~ pontón grúa [de machina].
portal ~ grúa de pórtico.
steam ~ grúa de vapor.
turning ~ grúa giratoria.

creek *s.* caleta, ensenada, estero.

creel *s.* nasa.

crest *s. (de una ola)* cresta.

crew *s.* tripulación, dotación.
boat's ~ tripulación de un bote.
full ~ tripulación completa.
prize ~ tripulación de presa.
relief ~ tripulación de relevo.
skeleton ~ tripulación reducida.

crewman *s. (pl.* **crewmen***)* tripulante.

criterion *s.* criterio.
~ **of service** criterio de servicio.

cross *v.t.* cruzar, pasar por la proa.
~ **in the hawse** cruz en las cadenas.
to ~ **ahead** cortar la proa.
to ~ **the Line** cortar la Línea.
to ~ **the track** cruzar la derrota.

crossing *s.* cruce, paso, travesía.
~ **of the Line** paso de la Línea.

crotch *s. (varenga de los raseles)* pique.

crowfoot *s. (soporte de pluma, tangón, etc.)* pie de gallo.

crown *s. (de tanque, etc.)* techo, cielo.
~ **of boiler** cielo de caldera.
furnace ~ cielo de hogar.

cruise *s. (viaje)* crucero || *v.i. (navegar en todas direcciones)* cruzar.

cruiser *s. (buque)* crucero.
fishery ~ (buque) guardapesca.
nuclear-powered ~ crucero atómico.

crutch *s.:*
boat ~ horquilla de remo.
boom ~ horquilla de botavara.
derrick ~ horquilla de pluma de carga.
steering ~ horquilla para singar.

cumulus *s.* cúmulus.

cup *s.:*
grease ~ copa de engrase, engrasador.

current *s. (aire, agua, electricidad)* corriente □ **against the** ~ contra la corriente; **with the** ~ a favor de la corriente.
aerial ~ (intensidad de) corriente en la antena.
alternating ~ *Elect.* corriente alterna.
back ~ *Elect.* contracorriente.
cold ~ corriente fría.
counter-~ *Ocean.* contracorriente.
cross ~ corriente de través.
direct ~ *Elect.* corriente continua.
drift ~ corriente producida por el viento.
ebb ~ corriente de la marea menguante [saliente, vaciante].
equatorial counter-~ contracorriente ecuatorial.
favourable ~ corriente favorable.
flood ~ corriente de la marea creciente [entrante].
head ~ corriente de proa.
off-shore ~ corriente de tierra [hacia la mar].
on-shore ~ corriente hacia tierra.
reverse ~ *Elect.* contracorriente.
strong ~ corriente intensa.
surface ~ corriente superficial.
tidal ~ corriente de marea.
warm ~ corriente caliente.

curve *s.* curva.
~ **of centres of gravity of waterplane** curva de centros de flotación.
~ **of displacement** curva de desplazamientos.
~ **of loads** curva de cargas.
~ **of transverse metacentres** curva de metacentros transversales.
control ~ *(arqueo)* curva de comprobación [control].
correction ~ *(radiogoniómetro)* curva de calibración [compensación].
displacement ~ curva de desplazamientos.
floodable length ~ curva de esloras inundables.
stability ~ curva de estabilidad.

custom *s.* uso, costumbre □ **uses and** ~**s of the sea** usos y costumbres de la mar || ~**s** *s. pl.* (derechos de) aduana.

~-**house** *(edificio, oficina)* aduana.
~ **of the port** costumbre del puerto.

cut *v.t.* cortar, picar.
to ~ across the bow cortar la proa.
to ~ in *Elect.* conectar.
to ~ out *Elect.* desconectar.

cutwater *s.* tajamar.

cyclone *s.* ciclón.

D

dab *s.* chapitel.

damage *s.* avería, daño □ **to suffer** ~ averiarse; **without** ~ sin avería || **v.t.** averíar.
~ **above water** avería encima de la línea de flotación.
~ **below water** avería debajo de la línea de flotación.
~ **by fire** avería causada [producida] por incendio.
~ **by heavy weather** averías causadas [producidas] por el mal tiempo.
~ **by water** avería causada [producida] por el agua.
~ **to boilers** avería en las calderas.
~ **to cargo** avería en el cargamento.
~ **to engines** avería de máquinas.
~ **to hull** avería en el casco.
~ **to propeller** avería en la hélice.
~ **to radio** avería en la radio.
~ **to rudder** avería en el timón.
~ **to vessel** avería en el buque.
bottom ~ avería en los fondos.
collision ~ averías causadas [producidas] por abordaje.
considerable ~ avería importante.
engines ~ avería de máquinas.
heavy weather ~ averías causadas [producidas] por el mal tiempo.
irreparable ~ avería irreparable.
serious ~ avería grave.
slight ~ avería ligera.

damaged *p.p.* averiado.

damp *s.* humedad.

damper *s.* válvula de mariposa, registro.

dampness *s.* humedad.

danger *s.* peligro □ **in** ~ en peligro; **out of** ~ fuera de peligro; **to be in** ~ estar en peligro; **to run a** ~ **of** correr el peligro de.
~ **of explosion** peligro de explosión.
~ **to navigation** peligro para la navegación.

dangerous *adj.* peligroso.
~ **to navigation** peligroso para la navegación.

dash *s. (Morse)* raya.

date *s.* fecha.
~ **due** fecha prevista.
~ **of arrival** fecha de llegada.
~ **of departure** fecha de salida.
approximate ~ fecha aproximada.
cancelling ~ fecha de cancelación, fecha tope para comenzar la carga.
probable ~ fecha probable.

datum *s. Hidr.* datum, nivel de referencia.
chart ~ datum, nivel de referencia.

davit *s.* pescante.
anchor ~ pescante de ancla.
boat ~ pescante de bote.
cat ~ pescante de gata, serviola.
gravity ~ pescante de gravedad.
luffing ~ pescante basculante.
quadrant ~ pescante de cuadrante [sector].
radial ~ pescante ordinario [giratorio].

dawn *s.* alba, amanecer.

day *s.* día □ **all** ~ todo el día.
~**s of grace** días de favor.

astronomical ~ día astronómico.
civil ~ día civil.
clear ~**s** días completos.
discharging ~**s** días de descarga.
lay ~**s** días de plancha, estadías.
loading ~**s** días de carga.
passage ~**s** días de mar.
running ~**s** días corridos sin interrupción.
sailing ~ día de salida.
sea ~**s** días de mar.
sideral ~ día sidéreo.
solar ~ día solar.
working ~ día laborable.

daybreak *s.* alba, amanecer □ **at** ~ al alba [amanecer].

daylight *s.* (luz del) día, luz natural □ **before** ~ antes del amanecer.

deadeye *s.* vigota.

deadlight *s.* *(portillo)* tapa ciega.
hinged inside ~ tapa de portillo de bisagras.
hinged temporary ~ tapa de portillo de bisagras.
portable (temporary) ~ tapa de portillo desmontable.

deadweight *s.* peso muerto.
cargo ~ capacidad de carga.

deadworks *s.* obra muerta.

de-ballasting *s.* deslastraje, deslastre.

debarcation *s.* *(acción de sacar o salir del buque)* desembarco, desembarque.

debark *v.t.* desembarcar, sacar del barco || *v.i.* desembarcar, salir del barco.

debarkation *s.* *(acción de sacar o salir del buque)* desembarco, desembarque.

deck *s.* *Const. nav.* cubierta □ **on** ~ en cubierta; **under** ~ bajo cubierta.
accommodation ~ cubierta de alojamientos.
awning ~ cubierta de toldo.
between ~ entrepuente.
boat ~ cubierta de botes.
bridge ~ cubierta (del) puente.
bulkhead ~ cubierta de cierre [compartimentado, mamparos].
cabin ~ cubierta de alojamientos.
flight ~ cubierta de vuelo.
flush ~ cubierta corrida [entera].
freeboard ~ cubierta de francobordo.
hold ~ plan de bodega.
lower ~ cubierta inferior.
main ~ cubierta principal.
open ~ cubierta a la [de] intemperie.
pontoon ~ *(dique flotante)* plan del dique.
poop ~ cubierta de la toldilla [de popa].
promenade ~ cubierta de paseo.
quarter ~ alcázar.
raised ~ cubierta elevada.
raised quarter ~ saltillo de popa.
shade ~ cubierta superior.
shelter ~ cubierta de abrigo.
strength ~ cubierta resistente.
successive ~**s** cubiertas consecutivas.
sun ~ cubierta superior.
sunken ~ cubierta sumergida.
tonnage ~ cubierta de arqueo.
'tween ~ entrepuente.
upper ~ cubierta superior.
weather ~ cubierta a la [de] intemperie.

deckhouse *s.* caseta de cubierta, superestructura.

declaration *s.* declaración.
cargo ~ declaración de carga.
crew's effects ~ declaración de efectos y mercancías de la tripulación.
customs ~ declaración de aduana.
general ~ declaración general.
maritime ~ declaración de averías, protesta de mar.
maritime ~ **of health** declaración marítima de sanidad.
ship's stores ~ declaración de provisiones de a bordo.

declare *v.t.* y *v.i.* declarar.

declination *s.* *Astr.* y *Nav.* declinación.
magnetic ~ declinación magnética, variación.

declutch *v.t.* *Mec.* desembragar.

declutching *s.* *Mec.* desembrague.

deepen v.i. hacerse más hondo, aumentar de profundidad.

degauss *v.t.* desimantar, desmagnetizar.

degree *s.* grado.
~**s centigrade** grados centígrados.
~**s Fahrenheit** grados Fahrenheit.

delay *s.* demora, retraso □ **without** ~ sin demora [retraso].

delayed *p.p.* retrasado.
~ **by bad weather** retrasado por el mal tiempo.
~ **by fog** retrasado por la niebla.

delivery *s.* entrega.
~ **of cargo** entrega de la carga.
alongside [overside] ~ entrega al costado.

demagnetize *v.t.* desimantar, desmagnetizar.

demurrage *s. Der. mar.* demora, sobrestadía.

density *s.* densidad.
traffic ~ densidad de tráfico.

depart *v.i.* partir, salir.

departure *s.* salida, partida □ **on** ~ a la salida.

depression *s. Meteor.* depresión.
atmospheric ~ depresión atmosférica.
secondary ~ depresión secundaria.

depth *s.* **1.** profundidad; **2.** *(altura desde la quilla)* puntal.
~ **at high water** profundidad en la pleamar.
~ **of floor** altura de varenga.
~ **of hold** puntal de la bodega.
~ **of modulation** *Rad.* profundidad de modulación.
~ **of the sea** profundidad de la mar.
~ **of transverse section** altura de la sección transversal.
indentification ~ puntal de identificación.
moulded ~ puntal de trazado.
tonnage ~ puntal de arqueo.

deratisation *s.* desratización.

derelict *s.* derrelicto.

derrick *s.* **1.** pluma [puntal] de carga; **2.** *(de grúa)* pluma.
~ **boom** pluma [puntal] de carga.
cargo ~ pluma [puntal] de carga.
heavy(-lift) ~ pluma de grandes pesos [real].
jumbo ~ pluma de grandes pesos [real].

descent *s. (por río)* bajada.

destination *s.* destino.
unknown ~ destino desconocido.

destroyer *s.* destructor.

detect *v.t.* detectar.
to ~ **by radar** detectar por medio del radar.

detection *s.* detección.
radar ~ detección radar.

detector *s.* detector.
fire ~ detector de incendios.

deviation *s.* **1.** *(compás)* desvío; **2.** *(rodeo, separación de la derrota)* desviación, desvío.
compass ~ desvío del compás.
quadrantal ~ desvío cuadrantal.
semicircular ~ desvío semicircular.

device *s.* aparato, dispositivo.
automatic keying ~ *Rad.* aparato de manipulación automática.
buoyant ~ flotador.
dogging ~ *(puerta estanca, etc.)* trinca.
fire detecting ~ aparato detector de incendios.

diameter *s.* diámetro.
final ~ diámetro de giro [rotación].
tactical ~ diámetro táctico [de evolución].

difference *s.* diferencia.
~ **of longitude** diferencia en longitud.

dike *s.* dique, malecón.

dinghy *s.* chinchorro.

dip *s.* **1.** depresión, inclinación □ **at the** ~ *(bandera)* a media driza; **2.** *(en la botadura)* saludo ‖ *v.t. (con la bandera)* saludar.
~ **of the horizon** depresión del horizonte.
~ **of the needle** inclinación de la aguja.
magnetic ~ inclinación magnética.
to ~ **the ensign [flag]** saludar con la bandera.

dipping *s. (en la botadura)* saludo.

direct *v.t.* dar instrucciones.

directions *s. pl.* instrucciones □ **to receive** ~ recibir instrucciones.
sailing ~ derrotero.

disable *v.t. (buque)* desmantelar.

disabled *p.p.* averiado, desmantelado.

disaster *s.* desastre.

disc *s.* V. **disk.**

discharge *s.* **1.** *(buque, electricidad, bomba, mercancías)* descarga; **2.** orificio de

descarga; **3.** *(de tripulantes)* desembarco, desembarque, desenrole || *v.t.* **1.** *(buque, mercancías, electricidad, un líquido con bomba)* descargar; **2.** *(tripulantes)* desembarcar, desenrolar.
sanitary ~s descargas sanitarias.

discharging *s. (mercancías)* descarga.

disconnect *v.t. Elect.* y *Máq.* desconectar.
to ~ a circuit *Elect.* desconectar un circuito.

discrimination *s. (radar)* discriminación, poder separador [de resolución].
bearing ~ discriminación en azimut.
range ~ discriminación en alcance.

disembark *v.t.* desembarcar, sacar del barco || *v.i.* desembarcar, salir del barco.

disembarkation *s. (acción de sacar o salir del buque)* desembarco, desembarque.

disengage *v.t. Mec.* desembragar.

disengaging *s. Mec.* desembrague.

disentangled *adj.* claro, libre de obstáculos.

disk *s.* disco.
freeboard ~ disco de francobordo [máxima carga].
load line ~ disco de francobordo [máxima carga].

dismantle *v.t. (buque)* desmantelar.

dismast *v.t.* desarbolar, desmantelar.

displace *v.t. (tonelaje de buques)* desplazar.

displacement *s.* desplazamiento.
~ at full load desplazamiento total [a plena carga].
full load ~ desplazamiento total [a plena carga].
light ~ desplazamiento en rosca.
load(ed) ~ desplazamiento total [a plena carga].

distance *s.* distancia □ **to plot ~s** *(en la carta)* poner las distancias.
~ made [run] distancia recorrida.
angular ~ distancia angular.
apparent ~ distancia aparente.
polar ~ distancia polar.
stopping ~ distancia de parada.
zenith ~ distancia cenital.

distress *s.* situación de peligro.

disturbance *s.* perturbación.
atmospheric ~ perturbación atmosférica.
magnetic ~ perturbación magnética.

dive *v.i.* bucear, sumergirse.

diver *s.* buzo.
skin-~ hombre rana, buceador, submarinista.

dividers *s. pl. Dib.* compás divisor [de puntas secas].

dock *s.* **1.** dársena; **2.** *(de carena)* dique || *v.t.* atracar || *v.i.* **1.** entrar en la dársena; **2.** entrar en dique □ **to dry-~** entrar en dique seco.
dry ~ dique seco.
floating ~ dique flotante.
graving ~ dique seco.
self-docking ~ dique autocarenable.
slip ~ varadero de reparaciones.
wet ~ dársena.

dockage *s.* derechos de atraque [muelle].

docker *s.* obrero portuario.

docking *s.* **1.** *(a tierra)* atracada; **2.** entrada en dique.
dry-~ entrada [varada] en dique seco.

dockyard *s. Mar. g.* arsenal.
naval [navy] ~ arsenal.

doctor *s.* médico.
ship's ~ médico de a bordo.

documents *s. pl.* documentación, documentos.
ship's ~ documentación [documentos] del buque, documentación [documentos] de a bordo.

dodger *s. (resguardo de lona)* bacalao.

dog *s. (puerta estanca, etc.)* trinca || *v.t.* trincar.

doldrums *s. pl.* calmas ecuatoriales.

dolphin *s.* duque de Alba.

door *s.* puerta □ **to close watertight ~s** cerrar las puertas estancas.
cargo ~ porta de carga.
geared watertight ~ puerta estanca de mando a distancia.
hinged ~ puerta de bisagra.
self closing watertight ~ puerta estanca de cierre automático.
sliding ~ puerta de corredera.
watertight ~ puerta estanca.

dot *s. (Morse)* punto.

double *v.t. (una punta, boya, etc.)* doblar.
to ~ up *(amarras)* doblar, reforzar.

doubling *s.* **1.** *(costado, cubierta)* sobreforro, refuerzo; **2.** *(palo)* calcés.
bow ~ varadero (de la uña) del ancla.

douse *v.t. (velas, vergas, etc.)* arriar.

dowel *s. (cuña de madera)* llave, clavija.

down *adv.* abajo, hacia abajo □ **~ by the head** hundido de proa, aproado; **~ by the stern** hundido de popa, apopado ‖ *s.* duna.

downhaul(er) *s. (foque, vela de estay)* cargadera.

dowse *v.t. (velas, vergas, etc.)* arriar.

drag *v.t. (buscar en el fondo)* rastrear ‖ *v.i.* garrear

dragging *s. (búsqueda de objetos sumergidos)* rastreo.

draught *s.* **1.** calado; **2.** *(de aire)* corriente; **3.** (es)lingada.
~ aft calado a popa.
~ forward calado a proa.
ballast ~ calado en lastre.
deep ~ gran calado.
even keel ~ calados iguales.
extreme ~ calado máximo.
least ~ calado mínimo.
light ~ calado en rosca.
load ~ calado en carga.
maximun ~ calado máximo.
mean ~ calado medio.
sea-going ~ calado en agua de mar.
shallow ~ poco calado.
summer ~ calado de verano.
winter ~ calado de invierno.

draw *v.t. (buques)* calar ‖ *v.i. (chimenea, etc.)* tirar.
to ~ too much water calar demasiado.

dredge *v.t.* dragar.

dredger *s.* draga.

dredging *s.* dragrado.

dress *s.* vestido, traje ‖ *v.t.* empavesar, engalanar.
full ~ uniforme de gala.

drift *s.* deriva, abatimiento ‖ *v.i.* abatir, caer a sotavento, ir a la deriva □ **to be ~ing** estar al garete [a la deriva].
monsoon ~ corriente de los monzones.
to ~ to leeward caer a sotavento (del rumbo).

drill *s.* ejercicio.
boat ~ ejercicio de botes.
fire ~ ejercicio de contraincendios.

drive *v.t.* y *v.i.* **1.** empujar, echar, arrojar □ **to be ~n ashore** irse sobre la costa; **2.** *Máq.* accionar, impulsar.

drizzle *s.* llovizna ‖ *v.i.* lloviznar.

drogue *s.* ancla flotante.

drop *s.* **1.** *(acción de caer)* caída, bajada; **2.** *(de una vela cuadra)* caída ‖ *v.t. (al práctico)* desembarcar ‖ *v.i.* **1.** caer, bajar, descender; **2.** *(el viento)* amainar; **3.** *(barómetro)* bajar.
temperature ~ bajada de la temperatura.
voltage ~ *Elect.* caída de tensión.
to ~ astern dejarse caer hacia popa, quedarse atrás.
to ~ down *(por un río o canal)* bajar, descender.

drum *s.* bidón.

dry *adj.* seco □ **high and ~** *(buques varados)* en seco.

duck *s.* loneta.

duct *s. (para gas o líquido)* conducto.
air ~ conducto de ventilación.
forced draught ~ conducto de aire forzado.
ventilation ~ conducto de ventilación.

dues *s. pl.* derechos, impuesto □ **free from ~** libre de derechos.
anchorage ~ derechos de fondeos.
berthing ~ derechos de atraque [muelle].
buoy and beacon ~ derechos (por gastos) de balizamiento.
canal ~ derechos de canal.
customs ~ derechos aduaneros [de aduana, arancelarios].
dock ~ derechos de atraque [muelle].
harbour ~ derechos de puerto.
light ~ derechos de faro [sobre luces].
pilotage ~ derechos de practicaje.
port ~ derechos de puerto.
quay ~ derechos de atraque [muelle].

dune *s.* duna.

dunnage *s.* madera de estiba, solera.

duststorm *s.* tempestad de polvo.

dutiable *adj.* sujeto al pago de derechos.

duty *s.* **1.** deber, obligación, servicio □ **off** ~ franco [fuera] de servicio; **on** ~ de guardia [servicio]; **2.** derechos, impuesto.

~-free libre de derechos.
customs ~ derechos aduaneros [de aduana, arancelarios].
export ~ derechos de exportación.
import ~ derechos de importación.
light ~ derechos de faro [sobre luces].

dye *s.:*
marker ~ *(para señalar la situación de un accidente, etc.)* colorante.

dynamo *s.* dinamo, dínamo.

E

earing *s.* empuñidura.

earth *s.* **1.** tierra, terreno, **2.** *Elect.* tierra, masa || *v.t.* poner a masa [tierra], unir a masa [tierra].

earthing *s. Elect.* toma de tierra, puesta a tierra [masa], conexión a tierra [masa].
~ of frames conexión a masa de las armazones.

ease *v.t.* **1.** *(cabo, cable o cadena)* lascar, arriar; **2.** *(timón)* levantar; **3.** *(velocidad)* moderar.
to ~ away lascar, arriar.
to ~ speed moderar la velocidad.
to ~ the helm levantar timón.
to ~ with a round turn arriar [lascar] redondo, arriar [lascar] sobre vuelta.

east *s.* este, leste, oriente □ **due ~** (al) este clavado; **~ of** al este de.
~ by north este cuarta al nordeste.
~ by south este cuarta al sudeste.
~-north-~ (l)esnordeste.
~-south-~ les(s)ueste.

eastbound *adj.* con destino al este.

eastern *adj.* oriental.

eastward(s) *adv.* hacia el este □ **~ from [of]** al este de.

ebb *s.* reflujo || *v.i. (marea)* bajar, menguar.

echo *s.* eco.
second trace ~es *(radar)* ecos de segunda traza.

eddy *s. (agua, aire)* remolino.
~ water remolino de corriente.

edge *s.* **1.** borde, canto, filo; **2.** *Hidr. (de un bajo)* veril.

effect *s.* efecto, resultado, consecuencia.
night ~ *(radar)* efecto de noche.

efficiency *s. (máquina, hélice, etc.)* rendimiento.
apparent ~ rendimiento aparente.
boiler ~ rendimiento de una caldera.
engine ~ rendimiento de la máquina.
propeller ~ rendimiento de la hélice.

elbow *s. (en las cadenas)* zancadilla.

electrician *s.* electricista.

electricity *s.* electricista.
static ~ electricidad estática.

element *s.* **1.** elemento, componente; **2.** *Fís.* elemento.

embarcation *s. (personas y objetos)* embarco, embarque, embarcación.

embargo *s.* embargo □ **to put an ~** poner un embargo; **to remove an ~** levantar el embargo; **to take off an ~** levantar el embargo.

embark *v.t.* y *v.i.* embarcar.

embarkation *s. (personas y objetos)* embarco, embarque, embarcación.

embay *v.t.* y *v.i.* ensenar(se).

emerge *v.i.* emerger.

emergency *s.* emergencia □ **in case of ~** en caso de emergencia.

emersion *s. Astr.* y *Fís.* emersión.

enclosure *s.* **1.** cierre, cerramiento; **2.** *(piezas, máquinas, etc.)* alojamiento.
stairway ~ caja de escalera.

encumber *v.t.* empachar, estorbar, obstaculizar.

encumbrance *s.* empacho, estorbo, obstáculo.

end *s.* **1.** fin(al), conclusión; **2.** extremidad, cola □ ~ **on** proa contra proa.
butt-~ *(tablón o chapa)* tope, cabeza.
rope('s) ~ *(cabo)* chicote.
warping ~ cabirón.

endanger *v.t.* poner en peligro.

endorsement *s. Com.* endoso.

engage *v.t. Mec.* embragar, engranar.

engagement *s. (efecto de engranar)* engranaje.

engine *s.* máquina, motor.
auxiliary ~ máquina [motor] auxiliar.
compression ignition ~ motor de encendido por compresión.
diesel ~ motor diesel.
double acting ~ máquina de doble efecto.
electric ~ máquina eléctrica.
explosion ~ motor de explosión.
four-stroke (cycle) ~ motor de cuatro tiempos.
internal combustion ~ motor de combustión interna.
main ~ máquina [motor] principal.
marine ~ motor marino.
outboard ~ motor fuera (de) borda.
port ~ máquina [motor] de babor.
propelling [propulsion] ~ máquina [motor] de propulsión.
reciprocating ~ máquina alternativa.
single acting ~ máquina de simple efecto.
starboard ~ máquina [motor] de estribor.
steam ~ máquina de vapor.
steering ~ servomotor del timón.
supercharged ~ motor sobrealimentado.
two-stroke (cycle) ~ motor de dos tiempos.

engineer *s.* **1.** maquinista; **2.** ingeniero.
chief ~ maquinista jefe.
hydrographic ~ ingeniero hidrógrafo.
watch ~ maquinista de guardia.

enlist *v.t.* y *v.i.* enrolar(se).

ensign *s.* bandera nacional, enseña.
courtesy ~ bandera de cortesía.

entering *s. (aduana)* declaración.
~ **in** declaración de entrada.
~ **out** declaración de salida.

entrance *s.* **1.** entrada; **2.** *Const. nav.* entradas de agua, finos de proa.
~ **to the canal** entrada del canal.
harbour ~ entrada del puerto.

entry *s.* **1.** entrada, ingreso; **2.** *(en un libro)* anotación, asiento, registro □ **to make an** ~ hacer una anotación [un asiento]; **3.** *(aduana)* declaración.
~ **in (ship's) log-book** anotación en el diario de navegación.
~ **inward(s)** *(aduana)* declaración de entrada.
~ **outward(s)** *(aduana)* declaración de salida.
customs ~ declaración de aduana.

equator *s.* ecuador.
celestial ~ ecuador celeste.
magnetic ~ ecuador magnético.

equilibrium *s.* equilibrio.
stable ~ equilibrio estable.
unstable ~ equilibrio inestable.

equip *v.t.* equipar.

equipment *s.* equipo, armamento.
central fire detecting [recording] ~ instalación central de detección de incendios.
fire-extinguishing ~ equipo [material] contra incendios.
lifeboat's ~ pertrechos de botes salvavidas.
life saving ~ elementos [material, equipo] de salvamento, aparatos salvavidas.
mooring ~ elementos de amarre.
navigating [navigation(al)] ~ material náutico.
propulsion ~ aparato motor.
radar ~ equipo radar.
rowing ~ elementos para la boga.
ship's ~ aparejos y pertrechos del buque.

equipped *p.p.* equipado □ **well** ~ bien equipado.

erection *s.* superestructura.
deck ~ superestructura.

error *s.* error.
~ **in calculation** error de cálculo.
~ **in observation** error de observación.
~ **in (the) dead reckoning** error en la estima.
~ **of chronometer** estado absoluto del cronómetro.
chronometer ~ estado absoluto del cronómetro.
collimation ~ error de colimación.
fixed ~ error fijo.
heeling ~ desvío de escora.
index ~ error instrumental [de índice].
quadrantal ~ error cuadrantal.
variable ~ error variable.

escape *s.* **1.** *(acción de fugarse y líquido que se fuga)* fuga, derrame; **2.** tronco de escape.
emergency ~ tronco de escape.

escort *s.* escolta, convoy || *v.t.* escoltar, convoyar.

escutcheon *s. Arq. nav.* espejo, estampa.

establishement *s.:*
~ **of the port** establecimiento de puerto.

estuary *s.* estuario.

evaporation *s.* evaporación.

evolution *s.* evolución.

examination *s.* examen, inspección, reconocimiento, visita.
customs ~ visita de la aduana.
medical ~ reconocimiento médico.

examine *v.t.* examinar, inspeccionar, reconocer.

excess *s.* exceso.
~ **of hatchways** *(arqueo)* exceso por escotillas.

exercise *s.* ejercicio.
signal ~ ejercicio de señales.

exhaust *s. Máq.* evacuación.

exit *s. (espacio para salir)* salida.
emergency ~ salida de emergencia.

expense *s.* gasto, coste.
working ~ *(buque)* gastos de explotación.

experiment *s.* experimento, experiencia, prueba.
heeling ~ experiencia [prueba] de estabilidad.
inclining ~ experiencia [prueba] de estabilidad.

explode *v.i.* hacer explosión.

exploration *s.* exploración.

explore *v.t.* explorar

explosion *s.* explosión.
~ **in boiler** explosión en calderas.

export *s.* exportación || *v.t.* exportar.

exporter *s.* exportador.

exposed *p.p. (al viento, mar, etc.)* abierto.

extend *v.i.* extenderse, ir.
~ **of protest** *Der. mar.* ampliación de protesta.

extinction *s.* extinción.

extinguish *v.t. (incendios o luces)* extinguir.

extinguisher *s.* extintor.
carbon dioxide ~ extintor de anhídrido carbónico [dióxido de carbono, CO_2].
carbon tetrachloride ~ extintor de tetracloruro de carbono.
CO_2 ~ extintor de anhídrido carbónico [dióxido de carbono, CO_2].
fire ~ extintor de incendio.
foam ~ extintor de espuma.
froth ~ extintor de espuma.
hand ~ extintor de mano.
mobile ~ extintor trasladable.
portable ~ extintor portátil.
semiportable ~ extintor trasladable.

extinguishing *s.* extinción.
fire ~ **on shipboard** extinción de incendio a bordo.

extract *s.:*
~ **from [of] log** extracto del Diario de Navegación.
log ~ extracto del Diario de Navegación.

exudation *s. (mercancías)* exudación.

eye *s.* **1.** ojo; **2.** gaza; **3.** observación, vigilancia.
~ **of the anchor** ojo del ancla.
~ **of the storm** ojo de la tormenta.
~ **of wind** filo del viento.
clearing ~ inspección de limpieza.
wind's ~ filo del viento.

eyelet *s.* ollao.

F

facilities *s. pl.* instalaciones.
shore-based life-saving ~ *(de personas)* servicios costeros de salvamento.

factor *s.* factor, coeficiente.
~ **of safety** coeficiente de seguridad.
~ **of subdivision** factor de subdivisión [compartimentación].
safety ~ coeficiente de seguridad.
stowage ~ coeficiente [factor] de estiba.

factory *s.:*
floating whale ~ factoría ballenera flotante.

fairlead *s.* guiacabos, guía (de amarre), alabante, galápago.
roller ~ guiacabos con rolete, guía de rodillos.

fairway *s. Hidr.* paso, pasaje, canal.
narrow ~ paso estrecho.

fake *s.* aduja || *v.t.* adujar.

fall *s.* **1.** caída, bajada; **2.** beta, tira de aparejo; **3.** otoño || *v.i.* **1.** caer, descender; **2.** *(viento)* amainar; **3.** *(marea)* bajar, menguar.
temperature ~ bajada de la temperatura.
to ~ **aboard** abordar, colisionar.
to ~ **astern** dejarse caer hacia popa.
to ~ **off** arribar, caer [girar] a sotavento.
to ~ **overboard** caer por la borda.

falling *s.* caída, bajada.
~ **of the barometer** bajada barométrica [del barómetro].
barometer ~ bajada barométrica [del barómetro].

fan *s. (aparato)* ventilador.
ventilating [ventilation] ~ ventilador.

fare *s.* precio del pasaje.

fast *adj* **1.** firme, amarrado □ **to make** ~ amarrar, trincar, asegurar, hacer firme; **to make** ~ **to a buoy** amarrar a una boya; **2.** rápido, veloz || *s. (para asegurar el buque)* amarra.
breast ~ (amarra de) través.
head ~ amarra de proa.
quarter ~ amarra de la aleta.
shore ~ amarra a tierra.
stern ~ amarra de popa.

fasten *v.t.* amarrar, trincar, asegurar.

fastened *p.p.* amarrado, trincado, asegurado.

fathom *s. (medida de longitud)* braza || *v.t.* sondar.

fathometer *s.* sondador de eco.
high frequency ~ sondador ultrasonoro.
sound wave ~ sondador sonoro.

feed *s. (máquina, electricidad, etc.)* alimentación || *v.t.* alimentar.
boiler ~ alimentación de caldera(s).

feeder *s.* **1.** *(en todas sus acepciones)* alimentador; **2.** *Elect.* cable [circuito] de alimentación.
main emergency ~ *Elect.* circuito principal de emergencia.

feeding *s. (máquina, electricidad, etc.)* alimentación.
boiler ~ alimentación de calderas.

fees *s. pl.* derechos, honorarios.
pilotage ~ derechos de practicaje.
survey ~ derechos de reconocimiento.

felucca *s.* falucho.

fender *s. (para el costado)* defensa.
cork ~ defensa de corcho.
rope ~ defensa de cabo.
wooden ~ defensa de madera.

fetch *v.i.* arribar, llegar.
to ~ to windward remontar, ganar barlovento.

fid *s.* burel
splicing ~ burel.

fid(d)ley *s.* guardacalor de la cámara de calderas.

field *s.* campo.
electric ~ campo eléctrico.
ice ~ campo de hielo.
magnetic ~ campo magnético.
mine ~ campo de minas.

figurehead *s.* mascarón de proa.

fill *v.t.* **1.** llenar; **2.** *(baterías, etc.)* cargar.
to ~ up llenar completamente, rellenar.

fin *s. (pez, estabilizador)* aleta.

finder *s.:*
direction-~ radiogoniómetro.
radio direction-~ radiogoniómetro.
range-~ telémetro.
rotating direction-~ radiogoniómetro de cuadro giratorio.

fire *s.* fuego, incendio □ **by** ~ por incendio; **in case of** ~ en caso de incendio; **on** ~ en llamas; **to bank the ~s** *Máq.* mantener los fuegos; **to catch** ~ incendiarse; **to draw the ~s** *Máq.* apagar los fuegos; **to force the ~s** *Máq.* avivar los fuegos; **to light the ~s** *Máq.* encender los fuegos; **to open** ~ abrir fuego, disparar; **to put out the ~s** *Máq.* apagar los fuegos; **to set ~ to** incendiar, quemar, encender, prender fuego; **to set on** ~ incendiar, quemar, encender, prender fuego; **to spread ~s** *Máq.* avivar los fuegos; **to take** ~ incendiarse; **to unbank [urge] the ~s** *Máq.* avivar los fuegos || *v.t.* **1.** encender, quemar; **2.** *(proyectiles)* disparar, hacer fuego; **3.** *(cohetes)* lanzar, disparar || *v.i.* incendiarse.
to ~ up encender.
to ~ signals lanzar señales.

fireboat *s.* embarcación contraincendios.

firefloat *s.* embarcación contraincendios.

fireman *s.* **1.** fogonero; **2.** *(el que extingue incendios)* bombero.

fireproof *adj.* ignífugo, a prueba de incendio.

fish *s.* **1.** *Zool.* pez; **2.** *Arq. nav.* jimelga || *v.t.* **1.** pescar; **2.** enjimelgar.

fishery *s.* pesca, pesquería.
coast ~ pesca de bajura.
deep-sea ~ pesca de altura.
inshore ~ pesca de bajura.
offshore ~ pesca de altura.
tunny-~ almadraba.

fisherman *s.* pescador.

fishing *s. (acción de pescar)* pesca, pesquería.
whale ~ pesca de la ballena.

fit *v.t.* equipar, armar.
to ~ out equipar, armar.
to ~ a vessel equipar [armar] un buque.

fitting *s.* **1.** accesorio; **2.** *(acción y efecto de instalar)* instalación || **~s** *s. pl. (conjunto de efectos de un buque)* armamento, instalaciones.
~ out *(acción de alistar un buque)* armamento.
deck ~s instalaciones de cubierta.
fire extinguishing [extinction] ~ instalación contra incendios.
grease ~ engrasador.
mooring ~s elementos de amarre.

fix *s.* situación por corte de líneas de posición.
noon ~ situación a mediodía.
running ~ situación por dos demoras, rumbo y distancia navegada en el intervalo.

flag *s.* bandera □ **to haul down the** ~ arriar la bandera; **to hoist the** ~ izar la bandera; **to show the** ~ mostrar la bandera; **to strike the** ~ rendir la bandera.
~ of convenience bandera de conveniencia.
alphabetical ~ bandera alfabética.
code ~ bandera del código.
courtesy ~ bandera de cortesía.
Customs ~ bandera de Hacienda.
hand ~ bandera de mano.

house ~ bandera de la Casa Armadora [del Armador].
mail ~ *(buques)* bandera de correo.
national ~ bandera nacional.
pilot ~ bandera de práctico.
quarantine ~ bandera de cuarentena.
signalling ~ bandera de señales.
square ~ bandera cuadra.
substitute ~ bandera repetidora.

flagpole *s.* asta de bandera.

flagship *s.* buque insignia.

flagstaff *s.* asta de bandera.

flame *s.* llama(rada) □ **in** ~**s** en llamas.

flare *s.* **1.** destello; **2.** *Pir.* bengala; **3.** *(curvatura del casco a proa)* abanico.
hand ~ bengala de mano.
hand ~ **showing a red light** bengala de mano que proporciona una luz roja.

flash *s.* destello || *v.t.* *(fuego)* encender.
heading ~ *(radar)* marca de proa.
long ~ destello largo.
short ~ destello corto.

flat *s.* plataforma.
control ~ *(cámara de máquinas)* plataforma de mandos [maniobras].
engine room ~ plataforma de la cámara de máquinas.
hold ~ plan de bodega.

fleet *s.* flota.
fishing ~ flota pesquera.
merchant ~ flota mercante.

float *s.* **1.** flotador; **2.** balsa, almadía || *v.t.* desembarrancar, desencallar, poner a flote || *v.i.* *(en líquido)* flotar.
fire ~ embarcación contraincendios.

floatable *adj.* *(que puede flotar)* flotable.

floatage *s.* *(acción de flotar)* flotación, flote.

floatation *s.* *(acción de flotar)* flotación, flote.

floating *adj.* *(que está a flote)* flotante.

flood *s.* **1.** inundación; **2.** flujo, marea creciente || *v.t.* inundar.

floodable *adj.* inundable.

flooding *s.* inundación.
~ **of bunkers** inundación de carboneras.

floor *s.* **1.** piso, plan; **2.** varenga.
bracket ~ varenga armada [falsa].
deep ~ varenga alta.
dock ~ *(dique seco)* plan del dique.
intercostal ~ varenga intercostal.
main ~ varenga maestra.
open ~ varenga armada [falsa].
rising ~ varenga levantada.
skeleton ~ varenga armada [falsa].
solid ~ varenga llena.
transom ~ varenga de la bovedilla.
watertight ~ varenga estanca.

flotage *s.* *(acción de flotar)* flotación, flote.

flotation *s.* *(acción de flotar)* flotación, flote.

flotilla *s.* flotilla.

flotsam *s.* derrelicto, restos flotantes.

flow *s.* *(electricidad, bomba, caldera, etc.)* capacidad, rendimiento || *v.t.* inundar || *v.i.* **1.** *(un líquido)* correr, manar; **2.** *(marea)* subir.

fluke *s.* *(ancla)* uña.

fly *v.t.* *(banderas)* arbolar || *v.i.* *(en el aire)* flotar.
to ~ **the colours** arbolar la bandera nacional.

foam *s.* espuma

foaming *s.* formación de espuma.

fo'c'sle *s.* *Const. nav.* castillo.

fog *s.* niebla.
~ **in patches** niebla con claros.
moderate ~ niebla moderada.
thick ~ niebla densa [espesa].

foggy *adj.* nebuloso, brumoso.

foghorn *s.* bocina de niebla.

foot *s.* *(pl.* **feet***)* **1.** *(medida)* pie; **2.** *(vela)* pujamen.
cubic ~ pie cúbico.
square ~ pie cuadrado.

force *s.* fuerza □ **to come in** ~ entrar en vigor.
buoyancy ~ *(en el agua)* empuje.
naval ~**s** fuerzas navales.
wind ~ fuerza del viento.

fore *adj.* de proa, proel || *adv.* y *prep.* *(situación dentro del buque)* a proa || *s.* proa □ ~ **and aft** de proa a popa.
~**-and-after** galeota longitudinal.

forecast *s.* *Meteor.* previsión.

wave ~ previsión del estado del [de la] mar.
weather ~ previsión del tiempo.

forecastle *s. Const. nav.* castillo.

foreland *s.* promontorio, cabo.
forelock *s.* chaveta de perno.

foremast *s.* palo trinquete.

forepeak *s.* racel [rasel] de proa.

foresail *s.* vela trinquete.

foretop *s.* cofa de trinquete.

foreyard *s.* verga de trinquete.

forward *adj.* de proa, proel || *adv. (situación, movimiento dentro del buque)* a [hacia] proa.

foul *v.t.* abordar, colisionar □ **to run ~ of** abordar, colisionar.

fouling *s.:*
bottom ~ suciedad de fondos.

founder *v.t.* hundir || *v.i.* hundirse, irse a pique.
to ~ by the bows irse pique [hundirse] de proa.
to ~ head down irse a pique [hundirse] de proa.

foundering *s.* hundimiento.

frame *s.* **1.** armazón; **2.** cuaderna.
built(-up) ~ cuaderna apostada [armada, de armar, de armazón].
curved ~ cuaderna curvada.
filling ~ cuaderna de henchimiento [de intermediar].
main ~ cuaderna maestra.
midship ~ cuaderna maestra.
propeller ~ marco [vano] de la hélice.
reversed ~ cuaderna invertida.
rudder ~ armazón del timón.
stern ~ codaste.
web ~ *(buques metálicos)* bulárcama.

framework *s.* armazón.

franchise *s. (seguros marítimos)* franquicia.

free *adj.* franco, desembarazado, zafo, libre, gratuito.
~ alongside (ship) franco al costado (del buque).
~ in and out franco de gastos en carga y descarga.
~ of damage franco de averías.
~ of particular average libre de avería particular.
~ on board franco [libre] a bordo.
~ on rail franco ferrocarril.
~ on train franco ferrocarril.

freeboard *s.* francobordo.
fresh water ~ francobordo en agua dulce.
summer ~ francobordo de verano.
winter ~ francobordo de invierno.

freedom *s.:*
~ of the seas libertad de los mares.

freeing *s. (buque, bote)* achique.
gas ~ desgasificación.

freeze *v.t.* y *v.i.* congelar(se), helar(se).

freezing *s.* congelación.

freight *s.* flete □ **to lose a** ~ perder un flete || *v.t.* fletar.
~ at destination flete debido [a pagar en destino].
~ prepaid flete por adelantado.
advance ~ flete por adelantado.
collect ~ flete debido [a pagar en destino].
dead ~ falso flete.
distance ~ flete por distancia.
full ~ flete completo.
gross ~ flete bruto.
home(ward) ~ flete de retorno [vuelta].
inbound ~ flete de retorno [vuelta].
lump ~ flete a tanto alzado.
out ~ flete de ida.
out and home ~ flete de ida y vuelta.
outward ~ flete de ida.
return ~ flete de retorno [vuelta].

freighter *s.* **1.** fletante; **2.** buque de carga.

frequency *s. Rad.* frecuencia.
distress ~ frecuencia de socorro.
high ~ alta frecuencia.
low ~ baja frecuencia.
note ~ frecuencia de modulación.

freshen *v.i. (viento)* cargar, refrescar.

frigate *s.* fragata.

frogman *s.* hombre rana, buceador, submarinista.

front *s. Meteor.* frente.
cold ~ frente frío.
polar ~ frente polar.
warm ~ frente caliente.

frost *s.* helada || *v.i.* helar.
~-bitten *adj.* *(personas)* helado.
hoar-~ escarcha, helada blanca.

frozen *p.p.* helado □ **to be ~** helarse.

fruiter *s.* buque frutero.

fuel *s.* combustible □ **to take in ~** hacer [tomar] combustible, petrolear || *v.t.* y *v.i.* hacer [tomar] combustible, petrolear.
liquid ~ combustible líquido.
oil ~ combustible líquido, fuel(-oil).
patent ~ conglomerados de carbón, carbón en ladrillos.

fumigate *v.t.* fumigar.

fumigation *s.* fumigación.

funnel *s.* chimenea.

fur *s.* *(calderas, tubos, etc.)* incrustación.

furl *v.t.* *(vela)* aferrar.

furnace *s.* *(calderas, etc.)* horno.

furnish *v.t.* proveer, suministrar.

G

gaff *s.* pico cangrejo.
monkey ~ pico de bandera.

gaffsail *s.* cangreja.

gager *s.* V. **gauger.**

gale *s.:*
fresh ~ *(fuerza 8)* viento duro.
moderate ~ *(fuerza 7)* viento frescachón.
strong ~ *(fuerza 9)* viento muy duro.
whole ~ *(fuerza 10)* temporal.

galley *s.* cocina.

gallon *s. (medida de capacidad)* galón.

gang *s.* cuadrilla.

gangway *s.* **1.** portalón; **2.** *(de portalón)* plancha.
port ~ portalón de babor.
starboard ~ portalón de estribor.

gas *s.* gas.
asphyxiating ~**es** gases asfixiantes.
butane ~ gas butano.
fire-smothering ~ *(lucha contraincendios)* gas inerte.
free ~ gas libre.

gasket *s.* **1.** frisa; **2.** *Man.* matafión.

gate *s.* puerta.
lock ~ puerta de esclusa.

gauge *s. (instrumento graduado)* indicador.
pressure ~ manómetro.
steam ~ manómetro [indicador de presión] de vapor.
water ~ indicador de nivel de agua.

ga(u)ger *s.* arqueador || *v.t.* **1.** calibrar; **2.** *(medir la cabida de un buque)* arquear.
ship ~ arqueador.

gear *s.* **1.** *(piezas que engranan)* engranaje □ **to throw into** ~ engranar, embragar; **2.** aparato, aparejo, dispositivo, equipo, mecanismo || *v.t.* conectar.
anchor ~ equipo para maniobra de las anclas.
auxiliary steering ~ aparato [mecanismo] auxiliar de gobierno.
cargo (handling) ~ aparejo de la maniobra de carga y descarga, equipo para manejo de la carga.
disengaging ~ *(aparejos de botes)* dispositivo disparador.
emergency steering ~ aparato [mecanismo] auxiliar de gobierno.
fishing ~ arte de pesca.
hand steering ~ aparato de gobierno a mano.
launching ~ *(botes salvavidas)* dispositivo de arriado.
life-saving ~ equipo [material] de salvamento.
lifting ~ aparejo de izar.
mooring ~ elementos de amarre.
reversing ~ (aparato de) cambio de marcha.
safety ~ mecanismo de seguridad.
starting ~ mecanismo de puesta en marcha.
steering ~ aparato [mecanismo] de gobierno, servomotor del timón.
towing ~ aparejo de remolque.
turning ~ *Mec.* virador.

gearing *s.* **1.** *(piezas que engranan)* engranaje; **2.** aparato, aparejo, dispositivo.

generator *s. Elect.* generador.
alternating current ~ alternador.

geared foot-operated ~ *(bote salvavidas)* generador de pedal.
main ~ generador principal.
turbo-~ turbogenerador.

gimbals *s. pl.* suspensión cardan.

gipsy *s.* cabirón.

girder *s.* **1.** *(refuerzo longitudinal)* eslora; **2.** sobrequilla central, quilla vertical.
centre ~ quilla vertical, sobrequilla central.
side ~ vagra.

gland *s.* prensaestopas.
packing ~ prensaestopas.
sealing ~ prensaestopas.
stern ~ prensaestopas de la bocina [del codaste].
stuffing ~ prensaestopas.

glass *s.:*
water-gauge ~ tubo de nivel de agua.

go *v.i.* ir.
to ~ **about** virar por avante.
to ~ **aground** embarrancar, encallar.
to ~ **ashore** desembarcar, ir [salir, saltar] a tierra.
to ~ **away** irse.
to ~ **by the head** irse a pique de proa.
to ~ **down 1.** bajar, descender; **2.** irse a pique, hundirse.
to ~ **into harbour** entrar en puerto.
to ~ **off** irse.
to ~ **out** salir.
to ~ **to sea** salir a la mar.
to ~ **to the bottom** irse a pique.
to ~ **up river** remontar el río.
to ~ **within hail** *(de otro buque)* ponerse a [al alcance de] la voz.

going *s.:*
~ **about** virada por avante, cambio de amura.

gong *s.* gong, batintín.

goods *s. pl.* géneros, mercaderías, mercancías, efectos, artículos.
bagged ~ carga en sacos.
bonded ~ mercancías depositadas en la Aduana.
contraband ~ mercancías de contrabando.
inflammable ~ mercancías [artículos] inflamables.
measurement ~ *(que pagan fletes por su volumen)* mercancías de volumen.
smuggled ~ mercancías de contrabando, alijo.

grab *s. (para descarga)* cuchara.
bucket ~ cuchara.
chain-~ barbotín.

gradient *s.* gradiente.
barometric ~ gradiente barométrico.

grapnel *s.* rezón.

grating *s.* enjaretado.
hatch ~ enjaretado de escotilla.
wheel ~ enjaretado de la rueda del timón.

grave *v.t.* dar carena, carenar.

gravel *s.* cascajo, zahorra.

graving *s.* carena(dura).

graze *v.t.* rozar.
to ~ **the bottom** rozar el fondo.

grease *s.* grasa || *v.t.* engrasar.

greaser *s. (tripulante)* engrasador.

greasing *s.* engrase, lubri(fi)cación.

grip *v.t. (ancla)* morder, agarrar, aferrar.

griping *adj. (buque)* ardiente.

grommet *s.* **1.** estrobo de remo; **2.** ollao metálico.
metal ~ ollao metálico.

ground *s.* **1.** tierra, terreno, país; **2.** *Ocean.* fondo □ **to break** ~ *(el ancla)* zarpar; **to take [touch] the** ~ embarrancar, encallar, varar; **3.** *Elect.* masa, tierra || *v.t.* **1.** embarrancar, varar; **2.** poner a masa [tierra], unir a masa [tierra] || *v.i.* embarrancar, encallar, varar.
bad holding ~ mal tenedero.
fishing-~ playa [zona] de pesca, pesquería.
foul ~ *(del mar)* fondo sucio.
good holding ~ buen tenedero.
holding ~ tenedero.

grounding *s.* **1.** varad(ur)a; **2.** *Elect.* toma de tierra, puesta a tierra [masa], conexión a tierra [masa].

grummet *s.* **1.** estrobo de remo; **2.** ollao metálico.
metal ~ ollao metálico.

guarantee *s. Der. mar.* garantía.

gudgeon *s.* hembra del timón.

guard *s.* protección, defensa.
propeller ~ defensa de la hélice.
rat ~ defensa contra ratas, disco guardarratas, ratera.

guide *s. Máq.* guía.
wave ~ *(radar)* guía de ondas.

gulf *s.* golfo.

gun *s. Arm.* cañón.
spray ~ pistola de pintar.

gunboat *s.* cañonero.

gunnel *s.* borda, regala.

gunwale *s.* borda, regala.

gust *s.* racha.

gusty *adj.* racheado.

gutter *s.* trancanil.

guy *s.* viento, retenida.
funnel ~**s** vientos de chimenea.

H

hail *s.* granizo || *v.i.* granizar.

halliard *s.* V. **halyard.**

halo *s. Meteor.* halo.

halyard *s.* driza.
aerial ~ driza de antena.
peak ~ driza de pico
signal ~ driza de señales.
wire ~ driza de cable.

hammer *s.* martillo.
chipping ~ piqueta.

hammock *s.* coy.

hand *s.* **1.** *(parte del cuerpo)* mano; **2.** tripulante.
deck-~ marinero de cubierta.
deck-~**s** marineros [personal subalterno] de cubierta.

handle *v.t.* manejar.

handling *s.* manejo.
cargo ~ manejo de la carga.

handspike *s.* espeque.

handy *adj.* manejable.

harbour *s.* puerto □ **to enter** ~ entrar en puerto; **to go into** ~ entrar en puerto; **to leave** ~ salir de puerto; **to make** ~ llegar a puerto; **to reach** ~ llegar a puerto; **to return to** ~ regresar a puerto.
~ **of refuge** puerto de refugio.
fishery [fishing] ~ puerto pesquero.
ice-bound ~ puerto bloqueado por los hielos.
inner ~ puerto interior.
natural ~ puerto natural.
outer ~ puerto exterior, antepuerto.
quarantine ~ puerto de cuarentena.
tidal ~ puerto de mareas.
wintering ~ puerto de invernada.

hardtack *s.* *(pan sin levadura)* galleta.

harpoon *s.* arpón.

hatch *s.* escotilla.
after ~ escotilla de popa.
booby ~ escotilla de tambucho [bajada], tambucho.
cargo ~ escotilla de carga.
coal(ing) ~ escotilla de carboneo.
companion ~ escotilla de tambucho [bajada], tambucho.
escape ~ escotilla de escape.
fore ~ escotilla de proa.
grated ~ escotilla con enjaretado.
main ~ escotilla principal.
scuttle ~ escotillón.
tonnage ~ escotilla de arqueo.
trimming ~ escotilla de estiba [trimado].
upper ~ escotilla de la cubierta superior.

hatchway *s.* boca [pozo] de escotilla, escotilla.
after ~ escotilla de popa.
cargo ~ escotilla de carga.
coal(ing) ~ escotilla de carboneo.
companion ~ escotilla de bajada [tambucho].
escape ~ escotilla de escape.
fore ~ escotilla de proa.
main ~ escotilla principal.
trimming ~ escotilla de estiba [trimado].
upper ~ escotilla de la cubierta superior.

haul *v.t.* halar, cobrar □ **to veer and** ~ halar a estrepadas.

to ~ **alongside** atracar.
to ~ **around** *(el viento)* llamar.
to ~ **down** *(velas, vergas, banderas, etc.)* arriar.
to ~ **down flags** arriar las banderas.
to ~ **in** halar (hacia) dentro.
to ~ **in close** ceñir, bracear lo más posible por sotavento.
to ~ **in the slack** cobrar [templar] el seno.
to ~ **taut** tesar, templar.
to ~ **up** *(en varadero)* varar.

helm *s.* caña, caña del timón, rueda del timón [de gobierno] □ **to ease the** ~ levantar caña [timón]; **to put the** ~ **hard over** cerrar el timón a la banda; **to right the** ~ levantar caña [timón].

hawse *s.* zona de los escobenes.
clear ~ *(buque fondeado)* cadena clara.
foul ~ *(buque fondeado)* cadena con vuelta.

hawser *s.* guindaleza, estacha, cable.
mooring ~ estacha.
tow(ing)-~ cabo [cable] de remolque.

haze *s.* bruma, calima.

hazy *adj.* brumoso, calimoso.

head *s.* **1.** cabeza □ **at the mast-**~ en el tope del palo; **2.** proa □ ~**-on to the sea** proa a la mar; **3.** *(vela redonda)* grátil; **4.** *(vela de cuchillo)* puño de driza [pena]; **5.** *(timón)* madre, mecha; **6.** *Geogr.* promotorio ‖ *v.i.* arrumbar(se), aproar.
gipsy ~ cabirón.
jetty ~ morro.
mast-~ tope de palo.
nigger ~ cabirón.
pier-~ cabeza de pantalán, morro.
rudder ~ madre [mecha] del timón.
sprinkler ~ boca de rociador.
warping ~ cabirón.
winch ~ cabirón.
to ~ **for [toward(s)]** arrumbar(se) a, poner proa a.
to ~ **to wind** aproar al viento.

header *s.* *(tubos)* colector.

heading *s.* *Nav.* rumbo.
compass ~ rumbo de la aguja.
magnetic ~ rumbo magnético.
true ~ rumbo verdadero.

headledge *s.* brazola transversal, contrabrazola.

headphone *s.* *Rad.* casco.
split ~ casco de dos ramales [líneas].

headway *s.* arrancada avante, viada, salida.

heart *s.* **1.** vigota; **2.** *(de un cabo)* alma; **3.** *(palo)* madre, mecha.

heating *s.* calefacción.

heave *v.t.* **1.** halar, virar; **2.** *(la corredera)* echar.
to ~ **apeak** *(ancla)* virar (hasta quedar) a pique.
to ~ **around** *(con cabrestante)* virar.
to ~ **down** *(escorar adrede)* dar de quilla, dar a la banda.
to ~ **in** *(con cabrestante)* virar.
to ~ **short** *(ancla)* virar (hasta quedar) a pique.
to ~ **the log** echar la corredera.
to ~ **to** estar [ponerse] a la capa, capear, fachear, aguantar proa al viento con poca máquina.
to ~ **up** izar.

heel *s.* **1.** *(palo, pluma, puntal)* coz, pie; **2.** *(extremidad de popa de la quilla)* talón; **3.** *(inclinación)* escora ‖ *v.t.* escorar.
rudder ~ talón del timón.
to ~ **over** escorar(se).

height *s.* altura.
~ **above sea level** altura sobre el nivel del mar.
~ **above the hull** altura sobre el casco.
~ **of high water** altura de la pleamar.
~ **of low water** altura de la bajamar.
~ **of masts** altura de los palos.
~ **of barometer** altura barométrica.
~ **of transverse section** altura de la sección transversal.
~ **of water** altura del agua.
metacentric ~ altura metacéntrica.

helicopter *s.* helicóptero.

helmet *s.* *(protector de cabeza)* casco.

helmsman *s.* timonel.

help *s.* auxilio, ayuda, socorro.

hemp *s.* cáñamo.
Manil(l)a ~ abacá.
sisal ~ sisal.

henequen *s.* henequén, jeniquén.

high *adj.* alto, elevado □ ~ **and dry** *(buques varados)* en seco.

hinge *s.* bisagra, charnela.

hitch *s. Man.* nudo.
clove ~ ballestrinque.
half ~ cote.
swab ~ vuelta sencilla de escota.

hog(ging) *s. Arq. nav.* quebranto.

hogshead *s.* bocoy.

hoist *s.* **1.** *(acción)* izado; **2.** *(vela cuadra)* caída; **3.** *(mercancías)* (es)lingada, izada; **4.** *(banderas)* izada || *v.t.* **1.** izar; **2.** *(banderas)* arbolar.
boat ~ chigre (para maniobra) de botes.
to ~ **home** *(vela)* izar a relingar, relingar.
to ~ **the boats** izar los botes.
to ~ **the colours** arbolar [izar] la bandera nacional.

hold *s.* bodega || *v.t.* **1.** mantener, conservar; **2.** *(una amarra, la cadena del ancla, etc.)* aguantar □ ~ **on!** ¡aguanta! || *v.i.* *(ancla)* agarrar, aferrar, morder.
after ~ bodega de popa.
clear ~ bodega vacía.
coal ~ bodega de carbón.
empty ~ bodega vacía.
fore ~ bodega de proa.
lower ~ bodega baja.
main ~ bodega principal.
midship ~ bodega central.
refrigerating ~ bodega frigorífica.
to ~ **course** mantener el rumbo.

holder *s.:*
cable-~ barbotín.

holdman *s.* bodeguero.

hole *s.* agujero, orificio.
air ~ orificio para paso de aire.
drain(age) ~ **1.** orificio de desagüe; **2.** *(varengas)* imbornal, groera.
eyelet ~ ollao.
fid ~ *(mastelero)* ojo de la cuña.
hawse ~ escobén.
lacing ~ ollao.
limber ~ *(varengas)* imbornal, groera.
oil-~ orificio de lubri(fi)cación.
plug-~ agujero de desagüe [del espiche].
rudder ~ limera.
sheave ~ *(motón, cuadernal)* cajera.
ullage ~ *(buques tanques)* orificio para sonda.
yard sheave ~ cajera de verga.

holiday *s.* día festivo, (día de) fiesta.

hollow *s. (de una ola)* seno.
~ **of the wave** seno de la ola.

home *s.:*
Sailors' ~ Casa del Marino.

hood *s.* capó.
binnacle ~ cubichete.
engine ~ *(bote)* capó del motor.

hook *s.* gancho □ **to mouse a** ~ abarbetar un gancho || *v.t.* enganchar, aferrar.
boat ~ bichero.
cargo ~ gancho de carga.
fish-~ anzuelo.
hold-back ~ gancho de retenida.
lifting ~ gancho de izar.
pelican ~ gancho de gavilán [escape].
rave ~ descalcador.
sail ~ gancho de velero.
sister ~ gancho de boca de cangrejo, gancho doble [de tijera].
sling ~ *(bote)* gancho de suspensión.
slip ~ gancho de gavilán [escape].
snap ~ gancho de gavilán [escape].
swivel ~ gancho giratorio.
thimble ~ gancho con guardacabo.
towing ~ gancho de remolque.

hoop *s.* zuncho.

hopper *s.* gánguil.
~ **barge** gánguil, gánguil de compuertas.
mud ~ gánguil.

horizon *s.* horizonte □ **above the** ~ sobre el horizonte; **below the** ~ bajo el horizonte; **on the** ~ en el horizonte.
apparent ~ horizonte aparente [sensible].
artificial ~ horizonte artificial.
rational ~ horizonte racional [verdadero].

horn *s. Señ.* bocina.
fog-~ bocina [sirena] de niebla.

horsepower *s.* caballo de vapor; potencia en caballos.
brake ~ potencia al freno.
effective ~ potencia efectiva.
indicated ~ potencia indicada.
nominal ~ potencia nominal.
service ~ potencia normal.
shaft ~ potencia en el eje.

hose *s. (para baldeo, etc.)* manguera.
canvas ~ manguera de lona.
deck washing ~ manguera de baldeo.

fire ~ manguera de contraincendios.

hospital *s.* hospital.
quarantine ~ lazareto.

hour *s. (veinticuatroava parte del día)* hora.
office ~**s** horas de oficina.
working ~**s** horas laborables.

house *s.:*
chart ~ caseta de derrota.
deck ~ caseta de cubierta, superestructura.
side ~ superestructura [caseta] lateral.
wing ~ superestructura [caseta] lateral.

houseline *s.* piola.

housing *s. (piezas, máquinas, etc.)* alojamiento.

hove to *p.p.* en facha.

hub *s.:*
propeller ~ núcleo de la hélice.

hug *v.t. (la costa)* barajar.
to ~ **the coast [land, shore]** barajar la costa.

hulk *s. (casco viejo desmantelado)* pontón.
coal ~ pontón carbonero.
sheer-~ pontón grúa [de machina].

hull *s.* Arq. nav. casco.
immersed ~ carena, obra viva.
metallic ~ casco metálico.
outer ~ casco exterior.
riveted ~ casco remachado.
strengthened ~ casco reforzado.
submerged ~ carena, obra viva.
underwater ~ carena, obra viva.
welded ~ casco soldado.
wooden ~ casco de madera.

humidity *s.* humedad.
absolute ~ humedad absoluta.
relative ~ humedad relativa.

hurricane *s. (fuerza 12 en la escala de Beaufort)* huracán.

hydrant *s.* boca de incendios.
fire- ~ boca de incendios.

hydrocarbon *s.* hidrocarburo.

hydrofuge *adj.* hidrófugo.

hydrographer *s.* hidrógrafo.

hydrographic(al) *adj.* hidrográfico.

hydrography *s.* hidrografía.

hygrometer *s.* higrómetro.

I

ice *s.* hielo.
drift ~ hielo a la deriva.
fast ~ *(en el lugar de formación)* hielo fijo.
floating ~ hielo flotante.
new ~ hielo nuevo.
pressure ~ hielos de presión.
winter fast ~ hielo fijo de invierno.
young ~ hielo joven.

iceberg *s.* iceberg.

icebreaker *s.* buque rompehielos.

icing *s.* formación de hielo.

immerge *v.t.* y *v.i.* sumergir(se).

immerse *v.t.* sumergir.

immersion *s.* inmersión.

immigration *s.* inmigración.
impassable *adj.* infranqueable.

implement *s.* utensilio.

inaccessible *adj. (costa, puerto, etc.)* inabordable, inaccesible.

inch *s.* pulgada.

inclination *s.* inclinación.
~ **of the needle** inclinación de la aguja.
magnetic ~ inclinación magnética.

incline *v.t.* y *v.i.* inclinar(se).

index *s.:*
~ **arm [bar]** *(sextante)* alidada.

indicator *s.* indicador.
draught ~ indicador de calados.
heel ~ clinómetro.
helm (angle) indicador (de ángulos) del timón.
range scale ~ *(radar)* indicador de escala de distancia.
revolution ~ indicador de número de revoluciones.
rudder (angle) ~ indicador (de ángulos) del timón.
speed ~ indicador de velocidad.
trim ~ indicador de asiento [trimado, diferencia de calados].
indorsement *s.* V. **endorsement.**

inertia *s.* inercia.

inflammable *adj.* inflamable.

ingot *s. (bloque de metal en bruto)* lingote.

inhaul(er) *s. (cangreja, mesana, etc.)* cargadera.

injector *s.* inyector.

inlet *s.* (boca de) entrada, toma.
air ~ entrada de aire.
sea ~ toma de agua de mar.
steam ~ entrada de vapor.
water ~ entrada de agua.

innavigable *adj. (aguas)* innavegable.

insecurity *s.* inseguridad, falta de seguridad.

inshore *adv.* hacia tierra [la costa], cerca de tierra [la costa] □ **close** ~ pegado a tierra [la costa].

insolation *s. Meteor.* y *Med.* insolación.

inspect *v.t.* reconocer, inspeccionar, visitar.

inspection *s.* inspección, reconocimiento, visita.
official ~ inspección oficial.

inspector *s.* inspector.
radio ~ inspector radiotelegráfico.

install *v.t. (maquinaria, etc.)* instalar.

installation *s.* instalación.
central fire detecting [recording] ~ instalación central de detección de incendios.
electrical ~ equipo eléctrico.
fire extinguishing [extinction] ~ instalación contra incendios.
pumping ~ equipo de bombas.
radiotelegraph ~ instalación radiotelegráfica.
radiotelephone ~ instalación radiotelefónica.

instruct *v.t.* dar instrucciones, instruir.

instructions *s. pl.* instrucciones □ **to receive** ~ recibir instrucciones.

instrument *s.* instrumento.
nautical ~**s** instrumentos náuticos.
plotting ~**s** instrumentos para puntear la derrota.

insulation *s. (eléctrico, térmico)* aislamiento.

insurance *s. Der. mar.* seguro.
~ **against fire** seguro contra incendios.
~ **against sea risk** seguro contra los riesgos de mar.
~ **against war risk** seguro contra los riesgos de guerra.
~ **for the voyage** seguro por el viaje.
~ **on cargo** seguro sobre la carga.
~ **on hull and equipment** seguro sobre casco y armamento.
cargo ~ seguro sobre la carga.
crew's ~ seguro de la tripulación.
double ~ seguro doble.
freight ~ seguro del flete.
hull ~ seguro sobre el casco.
marine ~ seguro marítimo.

insure *v.t. Der. mar. (acción que realiza el asegurado)* asegurar.

insured *adj.* y *s. Der. mar.* asegurado.

intake *s.* entrada, toma, admisión.

interfere *v.t. Rad.* interferir.

interference *s.* inteferencia.
radar ~ interferencia radar.

inundate *v.t.* inundar.

inventory *s.* inventario.
~ **of ship's gear** inventario del buque.

invoice *s. Com.* factura.

iron *s.* hierro.
angle ~ *Const. nav.* angular.
bulb angle ~ angular con bulbo [nervio].
cast ~ hierro fundido.
channel ~ hierro en U.
forged ~ hierro forjado.
galvanized ~ hierro galvanizado.
pig ~ *(de lastre)* lingote.
rave ~ descalcador.
soft ~ hierro dulce.
wrought ~ hierro forjado.

island *s.* isla.

islet *s.* islote.

isobar *s.* isobara.

isotherm *s.* isoterma.

issue *s.* desembocadura.

isthmus *s.* istmo.

J

jack *s.* bandera de torrotito.
yellow ~ bandera de cuarentena.

jacket *s.:*
life-~ chaleco salvavidas.

jackstaff *s.* asta de torrotito.

jam *v.i. (un cabo)* morderse.

jammed *adj. (cabo)* mordido.

jamming *s. Rad.* interferencia.

jaw *s. Man.* boca de cangrejo.

jerk *s.* socollada || *v.t. (registrar un buque)* fondear.

jerque *v.t. (registrar un buque)* fondear.

jetsam *s. Der. mar. (objetos arrojados a la mar)* echazón.

jettison *s. Der. mar. (acción de arrojar a la mar)* echazón || *v.t.* echar [tirar] carga a la mar.

jetty *s.* espigón, malecón, pantalán, muelle.
bunkering ~ muelle para embarque de combustible.

jib *s. (en general)* foque.
ballon ~ foque balón.
double clewed ~ foque cuadrilateral [de escota doble].
outer ~ *(por antonomasia)* foque.

joint *s. (de tubos, maquinaria, etc.)* junta, unión.
butt ~ *(chapas)* junta [unión] a tope.

journal *s.:*
chronometer ~ diario de cronómetros.

junk *s.* **1.** jarcia trozada; **2.** *(barco chino)* junco.

jute *s.* yute.

K

kapok *s.* kapoc, miraguano.

kayak *s.* kayak.

kedge *s.* anclote || *v.t.* y *v.i.* *(con ancla)* espiar(se).

keel *s.* quilla □ **from truck to** ~ de quilla a perilla; ~ **up(wards)** quilla al sol; **to lay the** ~ colocar [plantar, poner] la quilla.
bar ~ quilla de una pieza.
bilge ~ quilla de balance.
centre bar ~ quilla maciza.
duct ~ quilla hueca [túnel, de cajón].
false ~ falsa quilla, zapata.
safety ~ quilla de seguridad.
upper false ~ *(buque de madera)* sobrequilla.
vertical ~ quilla vertical.

keelson *s.* sobrequilla.
bilge ~ vagra de pantoque.
centre (line) ~ quilla vertical, sobrequilla central.
middle line ~ quilla vertical, sobrequilla central.
side [sister] ~ sobrequilla lateral.

keep *v.t.* y *v.i.* mantener(se), conservar(se), sostener(se) □ ~ **her so!** *(para conservar una determinada proa)* ¡aguántalo así!

keeper *s.:*
light(house) ~ torrero.

keg *s.* barril pequeño, cuñete.
boat ~ barril de agua para bote.

kentledge *s.* *(de lastre)* lingote.

key *s.* **1.** *(cerradura)* llave; **2.** *Ocean.* cayo; **3.** chaveta; **4.** *Rad.* manipulador || *v.t.* *Rad.* manipular.
~ **of the anchor stock** chaveta del cepo del ancla.
tail ~ **of propeller** chaveta de la hélice.
tightening ~ chaveta de cuña.

kilocalorie *s.* kilocaloría.

kilocycle *s.* kilociclo.

kilogramme *s.* kilogramo.

kilogrammetre *s.* kilográmetro.

kilometre *s.* kilómetro.

kilowatt *s.* kilovatio.

kink *s.* *(en un cabo)* coca, codillo.

knee *s.* *Const. nav.* cartabón, curva(tón).
~ **plate** cartabón, curva(tón).
forefoot ~ *(pieza que une la quilla a la roda)* talón.
plate ~ cartabón, curva(tón).
stem ~ *(pieza que une la quilla a la roda)* talón.

knighthead *s.* apóstol.

knittle *s.* *(cabo delgado)* sardineta.

knot *s.* *(en todas sus acepciones)* nudo.
figure of eight ~ nudo doble.
overhand ~ medio nudo.
reef ~ nudo de rizo.
square ~ nudo llano.

L

lace *s. (distintivo o divisa)* galón.

ladder *s.* escala.
accommodation ~ escala real [de portalón].
gangway ~ escala real [de portalón].
hold ~ escala de bodega.
Jacob's ~ escala de gato [viento].
pilot ~ escala de práctico.

lade *v.t. (mercancías, el buque)* cargar.

lading *s. (acción y efecto de cargar)* carga.

lag *s.* retraso, retardo.
~ **of tide** retardo de la marea.

lagoon *s.* laguna.

lake *s.* lago.

lamp *s. (alumbrado)* lámpara.
binnacle ~ lantia.
daylight signalling ~ lámpara para señales diurnas.
flashing ~ lámpara de destellos.
pilot ~ lámpara piloto.
portable ~ lámpara portátil.
safety ~ lámpara de seguridad.
signalling ~ lámpara de señales.

land *s.* tierra, terreno, país □ ~ **in sight** tierra a la vista; **to approach the** ~ recalar; **to hug the** ~ *(navegar pegado a ella)* rascar la tierra; **to lose sight of the** ~ perder de vista la tierra; **to make (the)** ~ recalar, reconocer la tierra; **to near the** ~ acercarse a tierra; recalar; **to raise the** ~ acercarse a tierra, recalar; **to set the** ~ marcar la tierra || *v.t.* desembarcar, sacar del barco || *v.i.* **1.** desembarcarse, salir del barco; **2.** amarar.
high ~ tierra alta.
low ~ tierra baja.
to ~ **upon the sea** amarar.

landfall *s.* recalada.

landing *s. (acción de sacar o salir del buque)* desembarco, desembarque.
~ **on the sea** amaraje.
forced ~ **(on the sea)** amaraje forzoso.

landmark *s. Nav.* marca de reconocimiento.

lane *s.* ruta, derrota.
ocean ~**s** derrotas oceánicas.
traffic ~ vía de circulación.

lantern *s.* farol, linterna.
anchor ~ farol de fondeo.
combined ~ farol combinado.
dark ~ linterna flamenca [sorda].
not-under-command ~ farol de (buque) sin gobierno.
riding ~ farol de fondeo.
side ~ farol de costado.
signal ~ farol de señales.
stern ~ farol de alcance [coronamiento].
tri-coloured ~ farol tricolor.

lanyard *s.* acollador.

larboard *s. ant.* babor.

lash *v.t. (con cabo)* trincar, amarrar.

lashing *s.* trinca, ligadura, amarra.
anchor ~ trinca de ancla.

latitude *s.* latitud □ **to determine [find] ~** calcular [obtener] la latitud; **to rise in ~** ascender [ganar, (re)montar] en latitud.
~ by account latitud estimada [de estima].
~ by dead reckoning latitud estimada [de estima].
~ by observation latitud observada.
~ in [of] arrival latitud de llegada.
~ of departure latitud de salida.
corrected ~ latitud corregida.
ex-meridian ~ latitud (por altura) circunmeridiana.
high ~s latitudes altas.
low ~s latitudes bajas.
mean ~ latitud media.
meridian ~ latitud (por altura) meridiana.
North ~ latitud norte.
South ~ latitud sur.
true ~ latitud verdadera.

launch *s.* **1.** lancha, chalupa; **2.** botadura, lanzamiento || *v.t.* **1.** *(buque)* botar, lanzar; **2.** *(bote)* arriar [echar] al agua.
motor ~ lancha motora [de motor].
steam ~ lancha de vapor.

launching *s.* botadura, lanzamiento.
end ~ botadura [lanzamiento] de popa.
side ~ botadura [lanzamiento] de costado.

law *s.* *(conjunto de leyes)* derecho.
commercial ~ código de comercio.
international maritime ~ derecho marítimo internacional.
maritime ~ derecho marítimo.
navigation ~s reglamentos de navegación.

lay *s.* *(de un cabo)* colcha, corcha || *v.t.* colchar, corchar || *v.i.* estar [ponerse] a la capa, capear.
to ~ off a course trazar un rumbo.
to ~ to estar [ponerse] a la capa, capear.
to ~ up *(buque)* desarmar.

layer *s.* capa, tongada.
~ of grease capa de grasa.

laying *s.* colocación, puesta.
~ of keel puesta de quilla.
keel-~ puesta de quilla.

lazaret(to) *s.* lazareto.

lead *v.t.* guiar, conducir, llevar || *v.i.* *(extenderse entre dos límites o puntos)* ir.

lead *s.* **1.** plomo; **2.** *Nav.* escandallo, sonda.
deep sea ~ escandallo de costa.
hand ~ escandallo [sonda] de mano.
red ~ minio.
sounding ~ escandallo, sonda.

lead-in *s.* *Rad.* bajada de antena.
aerial [antenna] ~ bajada de antena.

leadline *s.* sondaleza.

league *s.* legua marina.

leak *s.* **1.** derrame, pérdida, fuga; **2.** vía de agua □ **to spring a ~** abrirse una vía de agua; **to stop a ~** taponar una vía de agua || *v.i.* **1.** gotear, perder, manar, salirse; **2.** hacer agua.

leakage *s.* *(acción de derramarse y líquido que se derrama)* derrame, fuga, pérdida □ **~ and breakage** *(mercancías)* rotura y derrame.

leave *s.* licencia, permiso || *v.i.* irse, salir, partir, zarpar.
shore ~ permiso de tierra.
to ~ harbour salir de puerto.

ledge *s.* **1.** *Const. nav.* lata; **2.** *Hidr.* restinga.

lee *s.* sotavento, redoso, socaire □ **under the ~ of** a sotavento de, al redoso [socaire] de.

leech *s.* *(vela de cuchillo)* caída de popa, baluma.
after ~ caída de popa, baluma.

leeward *adj.* y *adv.* a sotavento □ **on the ~ of** a sotavento de, al redoso [socaire] de; **to be to ~** estar a sotavento; **to ~** a sotavento.

leeway *s.* abatimiento, deriva □ **to make ~** abatir, caer a sotavento.

leg *s.* *Man.* bordo, bordada.

legislation *s.* legislación.

length *s.* **1.** longitud, largo, largura; **2.** *Const. nav.* eslora.
~ at waterline eslora en la (línea de) flotación.
~ between perpendiculars eslora entre perpendiculares.
~ of (chain) cable *(medida de cadena)* largo, grillete.
~ overall eslora máxima [total].
extreme ~ eslora máxima [total].
floodable ~ eslora inundable.

identification ~ eslora de identificación.
permissible ~ eslora admisible.
subdivision ~ eslora de compartimentado.
tonnage ~ eslora de arqueo.
wave ~ *Rad.* longitud de onda.

let *v.t.* permitir.
to ~ down bajar.
to ~ go *(un cabo, en banda)* largar, arriar.
to ~ go amain [by the run] arriar [largar] en banda.

letter *s.* **1.** letra; **2.** *(misiva)* carta.
~ of indemnity carta de garantía.
~ of marque patente de corso; *ant.* carta de marca.
~s of marque patente de corso; *ant.* carta de marca.
~s patent patente.
signal ~s *(en el Código de Señales)* numeral.

Levant *s. Geogr.* levante.

Levanter *s.* (viento de) levante.

level *s.* nivel □ **above sea ~** sobre el nivel del mar.
audio frequency output ~ of receiver nivel de baja frecuencia a la salida del receptor.
low ~ nivel bajo.
mean sea ~ nivel medio del mar.
sea ~ nivel del mar.
water ~ nivel del agua.

lever *s.* palanca.
righting ~ brazo adrizante.

liability *s.* responsabilidad.
~ of (ship)owner responsabilidad del armador.
(ship)owner's ~ responsabilidad del armador.

lid *s.* tapa.
port ~ *(portillo)* tapa ciega.

lie *v.i.* estar [ponerse] a la capa, capear.
to ~ to estar [ponerse] a la capa, capear.

lien *s. Der. mar.* derecho de retención, embargo preventivo.
maritime ~ *(seguros)* derecho de retención marítima, embargo preventivo.

lifebelt *s.* cinturón salvavidas.

lifeboat *s.* bote salvavidas.
motor ~ bote salvavidas de motor.

lifeboatman *s.* patrón de bote salvavidas.
certificated ~ patrón titulado de bote salvavidas.

lifebuoy *s.* aro salvavidas, guindola.
ring ~ aro salvavidas, guindola.

lifeline *s.* **1.** cabo salvavidas, andarivel; **2.** *(botes y aros salvavidas)* guirnalda salvavidas.

lift *s.* **1.** *(vergas, botavaras, etc.)* amantillo; **2.** izada, (es)lingada || *v.t.* izar, levantar.
topping ~ amantillo.
to ~ up subir, elevar.

lifter *s.:*
cable-~ barbotín.

lifting *s. (en la botadura)* saludo.

light *s.* luz □ **to make out a ~** reconocer una luz || *v.t. (luz eléctrica, fuego)* encender.
after (masthead) ~ luz de tope de popa.
all round ~ luz todo horizonte.
alternating ~ *(cambio de color)* luz alternativa.
anchor ~ luz de fondeo.
bengal ~ luz de bengala.
deck ~ lumbrera de patente, ojo de buey.
electric ~ luz eléctrica.
fixed ~ luz fija.
flash ~ (EE.UU.) linterna eléctrica.
flashing ~ luz de destellos.
forward masthead ~ luz de tope de proa.
green ~ luz verde.
group flashing ~ luz de grupos de destellos.
group occulting ~ luz de grupos de ocultaciones.
harbour ~s *(del interior del puerto)* luces del puerto.
interrupted quick flashing ~ luz de grupos de centelleos.
leading ~ luz de enfilación.
manoeuvring ~ *(para complementar señales fónicas)* luz de maniobra.
masthead ~ luz de tope.
navigation ~s luces de navegación.
not under command ~s luces de sin gobierno.
occulting ~ luz de ocultaciones.
overtaking ~ luz de alcance [popa].

port ~ **1.** luz de babor; **2.** portillo, portilla.
quick flashing ~ luz centelleante.
range ~ luz de tope de popa.
red ~ luz roja.
revolving ~ *(faro)* luz giratoria.
ridind ~ luz de fondeo.
running ~**s** luces de navegación.
shore ~**s** *(población, muelle, etc.)* luces de tierra.
side ~**s** luces de costado.
signal ~ luz de señales.
starboard ~ luz de estribor.
steaming ~ luz de tope.
stern ~ luz de popa [alcance].
temporary ~ luz provisional.
towing ~ luz de remolque.
white ~ luz blanca.
to ~ **the fires** *(calderas)* encender los fuegos.

lighten *v.t. (aligerar de peso, desembarcar la carga)* alijar.

lightening *s. (mercancías desembarcadas)* alijo.

lighter *s.* barcaza, gabarra, lanchón.
coal ~ barcaza carbonera.
mud ~ gánguil.

lighterage *s.* **1.** *(acción de aligerar o desembarcar la carga)* alijo; **2.** gastos de gabarra(s); **3.** transporte por gabarras.

lighterman *s.* gabarrero.

lighthouse *s.* faro.
air ~ aerofaro.

lightning *s. Meteor.* rayo, relámpago.

lightship *s. (con propulsión propia)* buque faro.

lightvessel *s. (sin medios de propulsión)* buque faro.

lignum-vitae *s.* guayacán.

limb *s.* limbo.

limber *s.* imbornal de varenga.

line *s.* **1.** *(en todas sus acepciones)* línea; **2.** tubería, colector; **3.** *Man.* cabo, beta, amarra □ **to connect up a tow(ing)-~** tomar el remolque; **to fasten a tripping ~** pasar un orinque; **to give a tow(ing)-~** dar el remolque; **to haul a tow(ing)-~ aboard** tomar el remolque; **to pass a tow(ing)-~** dar el remolque.
~ **of inside framing** línea interior de las cuadernas.
~ **of position** *Nav.* recta de altura.
aft breast ~ *(amarra)* través de popa.
assumed frame ~ línea de las caras internas de las cuadernas.
astronomical position ~ *Nav.* recta de altura.
base ~ *Const. nav.* línea base.
bilge ~ colector de sentina.
bottom ~ palangre.
breast ~ (amarra de) través.
buoy ~ orinque.
buttock ~ *Cons. nav.* sección longitudinal.
cargo ~ colector de carga.
centre ~ **1.** *(en general)* eje (de simetría); **2.** *Const. nav.* crujía, eje longitudinal del buque.
clew [clue] ~ chafaldete.
cross-over ~ *(colector)* interconexión transversal.
deck ~ **1.** colector de cubierta; **2.** línea de cubierta (de francobordo).
deepest subdivision load ~ línea de máxima carga de compartimentado.
fathom ~ línea isobata [de sonda], veril.
fire ~ colector de contraincendios.
fishing-~ sedal.
forward breast ~ *(amarra)* través de proa.
fresh water load ~ línea de carga en agua dulce.
gas ~ *(buques tanques)* colector de atmosféricos.
grab ~ **1.** *(botes)* guirnalda salvavidas; **2.** *(entre los candeleros)* pasamano(s).
ground ~ palangre.
hauling ~ *(para dar amarras)* guía.
head ~ amarra de proa.
heading ~ *(radar)* marca de proa.
heaving ~ *(para dar amarras)* guía.
horizon ~ línea de horizonte.
keel ~ línea de quilla.
light-~ línea de flotación en lastre.
load-~ línea de flotación en carga.
log ~ zaga.
lubber ~ *(compás)* línea de fe.
margin ~ *Const. nav.* línea de margen.
mooring ~ estacha.
paternoster ~ palangre.
position ~ *Nav.* recta de altura.
quarter ~ amarra de la aleta.

regular ~ *(tráfico marítimo)* línea regular.
rhumb ~ derrota loxodrómica.
shaft ~ *Máq.* línea de ejes.
sheer ~ línea de arrufo.
stern ~ amarra de popa.
straight ~ (línea) recta.
stripping ~ colector de agotamiento [secado].
summer load ~ línea de carga de verano.
tack ~ *(entre dos grupos de banderas)* driza separadora.
timber load ~ línea de carga para madera en cubierta.
tow(ing)-~ cabo [cable] de remolque.
traffic separation ~ línea de separación de tráfico.
tripping ~ orinque de ancla.
trolling ~ curricán.
tropical fresh water load ~ línea de carga tropical en agua dulce.
tropical load ~ línea de carga tropical.
vapour ~ *(petroleros)* tubo de aireación [ventilación].
water ~ *Const. nav.* línea de agua.
weighing ~ orinque de ancla.
winter load ~ línea de carga de invierno.
winter North Atlantic load ~ línea de carga de invierno en el Atlántico Norte.
zero ~ eje neutro.

liner *s.* buque de pasaje de línea regular.
passenger ~ buque de pasaje de línea regular.

lining *s.* embono, refuerzo, forro.
anchor ~ varadero (de la uña) del ancla.

link *s.* eslabón.
common ~ eslabón corriente [ordinario].
end ~ eslabón final.
intermediate ~ eslabón grueso.
long end ~ eslabón grueso.
long stud ~ eslabón grueso.
open ~ eslabón final [sin contrete].
stud(ded) ~ eslabón con contrete.
studless ~ eslabón sin contrete.

liquor *s.:*
brine ~ salmuera.

list *s.* **1.** lista, catálogo; **2.** *(inclinación)* escora □ **to take a** ~ escorarse || *v.t.* y *v.i.* escorar(se).
~ **of lights** cuaderno [libro] de faros.
~ **of ship stations** nomenclátor de las estaciones de barco.
~ **to port** escora a babor.
crew ~ lista de tripulantes.
Light ~ cuaderno [libro] de faros.
muster ~ cuadro orgánico.
passenger ~ lista de pasajeros.

litter *s.* camilla, parihuela.

littoral *adj.* y *s.* litoral.

lizard *s.* vinatera.

load *s.* carga || *v.t.* cargar.
breaking ~ carga de rotura.
deadweight ~ carga de peso.
deck ~ carga de cubierta, cubertada.
useful ~ carga útil.

loading *s. (acción y efecto de cargar)* carga.

loan *s.* préstamo.
bottomry ~ préstamo a la gruesa.

locate *v.t. (averiguar la posición de algo o alguien)* localizar.

location *s. (determinación de la posición de algo o alguien)* localización.

lock *s.* **1.** esclusa; **2.** cerradura.
rudder ~ llave del timón.

locker *s.* armario, pañol.
cable [chain] ~ caja de cadenas.
chart ~ armario de cartas.
engineer's ~ pañol de maquinistas.
flag ~ armario de banderas.
lamp ~ pañol de luces.
medecine ~ armario de medicamentos.
sail ~ pañol de velas.

locus *s. Mat.* lugar geométrico.

loft *s.:*
mould ~ sala de gálibos.
sail ~ taller de velas.

log *s.* **1.** *(de árbol)* tronco; **2.** *Nav.* corredera □ **to heave [stream, throw] the** ~ echar [largar] la corredera; **3.** diario de navegación, cuaderno de bitácora.
~ **book** diario de navegación, cuaderno de bitácora.
common ~ corredera ordinaria.
electric ~ corredera eléctrica.
engineer's ~ **book** cuaderno [diario] de máquinas.
engine room ~ cuaderno [diario] de máquinas.
ground ~ corredera de fondo.

hand ~ corredera de barquilla.
mechanical ~ corredera mecánica [de patente].
patent ~ corredera de patente [mecánica].
pitometer ~ corredera de presión.
radio ~ diario de radio de a bordo.
screw ~ corredera de patente [mecánica].
ship's ~ diario de navegación.
signal ~ cuaderno registro de señales.
wireless ~ diario de radio de a bordo.

longitude *s. Astr., Geogr* y *Nav.* longitud.
~ **by account** longitud estimada [de estima].
~ **by dead reckoning** longitud estimada [de estima].
~ **by observation** longitud observada.
~ **of arrival** longitud de llegada.
~ **of departure** longitud de salida.
arrived ~ longitud de llegada.
corrected ~ longitud corregida.
departed ~ longitud de salida.
East ~ longitud Este.
West ~ longitud Oeste.

longshoreman *s.* cargador, obrero portuario.

look-out *s.* **1.** vigilancia; **2.** *(lugar desde donde se vigila)* vigía; **3.** *(persona que vigila)* vigía, serviola.
~ **by hearing** vigilancia auditiva.
~ **by sight** vigilancia visual.
~ **man** vigía, serviola.

loom *s. (de remo)* guión.

loose *adj.* flojo, suelto, largo □ **to work** ~ *Máq.* tomar huelgo || *v.t.* y *v.i. (cabos)* aflojar(se), desamarrar(se).

loosen *v.t.* **1.** *(cabos)* aflojar, desamarrar; **2.** *(vela)* largar || *v.i. (cabos)* aflojarse, desamarrarse.

lose *v.t.* perder.

loss *s.* pérdida.
~ **of anchor** pérdida de ancla.
~ **of life** pérdida de vida.
~ **of stability** pérdida de estabilidad.
~ **of time** pérdida de tiempo.
constructive total ~ *Der. mar.* pérdida total constructiva.
presumed (total) ~ *Der. mar.* pérdida por falta de noticias.
presumptive ~ *Der. mar.* pérdida por falta de noticias.
total ~ *Der. mar.* pérdida total.

loudspeaker *s.* altavoz.

low *s. Meteor.* depresión.
barometric ~ depresión barométrica.

lower *v.t.* **1.** bajar; **2.** *(velas, vergas, banderas, etc.)* arriar; **3.** *(botes)* arriar, echar el agua.
to ~ **a boat** arriar [echar al agua] un bote.
to ~ **with a round turn** arriar redondo [sobre vuelta].

loxodrome *s.* loxodromia, loxodrómica.

loxodromic *adj.* loxodrómico.

lubricant *adj.* y *s.* lubri(fi)cante.

lubricate *v.t.* lubri(fi)car.

lubricating *adj.* lubri(fi)cante.

lubrication *s.* lubri(fi)cación, engrase.
forced ~ lubri(fi)cación forzada.

lubricator *s. (accesorio)* engrasador.

luff *s.* **1.** *(velas de cuchillo)* caída de popa, grátil; **2.** orza(da) || *v.t.* y *v.i.* orzar □ ~ **alee [round]!** ¡orza a la banda!

luffing *s.* orza(da).

lug *s.* vela al tercio.

lugsail *s.* vela al tercio.

lull *s.* recalmón.

lumber *s.* madera de construcción.

lumper *s.* cargador, obrero portuario.

lunation *s.* lunación.

lurch *s.* bandazo.

M

machine *s.* máquina, aparato.
echo-sounding ~ aparato de sonda acústica.
hydraulic ~ máquina hidráulica.
patent sounding ~ sondador mecánico.
sounding ~ sondador mecánico.
towing ~ chigre de remolque.

machinery *s.* maquinaria.
auxiliary ~ aparatos auxiliares.
propelling ~ aparato motor.
refrigerating ~ maquinaria frigorífica.
steering ~ aparato de gobierno, servomotor del timón.

magazine *s.* pañol de pólvora, santabárbara.
(gun)powder-~ pañol de pólvora, santabárbara.

magnet *s.* imán.
compensating [corrector] ~ *(del compás)* imán compensador.

magnetism *s.* magnetismo.
induced ~ magnetismo inducido.
remanent [retentive] ~ magnetismo remanente.
terrestrial ~ magnetismo terrestre.

magnetron *s.* magnetrón.

magnifier *s.* lupa.
compass ~ lupa del compás.

mail *s.* correo □ **by** ~ por correo.

main *s.* *(tubos)* colector.
bilge ~ colector de sentina.
fire ~ colector de contraincendios.
stripping ~ colector de agotamiento [secado].

mainland *s.* tierra firme, continente.

mainmast *s.* palo mayor.

maintain *v.t.* mantener, entretener.

maintenance *s.* mantenimiento, conservación, entretenimiento.

man *s.* *(pl.* **men***)* hombre □ ~ **overboard!** ¡hombre al agua! || *v.t.* tripular, dotar de tripulantes.
~**-of-war** buque de guerra.
seafaring men hombres de mar.

manageable *adj.* *(buque)* manejable.

manhole *s.* agujero de hombre, registro.

manifold *s.* **1.** *(tubos)* colector; **2.** caja de válvulas.
exhaust ~ colector de escape.
valve ~ caja de válvulas.

manifest *s.* *Der. mar.* manifiesto.
inward ~ manifiesto de entrada.
outward ~ manifiesto de salida.
ship's ~ manifiesto del buque.

manning *s.* dotación, tripulación.

manoeuvrability *s.* maniobrabilidad.

manoeuvre *s.* maniobra || *v.t.* y *v.i.* maniobrar.

manometer *s.* *(para gases)* manómetro.

manrope *s.* **1.** cabo salvavidas; **2.** *(entre los candeleros)* pasamano(s).

map *s.* *Geogr.* mapa.

margin *s.* margen, reserva para contingencias.
~ **of speed** reserva de velocidad.

marine *adj.* marino || *s.* marina.
mercantile [merchant] ~ marina mercante.

maritime *adj.* marítimo.

mark *s.* marca || *v.t. (poner marcas, contraseñas)* marcar.
cargo ~ *(para identificación de los bultos)* marca de la carga.
draught ~s marcas [escala] de calados.
freeboard ~s marcas de francobordo.
high-water ~ marca de la pleamar.
leading ~s marcas de enfilación.
load-line ~s marcas de francobordo.
low-water ~ marca de la bajamar.
navigation ~ marca para la navegación.
trade ~ marca de fábrica.

marker *s.:*
heading ~ *(radar)* marca de proa.

marline *s.* merlín.

marry *v.t. (dos cabos)* amadrinar.

mask *s.* careta.
gas ~ careta antigás.
smoke ~ careta antihumo.

mast *s.* palo □ **at half ~** a media asta; **half ~ high** a media asta; **to half-~** izar [poner] a media asta || *v.t. (palos)* arbolar, izar.
aerial ~ palo de la telegrafía.
after ~ palo de popa.
bipod ~ palo bípode.
collapsible ~ palo abatible.
fore topgallant ~ mastelero de juanete de proa.
goal-post ~ palo de pórtico.
hinged ~ palo abatible.
jury ~ palo de fortuna.
lowering ~ palo abatible.
main topgallant ~ mastelero de juanete mayor.
miz(z)en-~ palo mesana.
miz(z)en royal ~ mastelero de sobreperico.
miz(z)en topgallant ~ mastelero de perico.
pair ~s palo de pórtico.
pole ~ palo enterizo [tiple].
royal ~ mastelero de sobrejuanete.
sheer ~ palo bípode.
signal ~ palo de señales [luces].
single-tree ~ palo enterizo [tiple].
strike ~ palo abatible.
tripod ~ palo trípode.

master *s.* capitán.
harbour ~ capitán de puerto.

masthead *s.* calcés.

masting *s.* arboladura.

mat *s.* pallete.
collision ~ pallete de colisión.
Makaroff ~ pallete Makaroff.

mate *s.* **1.** oficial de cubierta; **2.** ayudante.
chief ~ primer oficial.
cook's ~ ayudante de cocina.
first ~ primer oficial.
second ~ segundo oficial.
third ~ tercer oficial.

means *s. pl.* medios.
~ of transport medios de transporte.

measure *s.* medida || *v.t.* medir.
safety ~s medidas de seguridad.
to ~ for tonnage *(medir la cabida de un buque)* arquear.

measurement *s.* medición.
external ~ *(buque)* medición exterior.
internal ~ *(buque)* medición interior.
tonnage ~ *(acción de medir la cabida)* arqueo.

measurer *s.* arqueador.

mechanic *adj.* y *s.* mecánico.

mechanical *adj.* mecánico.

mechanician *s.* mecánico.

medium *s.* medio, agente.
extinguishing ~ agente extintor.

meet *v.t.* aguantar, meter el timón en contra □ **~ her!** ¡aguanta (la caída)!

megaphone *s.* megáfono, bocina.

member *s.:*
~ of the crew tripulante.
crew ~ tripulante.

mercantile *adj.* mercante.

merchandise *s.* mercancías.
dangerous ~ mercancías peligrosas.

merchant *adj.* y *s.* mercante.

meridian *s.* meridiano.
geographical ~ meridiano geográfico.
magnetic ~ meridiano magnético.
prime ~ primer meridiano.

mesh *v.i.* engranar.

meshing *s. (efecto de engranar)* engranaje.

mess *s.* comedor.
~ **room** comedor.
crew's ~ **room** comedor de tripulación.
officers' ~ **room** comedor de oficiales.

message *s.* mensaje.
~ **by radio** mensaje por radio.
~ **by telephone** mensaje por teléfono.
~ **in code** mensaje cifrado por código.
~ **in plain language** mensaje en claro.
code(d) ~ mensaje cifrado por código.
distress ~ mensaje de socorro.
pratique ~**s** mensajes de libre plática.
urgent ~ mensaje urgente.

messenger *s. (cabo delgado para virar otro de más mena)* virador.

metacentre *s.* metacentro.
longitudinal ~ metacentro longitudinal.
transverse ~ metacentro transversal.

meteorological *adj.* meteorológico.

meteorology *s.* meteorología.

metre *s.* metro.
cubic ~ metro cúbico.
square ~ metro cuadrado.

midday *s.* mediodía.

midships *adv.* V. **amidships.**

mile *s.* milla.
measured ~ milla medida.
nautical ~ milla marina.
sea ~ milla marina.
statute ~ milla terrestre inglesa.

millibar *s.* milibar.

millimetre *s.* milímetro.

mine *s. Arm.* mina □ **blocked by** ~**s** bloqueado por minas || *v.t.* minar.
drifting ~ mina a la deriva.
floating ~ mina flotante.
magnetic ~ mina magnética.
submarine ~ mina submarina.

minelayer *s.* minador.

minesweeper *s.* (buque) dragaminas.

minesweeping *s.* rastreo de minas.

minium *s.* minio.

mirror *s. Ópt.* espejo.
azimuth ~ alidada de reflexión.
daylight-signalling ~ espejo de señales diurnas.

mist *s.* neblina.

mizen *s. (vela)* mesana.

mizenmast *s.* palo mesana.

mizzen *s. (vela)* mesana.

mizzenmast *s.* palo mesana.

mizzle *v.i.* lloviznar.

moderate *v.t.* y *v.i.* moderar(se), calmar(se).

modulation *s. Rad.* modulación.
amplitude ~ modulación de amplitud.
frequency ~ modulación de frecuencia.

mole *s.* dique, malecón, espigón.

moment *s. Fís.* momento.
~ **of a force** momento de una fuerza.
~ **of inertia** momento de inercia.
~ **to alter trim one inch** momento (necesario) para variar el asiento una pulgada.
bending ~ momento flector [de flexión].
capsizing ~ momento de vuelco.
heeling ~ momento escorante [de escora].
inch trim ~ momento (necesario) para variar el asiento una pulgada.
listing ~ momento escorante [de escora].
magnetic ~ momento magnético.
righting ~ momento adrizante [de adrizamiento].
sagging ~ momento de arrufo.
upsetting ~ momento de vuelco.

money *s.:*
despatch [dispatch] ~ *(en la carga o descarga)* prima por tiempo ganado.
hat ~ *Der. mar.* capa.
salvage ~ remuneración por el salvamento, premio del salvamento.

monsoon *s.* monzón.
dry ~ monzón del nordeste.
north-east ~ monzón del nordeste.
south-west ~ monzón del sudoeste.
wet ~ monzón del sudoeste.

moon *s.* luna.
full ~ luna llena.
new ~ luna nueva.

moonlight *s.* luz de la luna.

moonrise *s.* orto de la luna.

moor *v.t. (buque)* amarrar □ **to make a running** ~ fondear con dos anclas con arrancada avante.

to ~ **across** fondear a barbas de gato.
to ~ fore and aft [head and stern] *(entre dos boyas o entre un ancla a proa y una boya a popa)* amarrar de proa y popa.
to ~ to a buoy amarrar a una boya.
to ~ with anchors ahead fondear con dos anclas por la proa.

moorage *s.* derechos de amarre, amarraje.

mooring *s.* **1.** *(para asegurar el buque)* amarra, estacha □ **to carry out trials at ~s** probar sobre amarras; **to cast off ~s** largar amarras; **to let go ~s** largar amarras; **to run trials at ~s** probar sobre amarras; **2.** *(acción de amarrar)* amarraje.

~ buoy boya de amarre [cuerpo muerto], amarra fija.
~ hawser [line, rope] amarra, estacha.
permanent ~ boya de amarre [cuerpo muerto], amarra fija.

mop *s.* lampazo || *v.t.* lampacear.

mortgage *s.* hipoteca.

motion *s.* movimiento □ **in ~** *(maquinaria)* en movimiento.
accelerated ~ movimiento acelerado.
alternative ~ movimiento alternativo.
orbital ~ movimiento orbital.
rotary ~ movimiento de rotación.

motor *s.* motor.
electrical ~ motor eléctrico.
outboard ~ motor fuera (de) borda.
servo-~ servomotor.
synchronous ~ motor síncrono.

motorman *s.* (EE.UU.) *(tripulante)* engrasador.

moulding *s. Arq. nav.* galón.

mount *s.* monte, montaña.

mountain *s.* monte, montaña.

mouth *s. (río, canal)* boca, desembocadura.

movement *s.* movimiento.

mud *s.* cieno, fango, lodo.

muster *s. (de personas)* revista, inspección || *v.t.* pasar revista.
~ of passengers revista de pasajeros.
practice ~ ejercicio de revista.

mutiny *s.* motín.

muzzler *s.* viento muy fuerte de proa.

N

nadir *s.* nadir.

narrow *s. (generalmente en plural) Hidr.* canalizo, paso estrecho.

natation *s.* natación.

nautical *adj.* náutico.

naval *adj.* naval.

navigability *s.* navegabilidad.

navigable *adj.* navegable, practicable, transitable □ ~ **at high water** practicable [navegable] en pleamar.

navigate *v.i.* navegar.
to ~ in company navegar en conserva.

navigation *s.* **1.** *(acción de navegar)* navegación; **2.** *(arte o ciencia)* náutica, navegación.
~ **by day** navegación durante el día.
~ **by night** navegación durante la noche.
~ **in convoy** navegación en convoy.
celestial ~ navegación astronómica.
coastal ~ navegación cost(an)era, cabotaje.
dead reckoning ~ navegación por estima.
deep sea ~ navegación de altura.
electronic ~ navegación electrónica.
inland ~ navegación interior.
radar monitored ~ navegación por radar.
radio ~ navegación radioeléctrica.
river ~ navegación fluvial.
steam ~ navegación a vapor.

navigator *s.* **1.** navegante; **2.** oficial de derrota.

navy *s.* marina de guerra, armada.
merchant ~ marina mercante.

neck *s.:*
goose ~ **1.** cuello de cisne; **2.** *(de tangón o botavara)* pinzote.
swan ~ cuello de cisne.

needle *s. Nav.* y *Man.* aguja.
magnetic ~ aguja magnética.
roping ~ aguja de relingar.
sail ~ aguja de (coser) velas.

nest *s.:*
crow's ~ *(en los buques modernos)* cofa.

net *s. (tejido de malla)* red □ **to haul the** ~ cobrar la red; **to shoot the** ~ calar la red.
cargo ~ red de carga.
drift ~ red de deriva.
fishing ~ red de pesca.
fixed ~ red fija.
herring ~ arenquera.
rescue ~ red de salvamento.
safety ~ *(bajo la escala)* red de seguridad.
seine ~ red de cerco.
trawl-~ rastra, red de arrastre.

niggerhead *s.* bita de remolque.

night *s.* noche □ **all** ~ toda la noche; **during** ~ durante la noche.

nimbus *s.* nimbus.

noon *s.* mediodía.
true ~ mediodía verdadero.

north *s.* norte □ **due** ~ (al) norte clavado; ~ **of** al norte de.

~ **by east** norte cuarta al nordeste.
~ **by west** norte cuarta al noroeste.
~**-east** nordeste.
~**-east by east** nordeste cuarta al este.
~**-east by** ~ nordeste cuarta al norte.
~-~**-east** nornordeste.
~-~**-west** nornoroeste.
~**-west** noroeste.
~**-west by** ~ noroeste cuarta al norte.
~**-west by west** noroeste cuarta al oeste.
compass ~ norte de la aguja.
geographic ~ norte geográfico.
magnetic ~ norte magnético.
true ~ norte verdadero.

northbound *adj.* con destino al norte.

northward(s) *adv.* hacia el norte □ ~ **from [of]** al norte de.

note *s.* anotación.

notice *s.* aviso, noticia.
~ **of abandonment** aviso [declaración] de abandono.
~ **of readiness** carta aviso (al cargador), carta de alistamiento.
~ **to mariners** aviso a los navegantes.

nozzle *s. (de manguera)* boquilla, lanza.
fire (hose) ~ boquilla [lanza] contraincendios.
fog ~ boquilla [lanza] pulverizadora.
fog spray(ing) ~ boquilla [lanza] pulverizadora.
hose ~ boquilla, lanza.
plain ~ boquilla [lanza] de chorro.
solid stream (hose) ~ boquilla [lanza] de chorro.
spray(ing) ~ boquilla [lanza] pulverizadora.
water spray(ing) ~ boquilla [lanza] pulverizadora.

number *s.* número.
ship's ~ *(en el Código de Señales)* numeral.

nut *s.* tuerca.
check-~ tuerca autoblocante [de seguridad].
lock-~ tuerca autoblocante [de seguridad].

O

oakum *s.* estopa □ **to pack with ~** estopar.

oar *s.* remo □ **boat ~s!** ¡dentro remos!; **out ~s!** ¡arma remos!; **to back ~s** ciar; **to pull ~s** bogar, remar; **toss ~s!** ¡arbola remos! || *v.i.* bogar, remar.
sculling ~ espadilla.
steering ~ espadilla.

oarsman *s. (pl.* **oarsmen***)* boga(dor), remero.

observation *s. Astr., Nav. Meteor.* observación.
astronomical ~ observación astronómica.
celestial ~ observación astronómica.
meteorological ~s observaciones meteorológicas.

observatory *s.* observatorio.
astronomical ~ observatorio astronómico.
meteorological ~ observatorio meteorológico.

observer *s.:*
radar ~ radarista.

obstruction *s.* obstrucción.
floating ~ obstrucción flotante.
sunken ~ obstrucción sumergida.

occident *s.* occidente.

occidental *adj.* occidental.

ocean *s.* océano.

off *prep.* en las proximidades de, a la altura de.

office *s.* oficina.
Harbour Master ~ capitanía de puerto.
Hydrographic ~ Instituto Hidrográfico de la Marina.
Meteorological ~ Oficina Meteorológica.

officer *s.* oficial.
~ of the watch oficial de guardia.
chief ~ primer oficial.
Customs ~ oficial de Aduanas.
deck ~ oficial de cubierta.
engineer ~ oficial de máquinas.
first ~ primer oficial.
health ~ oficial de Sanidad.
measuring ~ arqueador.
Naval ~ oficial de la Armada.
navigating ~ oficial de derrota.
port Health ~ médico de Sanidad del Puerto.
radio ~ oficial radio(telegrafista).
second ~ segundo oficial.
third ~ tercer oficial.
wireless ~ oficial radiotelegrafista.

offing *s.* franquía □ **to gain the ~** ganar [ponerse en] franquía; **to keep the ~** estar en franquía, mantenerse fuera; **to make the ~** ganar [ponerse en] franquía.

oil *s.* **1.** aceite, **2.** petróleo || *v.t.* **1.** aceitar, lubri(fi)car; **2.** suministrar petróleo || *v.i.* petrolear, tomar petróleo.
~ fuel aceite combustible.
colza ~ aceite de colza.
crude ~ petróleo crudo.
fish ~ aceite de pescado.
fuel ~ aceite combustible, combustible líquido, fuel(-oil).

heavy (diesel) ~ aceite (diesel) pesado.
linseed ~ aceite de linaza.
lubricating ~ aceite lubrificante.
mineral ~ aceite mineral.
storm ~ aceite para calmar las olas.
vegetable ~ aceite vegetal.

oiler *s. (tripulante)* engrasador.

oiling *s.* engrase, lubri(fi)cación.

oilskin(s) *s.* chubasquero, ropa de agua.

ooze *f. Hidr.* lama, légamo, limo || *v.i. (un líquido)* fluir, manar, irse, salirse.

open *adj.* abierto.
~ **for commercial traffic** abierto al tráfico comercial.

opening *s.* abertura.
~ **in weather portions** abertura en lugar expuesto.
discharge ~ orificio de descarga.
hatch ~ boca [pozo] de escotilla.
side ~ abertura en el costado.
tonnage ~ abertura (de reducción) de arqueo.

operate *v.t.* manejar, hacer funcionar || *v.i.* funcionar.

operation *s.* operación □ **to come into** ~ entrar en vigor.
rescue ~**s** *(de personas)* operaciones de salvamento.
salvage ~**s** *(buque, mercancías)* operaciones de salvamento.

operator *s.:*
radar ~ radarista.
radio ~ operador de radio.
radiotelephone ~ radiotelefonista.
ship ~ naviero, armador gerente.
wireless ~ radiotelegrafista.

option *s. Der. mar.* derecho preferente.

order *s.* **1.** *(en todas sus acepciones)* orden □ **to carry out** ~**s** cumplimentar las órdenes; **to receive** ~**s** recibir órdenes; **to wait for** ~**s** esperar órdenes; **2.** *Com.* pedido □ **to place an** ~ hacer un pedido || *v.t.* **1.** ordenar; **2.** *Com.* hacer un pedido.
~**s to helmsman** órdenes al timón [timonel].
delivery ~ orden de entrega.
engine ~**s** órdenes a la máquina.
further ~**s** nuevas órdenes.
helm ~**s** órdenes al timón [timonel].
rudder ~**s** órdenes al timón [timonel].
shipping ~ orden de expedición.
steering ~**s** órdenes al timón [timonel].

Orient *s.* oriente.

oriental *adj.* oriental.

orthodrome *s.* ortodromia.

orthodromic *adj.* ortodrómico.

outboard *adv.* fuera del costado, hacia el costado || *s. (motor)* fuera borda.

outfit *s.* material, equipo.
navigating [navigation(al)] ~ material náutico.

outlet *s.* (boca de) salida.

outreach *s. (grúa, pluma, etc.)* alcance.
~ **of a crane** alcance de una grúa.

outrigger *s.* canoa con balancines.

outside *adv.* en el exterior, fuera □ **on the** ~ por fuera.

outward *adv.* al exterior, hacia fuera.

overboard *adv.* a la mar, por (encima de) la borda □ **to fall** ~ caer a la mar; **washed** ~ arrebatado [barrido] (de a bordo) por la mar.

overcast *v.i. (el cielo)* cerrarse.

overcloud *v.i. (el cielo)* cerrarse, nublarse.

overdue *adj.* con retraso, retrasado.

overfall *s.* remolino de la hélice.

overflow *v.t.* inundar.

overhaul *s.* recorrido, repaso, reparación || *v.t.* **1.** *(a otro buque que va delante)* alcanzar; **2.** revisar, recorrer, reparar.

overland *adj.* y *adv.* por vía terrestre, por tierra.

overload *s.* sobrecarga || *v.t.* sobrecargar.

oversea(s) *adj.* ultramarino || *adv.* en ultramar.

overtake *v.t. (a otro buque que va delante)* alcanzar, pasar.

overtime *s.* horas extraordinarias.

owner *s.* propietario, armador.
managing ~ naviero, armador gerente.

P

pack *v.t.* embalar, empaquetar.

packet *s.* **1.** *(bulto)* paquete; **2.** *(buque)* paquebot(e), paquete.
~-boat paquebot(e).
~-ship paquebot(e).

packing *s.* embalaje.

pad *s.* guirnalda de defensa.

paddle *s.* **1.** canalete, zagual, pagaya; **2.** *(ruedas)* paleta || *v.i.* remar con canaletes.

paddler *s.* buque de ruedas.

pail *s.* balde.

paint *s.* pintura || *v.t.* pintar.
anticorrosive ~ pintura anticorrosiva.
antifouling ~ pintura antiincrustante.
anti-rust ~ pintura antioxidante.
fire-proof ~ pintura ignífuga.
rust-preventive ~ pintura antioxidante.

painter *s. (amarra de embarcación menor)* boza.

palm *s.* **1.** *(de ancla)* mapa; **2.** rempujo.

pan *s.:*
salt-~ salina.

panel *s.* panel, tablero.
control ~ tablero de control.

papers *s. pl.* documentación, documentos, papeles.
ship's ~ documentación [documentos] del buque, documentación [documentos] de a bordo.

parallax *s.* paralaje.

parallel *adj.* paralelo □ **~ to the shore** paralelo a la costa || *s.* paralelo, línea paralela.
~ of altitude paralelo de altura, almicantarada, almicantarat.
~ of latitude paralelo de latitud.

paravane *s.* paraván.

parbuckle *s.* tiravira.

parcel *s.* paquete, bulto || *v.t.* **1.** liar, empaquetar; **2.** *(un cabo)* precintar.

part *s.* **1.** *(porción de un todo)* parte; **2.** lote, parte; **3.** sitio, lugar, parte; **4.** *Máq.* pieza.
projecting ~ *Const. nav.* parte saliente.
spare ~ pieza de repuesto [respeto].

pass *s. Hidr.* paso, pasaje || *v.t.* y *v.i.* pasar □ **do not ~ ahead of me** no me corte usted la proa.
to ~ across cruzar.
to ~ ahead (of) cortar la proa (de), pasar por la proa (de).
to ~ astern (of) pasar por la popa (de).
to ~ close aboard to pasar cerca de.

passable *adj.* practicable, transitable, navegable.
~ at high water practicable [navegable] en pleamar.

passage *s.* **1.** *(acción de pasar)* paso, pasaje, tránsito, viaje, travesía □ **on the ~ to** en la travesía hacia; **2.** *Hidr.* paso, pasaje; **3.** corredor, pasillo; **4.** precio del pasaje.
~-money precio del pasaje.
meridian ~ *Astr.* paso por el meridiano.

outward ~ viaje de ida.

passageway *s.* pasillo, corredor.

passenger *s.* pasajero || **~s** *s. pl.* pasaje.
~ in transit pasajero en tránsito.
deck ~ pasajero de cubierta.
first class ~ pasajero de primera clase.
second class ~ pasajero de segunda clase.
steerage ~ pasajero de entrepuente [de la clase económica].
third class ~ pasajero de tercera clase.
tourist class ~ pasajero de clase turística.

passer *s.:*
coal ~ palero.

passport *s.* pasaporte.

patent *s. (documento)* patente.
letters ~ patente.

paternoster *s.* palangre.

patrol *s.* patrulla, ronda.
fire ~ patrulla [ronda] contraincendios.
ice ~ servicio de vigilancia de hielos.

pay *s.* paga, salario || *v.t.* alquitranar.
to ~ away [out] *(un cabo, cable o cadena)* filar, arriar.
to ~ off desenrolar, desembarcar.

paying *s. (acción y efecto de alquitranar)* alquitranado.
~ off desenrole, desembarco, desembarque.

pea *s. (ancla)* pico de loro [papagayo].

peak *s.* **1.** racel, rasel; **2.** puño del pico.

pebble *s.* canto, guijarro.

pelorus *s. Náut.* taxímetro.

pendant s. V. **pennant.**

peninsula *s.* península.

pennant *s.* gallardete.
answering ~ gallardete de inteligencia [característico del código].
broad ~ gallardetón.
code ~ gallardete del código.
numeral ~ gallardete numérico.
signalling ~ gallardete de señales.

peril *s.* peligro, riesgo.
~s of the sea riesgos de mar.

period *s.* período.
~ of pitch período de cabeceo.
~ of roll período de balance.
~ of wave período de la ola.
pitching ~ período de cabeceo.
rolling ~ período de balance.

periscope *s.* periscopio.

permeability *s.* permeabilidad.
mean [uniform] average ~ permeabilidad media uniforme.

permit *s. (por escrito)* permiso.
Customs ~ permiso de Aduanas.
discharging ~ permiso de descarga.
landing ~ permiso de desembarque.
shipping ~ permiso de embarque.

perpendicular *adj.* y *s.* perpendicular □ **between ~s** entre perpendiculares.

personnel *s.* personal.
sea-going [ship's] ~ personal de mar.

Peter *s.:*
Blue ~ bandera de salida.

petrol *s.* gasolina.

petroleum *s.* petróleo.

petticoat *s.* capa aguadera [de fogonadura].

pick *v.t. (con piqueta)* picar.
to ~ the rust picar la herrumbre.

pickle *s. (para conservar alimentos)* salmuera.
brine ~ salmuera.

piece *s.* trozo, pieza.
after ~ *(timón)* pala, azafrán.
heel ~ talón del codaste.
rubbing ~verduguillo,cintón de defensa.
shoe ~ talón del codaste, zapata.
sole ~ talón del codaste, zapata.

pier *s.* pantalán, espigón, muelle.

pile *s.* pilote.

pilework *s. (conjunto de pilotes)* pilotaje.

pilfering *s.* hurto, ratería.

pillar *s.* puntal, pilar, soporte.

pilot *s.* práctico || *v.t.* pilotar.
coasting ~ práctico de costa.
dock ~ práctico de puerto.
harbour ~ práctico de puerto.
local ~ práctico local.
sea ~ práctico de mar.

pilotage *s.* pilotaje, practicaje.

pin *s.* pasador, clavija.

belaying-~ *(para cabos de labor)* cabilla.
thole-~ tolete, escálamo.

pintle *s.* **1.** *(en general)* pivote, perno, pinzote; **2.** macho del timón, pinzote.
rudder ~ macho del timón, pinzote.

pipe *s.* tubo, conducto, tubería.
air ~ *(tanques)* tubo de aireación [ventilación].
bilge ~**s** tubería de sentina.
blow off ~ tubería de extracción.
blow through ~ tubo de purga.
branch ~ tubería secundaria.
cargo ~ colector de carga.
chain ~ bocina de caja de cadena.
discharge ~ tubo de descarga.
exhaust ~ tubo de exhaustación.
hawse ~ bocina [tubo] de escobén.
main feed ~ tubería principal de alimentación.
main steam ~ tubería principal de vapor.
mooring ~ escobén de amarre.
scavenge [scavenging] air ~ colector de aire de barrido.
scupper ~ tubo (de desagüe) de imbornal.
sounding ~ *(tanque)* tubo de sonda.
steam ~ tubo de vapor.
stern ~ *(para ancla de espía)* escobén de popa.
suction ~ tubo de aspiración.
vapour ~ *(petroleros)* tubo de ventilación.
vent ~ *(tanques)* tubo de aireación [ventilación].

piping *s.* tubería.
ballast ~ tubería de lastre.
blow off ~ tubería de extracción.
main feed ~ tubería principal de alimentación.
steam ~ tubería de vapor.
suction ~ tubería de aspiración.

piracy *s.* piratería.

piragua *s.* piragua.

pirate *s.* pirata.

pirogue *s.* piragua.

pistol *s.* pistola.
flare ~ pistola de señales luminosas.
rocket ~ pistola de señales luminosas.
signal ~ pistola de señales.

piston *s. Mec.* pistón, émbolo.

pitch *s.* **1.** pez, brea; **2.** *(de tornillo o hélice)* paso || *v.t.* embrear || *v.i.* cabecear.
liquid ~ alquitrán.

pitching *s.* cabeceo, cabezada.

pivot *s.* pivote, pinzote.

pivoting *s.* *(en la botadura)* saludo.

place *s.* sitio, lugar || *v.t.* colocar, poner.
anchoring ~ lugar de fondeo.
landing ~ desembarcadero.

plan *s.* plano.
harbour ~ portulano.
stowage ~ plano de estiba.

plank *s.:*
gang-~ *(de portalón)* plancha.

planking *s.* **1.** tablazón; **2.** *(costado de madera)* forro.
bilge ~ tablazón del pantoque.
bottom ~ forro de la carena, tablazón del fondo.
bulwark ~ tablazón de amurada.
carvel ~ *(botes)* forro liso.
clincher [clinker] ~ *(botes)* forro de tingladillo.
inner ~ forro [tablazón] interior.
inside ~ forro [tablazón] interior.
outside ~ forro [tablazón] exterior.
side ~ forro [tablazón] del costado.
stern ~ tablazón de popa.
topside ~ tablazón de obra muerta.

plant *s.* equipo, instalación.
distilling ~ instalación de destilación.
fire extinguishing [extinction] ~ instalación contra incendios.
propelling [propulsion] ~ aparato motor.
pumping ~ instalación de bombas.
refrigerating ~ equipo frigorífico, instalación frigorífica.
purification ~ instalación de purificación.
separating ~ instalación de purificación.
ventilating ~ aparatos de ventilación.

plate *s.* chapa, plancha.
base ~ *Máq.* bancada.
bed ~ *Máq.* bancada.
centre ~ orza.
floor ~ *(buque de acero)* varenga.
foundation ~ *Máq.* bancada.
sole ~ *Máq.* bancada.

steel ~ chapa [plancha] de acero.

platform *s.* plataforma.
control [manoeuvring, operating] ~ *(cámara de máquinas)* plataforma de mandos [maniobras].

plating *s. Cons. nav. (costado de acero)* forro.
bottom ~ forro de la carena.
shell ~ forro exterior.
side ~ forro del costado.
tank top ~ tapa superior del doble fondo.

play *s. Máq.* huelgo, juego.

pledget *s.* cordón de estopa.

plot *v.t. (en la carta)* puntear, situar.
to ~ **distances** poner las distancias.

plotting *s.:*
radar ~ punteo radar.

plough *v.t.* surcar.
to ~ **the seas** surcar los mares.

plow *v.t. ant.* y EE.UU. V. **plough.**

plug *s.* **1.** tapón, tarugo, taco; **2.** *(para los fondos de un bote)* espiche || *v.t.* taponar.
hawse ~ tapa [tapón] de escobén.
scupper ~ tapón de imbornal.

plunge *v.t.* y *v.i.* zambullir(se).
to ~ **into sea** caer al mar.

ply *v.i.* barloventear.

plyer *adj. (buque)* bolinero.

pocket *s.:*
anchor ~ *Cons. nav.* nicho para ancla.

pockwood *s.* guayacán.

point *s.* **1.** punto; **2.** *(compás)* cuarta; **3.** *Geogr.* punta.
~ **of departure** punto de salida.
boiling ~ punto de ebullición.
cardinal ~**s** puntos cardinales.
dead ~ *Mec.* punto muerto.
dew ~ punto de condensación [rocío].
first ~ **of Aries** punto vernal.
flash ~ punto de inflamación.
freezing ~ punto de congelación.
melting ~ punto de fusión.
pivoting ~ *(del buque en sus movimientos de rotación)* punto giratorio [de giro].

pointer *s.:*
revolution ~ indicador de número de revoluciones.

pole *s.* estaca □ **under bare** ~**s** a palo seco.
tidal [tide] ~ escala de mareas.

policy *s.* póliza.
cargo (insurance) ~ *(seguro)* póliza de cargamento.
floating ~ póliza flotante.
insurance ~ póliza de seguros.
marine (insurance) ~ póliza de seguro marítimo.
open ~ póliza flotante.

pollution *s.* polución.
~ **of waters** polución de las aguas.

pontoon *s. (barco chato)* pontón.

poop *s.* toldilla.

port *s.* **1.** puerto □ **to come back to** ~ regresar a puerto; **to make** ~ llegar a puerto; **to reach** ~ llegar a puerto; **2.** babor □ ~ **side to** babor al muelle; **3.** porta; **4.** portillo, portilla; **5.** *Máq.* lumbrera.
~ **of call** (puerto de) escala.
~ **of departure** puerto de partida [salida].
~ **of destination** puerto de destino.
~ **of discharge** puerto de descarga.
~ **of loading** puerto de carga.
~ **of refuge** puerto de refugio.
~ **of registry** puerto de matrícula.
~ **of sailing** puerto de partida [salida].
autonomous ~ puerto autónomo.
bunkering ~ puerto de aprovisionamiento de combustible.
call ~ (puerto de) escala.
cargo ~ porta de carga.
coal ~ porta de carboneo.
coaling ~ **1.** puerto de carboneo; **2.** porta de carboneo.
commercial ~ puerto comercial.
discharging ~ puerto de descarga.
entrance ~ portalón.
fishing ~ puerto pesquero.
free ~ puerto franco.
freeing ~ faluchera, porta de desagüe.
fuelling ~ puerto de aprovisionamiento de combustible.
gangway ~ portalón.
helm ~ limera.
home ~ puerto de matrícula.
loading ~ puerto de carga.

naval ~ puerto militar.
outer ~ puerto exterior, antepuerto.
quarantine ~ puerto de cuarentena.
river ~ puerto fluvial.
rudder ~ limera.
trading ~ puerto comercial.
unsafe ~ puerto peligroso.
wash ~ faluchera.
wintering ~ puerto de invernada.

porthole *s.* portillo, portilla.

portion *s.* parte, porción.
weather ~**s** *(buque)* partes expuestas a la intemperie.

position *s.* **1.** posición □ **in** ~ en posición; **2.** *Nav.* situación.
~ **by bearings** situación marcada [por demoras].
~ **by observation** situación astronómica [observada].
~ **by radio direction finder** situación por radiogoniómetro.
aproximate ~ situación aproximada.
dead reckoning ~ situación estimada.
noon ~ situación a mediodía.
true ~ situación verdadera.

post *s.* **1.** poste, pilar; **2.** puesto, plaza; **3.** correo.
back ~ codaste popel.
false ~ contracodaste.
inner ~ codaste proel, contracodaste.
king ~ postelero.
outer ~ codaste popel.
propeller ~ codaste proel.
rudder ~ codaste popel.
samson ~ postelero.
screw ~ codaste proel.
stern ~ codaste.

pot *s.:*
fish-~ *(arte de pesca)* nasa.

pound *s.* libra.
~ **per square inch** libra por pulgada cuadrada.

power *s.* potencia.
aerial ~ potencia en antena.

pratique *s.* (libre) plática □ **to get** ~ obtener [ser admitido a] libre plática; **to give** ~ dar libre plática; **to request free** ~ pedir libre plática.

premium *s. (seguro)* prima.
insurance ~ prima del seguro.

preserver *s.:*
life-~ salvavidas.

pressure *s.* presión.
absolute ~ presión absoluta.
atmospheric ~ presión atmosférica.
barometric ~ presión barométrica.
boiler ~ presión en una caldera.
constant ~ presión constante.
high ~ *Meteor.* alta presión, anticiclón.
hydraulic ~ presión hidráulica.
initial ~ presión inicial.
intermediate ~ presión media.
low ~ *Meteor.* baja presión.
rated wind ~ presión específica del viento.
steam ~ presión de vapor.
total ~ presión total.
working ~ presión de régimen [trabajo].

prevailing *adj. (viento, temporal, etc.)* reinante.

primage *s. Der. mar.* prima de carga, capa.

priming *s. Arm.* y *Pir.* cebo.
~**-powder** cebo.

prism *s. ópt.* prisma.
azimuth ~ alidada de reflexión.

privateer *s.* corsario.

prize *s.* presa, botín.

proceed *v.i.* (pro)seguir, continuar, proceder.
to ~ **to** arrumbar(se) a, poner proa [rumbo] a.
to ~ **to sea** hacerse [salir] a la mar.
to ~ **under hand** gobernar a mano.

projection *s.* **1.** proyección; **2.** *Const. nav.* (parte) saliente.
Mercator's ~ proyección Mercator.

promontory *s.* promontorio.

proof *adj.* a prueba de.
explosion-~ a prueba de explosión.

prop *s.* escora, puntal || *v.t.* escorar, apuntalar con escoras.

propel *v.t.* propulsar.

propeller *s.* propulsor, hélice.
built up ~ hélice de palas independientes.
constant pitch ~ hélice de paso constante [fijo].
controllable pitch ~ hélice de paso controlable.

fixed pitch ~ hélice de paso constante [fijo].
in-turning ~**s** hélices de giro al interior.
left handed ~ hélice de giro a la izquierda.
left-hand (turning) ~ hélice de giro a la izquierda.
mid ~ hélice central.
out-turning ~**s** hélices de giro al exterior.
port ~ hélice de babor.
reversible ~ hélice reversible.
right handed ~ hélice de giro a la derecha.
right-hand (turning) ~ hélice de giro a la derecha.
solid ~ hélice de palas fijas [enteriza, de una sola pieza].
starboard ~ hélice de estribor.
three blade(d) ~ hélice de tres palas.
variable pitch ~ hélice de paso variable [controlable].
variable pitch reversing ~ hélice reversible de paso variable.

propulsion *s.* propulsión.

protest *s.* protesta.
maritime ~ protesta de mar.
sea ~ protesta de mar.

protractor *s. Nav.* y *Dib.* transportador.

provide *v.t.* proveer, abastecer.

provisions *s. pl.* víveres, provisiones, vituallas.
(life)boat ~ víveres de bote.

psychrometer *s.* psicrómetro.

puddening *s.* guirnalda de defensa.

pull *s. (acción de bogar)* boga || *v.t.* **1.** tirar; **2.** halar, cobrar; **3.** bogar, remar.
to ~ **oars** bogar, remar.

pulse *s. Rad.* impulso.

pump *s. Máq.* bomba || *v.t.* bombear, achicar, picar.
air ~ bomba de aire.
ballast ~ bomba de lastre.
bilge ~ bomba de sentina.
cargo ~ bomba de carga.
centrifugal ~ bomba centrífuga.
circulating ~ bomba de circulación.
emergency ~ bomba de emergencia.
emergency bilge ~ bomba de sentina de emergencia.
feed ~ bomba de alimentación.
fire(-extinguishing) ~ bomba de contraincendios.
fuel oil (injection) ~ bomba (de inyección) de combustible [petróleo].
general service ~ bomba de servicio general.
hydraulic ~ bomba hidráulica.
lubricating ~ bomba de engrase.
main ~ bomba principal.
main circulating ~ bomba de circulación principal.
manual ~ bomba de mano.
oil fuel ~ bomba de combustible.
portable ~ bomba portátil.
power ~ bomba accionada por una fuente de energía.
reciprocating ~ bomba alternativa.
rotary ~ bomba rotativa.
sanitary ~ bomba sanitaria [de servicio sanitario].
scavenge ~ bomba de barrido.
steam ~ bomba de vapor.
stripper [stripping] ~ bomba de secado.
suction ~ bomba aspirante.
topping-up ~ bomba de aire de relleno.
water ~ bomba de agua.
to ~ **out** *(con bomba)* achicar.

pumper *s. Máq. (el que trabaja con bombas)* bombero.

pumping *s.* bombeo.

pumpman *s. Máq. (el que trabaja con bombas)* bombero.

punt *s. (embarcación)* batea.

purchase *s. (conjunto de motones o cuadernales)* aparejo.
cat ~ aparejo de gata.

purser *s. (oficial de un buque de pasaje)* sobrecargo.

put *v.t.* poner, colocar || *v.i.* dirigirse, seguir rumbo.
to ~ **back** regresar a puerto de arribada.
to ~ **in [into port]** arribar, entrar de arribada.
to ~ **to sea** hacerse [salir] a la mar.

Q

quadrant *s.* **1.** *Nav.* y *Meteor.* cuadrante; **2.** *(timón)* sector.
first ~ primer cuadrante.
fourth ~ cuarto cuadrante.
second ~ segundo cuadrante.
steering ~ sector de gobierno [del timón].
third ~ tercer cuadrante.

quarantine *s.* cuarentena □ **to take off the** ~ levantar la cuarentena || *v.t.* poner en cuarentena.

quarter *s. (parte del costado)* aleta □ **on the port** ~ por la aleta de babor || **~s** *s. pl.* alojamientos.
crew ~s alojamientos de la tripulación.
living ~s alojamientos.
officers' ~s alojamientos de oficiales.
passengers' ~s alojamientos de pasaje.
starboard ~ aleta de estribor.

quay *s. (obra portuaria)* muelle.

quayage *s.* derechos de atraque [muelle], muellaje.

quicksand *s.* arenas movedizas.

quintal *s.* quintal.
metric ~ quintal métrico.

quoin *s.* cuña de estiba.
cantick ~ cuña de estiba.

R

rabbet *s.* alefriz.
keel ~ alefriz de la quilla.
stem ~ alefriz de la roda.

race *s.* regata || *v.i. (máquina, motor, etc.)* dispararse, embalarse.
boat ~ regata.
pulling ~ regata a [de] remo.
sailing ~ regata a [de] vela.

rack *v.t. Man.* abarbetar.

racking *s.* barbeta.

rackline *s.* barbeta.

radar *s.* radar.
anti-collision ~ radar anticolisión.
frequency modulation ~ radar de modulación de frecuencia.
navigational ~ radar de navegación.
pulse ~ radar de modulación por impulsos.
shipborne ~ radar de a bordo.

radio *s. Rad.* radio || *v.t.* y *v.i.* radiar, transmitir por radio.

radiogoniometer *s.* radiogoniómetro.

radiotelegram *s.* radiotelegrama.

radiotelegraphy *s.* radiotelegrafía.

radiotelephone *s.* radioteléfono.

radiotelephony *s.* radiotelefonía.

radius *s. Geom.* radio.
~ **of action** radio de acción.
bilge ~ curva del pantoque.
metacentric ~ radio metacéntrico.
swinging ~ radio de borneo.

radome *s. (antena de radar)* cúpula.

raft *s.* balsa.
inflatable life ~ balsa salvavidas inflable.
life ~ balsa salvavidas.
self-inflating life ~ balsa neumática de salvamento de inflado automático.

rail *s.* **1.** *(amurada)* tapa de regala; **2.** *(en la borda)* pasamano(s), barandilla.
~**s and stanchions** barandilla, candeleros y pasamanos.
bulwark ~ tapa de regala.
grab ~ pasamanos(s) de mamparo.
open ~ barandilla.
storm hand ~ pasamano(s) de mamparo.

railing *s.* barandilla.
open ~ barandilla.

rain *s.* lluvia.

rainfall *s.* aguacero.

raise *v.t.* levantar, elevar, subir.

rake *s.* **1.** *(ángulo respecto a la vertical de palos, chimeneas, etc.)* caída; **2.** *(inclinación del codaste y de la roda)* lanzamiento.
~ **of a mast** caída de un palo.
~ **of the stem** lanzamiento de la roda.
~ **of the sternpost** lanzamiento del codaste.

ram *v.t.* embestir con la proa.

range *s.* **1.** amplitud; **2.** *(faro, radar, cañón, etc.)* alcance □ **out of** ~ fuera de alcance; **within** ~ dentro de alcance; **3.** bitadura de cadena.

~ **of chain** bitadura de cadena.
~ **of tide** amplitud de la marea.
cruising ~ autonomía.
diurnal ~ **of the barometer** marea barométrica.
geographic ~ alcance geográfico.
luminous ~ alcance luminoso.
operating ~ autonomía.
radio signal ~ alcance de las señales radio.
steaming ~ autonomía.
tidal ~ amplitud de la marea.

rate *s.* **1.** tarifa; **2.** *(cronómetro)* movimiento.
~ **of freight** tarifa de fletes.
~ **of load** tarifa de carga.
charter ~ tarifa de fletamento.
daily ~ *(cronómetro)* movimiento diario.
freight ~ tarifa de fletes.
gaining ~ movimiento en adelanto.
losing ~ movimiento en atraso, retraso.
pilotage ~**s** tarifa de practicaje.

ration *s.* ración.
food ~**s** raciones alimenticias.

ratline *s.* flechaste.

reading *s. (barómetro, etc.)* lectura.

ready *adj.* listo, preparado □ **all** ~ todo listo; ~ **about!** *(para cambiar de amura)* ¡listos para virar!
~ **for sea** listo para navegar.
~ **to discharge** listo para descargar.
~ **to load** listo para cargar.
~ **to sail** *(buque)* listo para salir.

receipt *s.* recibo.

receiver *s.* **1.** *Der. mar.* receptor; **2.** *Rad.* (aparato) receptor.
auto-alarm ~ receptor de autoalarma.
radar ~ receptor de radar.
radio ~ receptor de radio.
single frequency ~ receptor monofrecuencia.

recess *s. Cons. nav.* nicho.
anchor ~ nicho para ancla.
tunnel ~ nicho de túnel.

reckoning *s. Nav.* estima □ **by dead** ~ por estima; **to be ahead of the** ~ propasar la estima.
dead ~ estima.

reduction *s.* reducción.
tidal ~ **for soundings** reducción de las sondas por las mareas.

reef *s.* **1.** arrecife, bajo de piedra, escollo; **2.** *Man.* rizo □ **to shake [take] out the** ~**s** largar los rizos; **to take in** ~**s** tomar rizos || *v.t.* arrizar, tomar rizos.
coral ~ arrecife de coral.

reefer *s.* buque frigorífico.

reel *s.* carretel.
log ~ carretel de la corredera.

re-embark *v.t.* y *v.i.* reembarcar(se).

re-embarkation *s.* reembarque.

reeve *v.t. (pasar el cabo por el motón o motones de un aparejo)* guarnir.
to ~ **a line** guarnir un cabo.

refit *s.* carena(dura), reparación || *v.t.* dar carena, carenar, reparar, recorrer.

refitment *s.* carena(dura).

refitting *s.* carena(dura), reparación.

reflector *s.* reflector.
radar ~ reflector radar.

refloat *v.t.* desembarrancar, desencallar, reflotar.

reflux *s.* reflujo, marea menguante [vaciante].

refuel *v.t.* y *v.i.* hacer [tomar] combustible, rellenar de combustible, petrolear.

regatta *s. (reunión de embarcaciones)* regata.

register *s.* registro, matrícula || *v.t.* registrar, matricular.
ship's ~ matrícula de buques.
to ~ **a ship** matricular un buque.

registry *s.* registro, matrícula.

regulate *v.t.* regular.

regulation *s.* regulación, reglamento || ~**s** *s. pl.* reglamento.
immigration ~**s** Reglamentos de inmigración.
International ~**s for Preventing Collisions at sea** Reglamento Internacional para prevenir los Abordajes.
Radio ~**s** Reglamento de radiocomunicaciones.
speed ~ regulación de velocidad.

reinsurance *s. Der. mar.* reaseguro.

relief *s.* relevo.

relieve *v.t.* relevar.

remain *v.i.* permanecer.
to ~ near mantenerse cerca de.

rendezvous *s.* punto de reunión.

rent *s.:*
warehouse ~ derechos pagados por almacenar, almacenaje.

repair *s.* reparación □ **under ~** en reparación || *v.t.* reparar.
~s of the hull reparaciones de casco.
boilers ~s reparaciones de calderas.
engines ~s reparaciones de máquinas.

repairing *s.* reparación.

repeat *v.t.* repetir.
to ~ a signal repetir una señal.

repeater *s.* **1.** *Señ.* (gallardetón) repetidor; **2.** *(girocompás)* repetidor.
gyro (compass) ~ repetidor de la (aguja) giroscópica.

repellent *adj.:*
water-~ hidrófugo.

replenish *v.t.* volver a llenar, rellenar.

report *s.* informe, parte.
damage ~ parte de averías.
weather ~ parte [boletín] meteorológico.

rescue *s. (de personas)* salvamento || *v.t.* salvar.

rescuer *s.* salvador.

reserve *s.* reserva □ **in ~** en reserva.
Naval ~ Reserva Naval.

reship *v.t.* y *v.i.* reembarcar(se).

reshipment *s.* reembarque.

residue *s.* residuo.
oil ~s residuos de petróleo.

resistance *s. Elect., Mec.* resistencia.
aerial ~ resistencia de antena.
air ~ resistencia del aire.
frictional ~ resistencia de fricción.
heeling ~ resistencia a la escora.

resistor *s. (elemento eléctrico)* resistencia.

resolution *s. (radar)* poder separador [de resolución], discriminación.
bearing ~ discriminación en azimut.
range ~ discriminación en alcance.

respondentia *s.* préstamo a la gruesa.

rest *s.* **1.** descanso, reposo □ **to bring ship to ~** *(dando atrás con las máquinas)* parar la arrancada; **2.** resto, residuo.

retard *s.* retardo, retraso.
~ of tide retardo de la marea.

return *s.* **1.** regreso, vuelta, retorno; **2.** *(radar)* eco || *v.i.* regresar.
~ of premium *Der. mar.* extorno.
hull ~ *Elect.* retorno por el casco.
radar ~ eco radar.

revolution *s.* revolución, giro.
~s per minute revoluciones por minuto.

ride *v.i. (cabo)* morderse.

rig *s. (conjunto de arboladura, velamen y jarcias)* aparejo || *v.t.* aparejar, guarnir.
fore and aft ~ aparejo de cuchillo.
lateen ~ aparejo latino.
square ~ aparejo redondo [de cruz].
to ~ up *(palos y plumas de carga)* izar.

rigging *s.* jarcia, maniobra.
hemp ~ jarcia de cáñamo.
running ~ jarcia de labor, maniobra corriente [movible, de labor, volante].
standing ~ jarcia firme [muerta], maniobra de firme.
steel wire ~ jarcia metálica.

right *adj.* derecho, recto || *s. (facultad de hacer o exigir)* derecho || *v.t.* **1.** adrizar; **2.** *(timón)* levantar || *v.i.* adrizarse.
~ of angary derecho de angaria.
~ of fishery derecho de pesca.
~ of search derecho de registro [visita].
~ of visit derecho de registro [visita].
~ of way derecho de paso.
fishing ~ derecho de pesca.
to ~ the helm levantar timón.

righting *s.* adrizamiento.

rime *s.* escarcha.

ring *s.* anillo.
anchor ~ arganeo.
range ~s *(radar)* anillos de distancia.

ripple *s. Ocean.* chapaleteo, rizo.

rise *s. Astr.* orto, salida || *v.i.* **1.** *(astro)* salir; **2.** *(barómetro, termómetro, marea)* subir.
to ~ to surface subir a la superficie.

rising *s.* **1.** subida; **2.** *Astr.* orto, salida.

~ **of the barometer** subida del barómetro.

risk *s.* riesgo □ **against all ~s** contra todo riesgo; **at all ~s** a todo riesgo; **at owner's ~** a riesgo del armador; **to run the ~** correr el riesgo.
~ of collision riesgo de abordaje.
fire ~ riesgo de incendio.
sea ~s riesgos de mar.
war ~s riesgos de guerra.

river *s.* río □ **down ~** río abajo; **to fall [go] down a ~** bajar un río; **to go [sail] up a ~** remontar un río; **up ~** río arriba.

rivet *s.* remache || *v.t.* remachar.

riveting *s.* remachado.

rivulet *s.* riach(uel)o.

roach *s.* alunamiento.

road *s.* *(generalmente en pl.)* rada □ **in the ~s** en rada.
open ~ rada abierta.
safe ~ rada segura.
sheltered ~ rada abrigada.
unsafe ~ rada peligrosa.

roadstead *s.* rada □ **in the ~** en rada.
open ~ rada abierta.
safe ~ rada segura.
sheltered ~ rada abrigada.
unsafe ~ rada peligrosa.

roband *s.* envergue.

rock *s.* roca.
lurking ~ roca que vela.
sunken ~ roca sumergida.

rocket *s.* cohete.
lifesaving ~ *(para lanzar desde tierra)* cohete lanzacabos.
line-carrying ~ *(en el buque)* cohete lanzacabos.
line-throwing ~ *(en el buque y en tierra)* cohete lanzacabos.
parachute ~ cohete con paracaídas.
signal ~ cohete de señales.

rod *s.* **1.** varilla, barra; **2.** *(de pescar)* caña.
connecting ~ *Máq.* barra de conexión.
fishing-~ caña de pescar.
measuring-~ *(para tanque)* varilla de sonda.
sounding-~ *(para tanque o sentina)* varilla de sonda.
steering ~ varilla de guardín.

roll *s.* balance || *v.i.* dar balances, balancear.

rolling *s.* balanceo.

room *s.* cuarto, camarote, sala, local, compartim(i)ento.
~ and space clara de [distancia entre] cuadernas.
baggage ~ (EE.UU.) pañol de equipajes.
boiler ~ cámara de calderas.
crew's mess ~ comedor de la tripulación.
engine ~ cámara [sala] de máquinas.
fire ~ cámara de hornos de calderas.
lamp ~ pañol de luces.
luggage ~ pañol de equipajes.
mess ~ comedor.
officer's mess ~ comedor [cámara] de oficiales.
provision ~ gambuza.
pump ~ cuarto [cámara, compartim(i)ento] de bombas.
radio(telegraph) ~ cabina radiotelegráfica.
recreation ~ sala de recreo.
sail ~ pañol de velas.
sea-~ resguardo, distancia prudencial.
steering(-gear) ~ compartim(i)ento del servomotor.

rope *s.* cabo, beta, amarra □ **to connect up a tow(ing)-~** tomar el remolque; **to give [pass] a tow(ing)-~** dar el remolque; **to haul a tow(ing)-~ aboard** tomar el remolque || *v.t.* *(coser las relingas)* relingar.
anchor buoy ~ orinque de ancla.
back laid ~ cabo colchado del revés.
black ~ cabo alquitranado.
bolt-~ relinga.
breast ~ (amarra de) través.
buoy ~ orinque.
check ~ cabo de retenida.
coir ~ cabo de coco.
foot-~ relinga de pujamen.
four strand(ed) ~ cabo de cuatro cordones.
head ~ 1. amarra de proa; **2.** relinga de grátil.
hemp ~ cabo de cáñamo.
hide ~ cabo de cuero.
left handed ~ cabo colchado del revés.
manilla ~ cabo de abacá.
mast ~ virador de mastelero.

mooring ~ amarra, estacha.
nylon ~ cabo de nilón.
quarter ~ amarra de la aleta.
right handed ~ cabo colchado a derecho.
steelwire ~ cabo de alambre.
steering ~ guardín.
stern ~ amarra de popa.
tarred ~ cabo alquitranado.
three strand(ed) ~ cabo de tres cordones.
tiller ~ guardín.
top ~ virador de mastelero.
tow(ing)-~ cabo [cable] de remolque.
untarred ~ cabo (en) blanco.
wheel ~ guardín.
white ~ cabo (en) blanco.
wire ~ cabo de alambre.

rose *s.* rosa.
compass ~ rosa náutica [de la aguja, de los vientos].
wind ~ rosa náutica [de la aguja, de los vientos].

rot *s.:*
dry-~ carcoma.

rotator *s.* hélice de la corredera.

round *s.* **1.** *(arco)* brusca; **2.** *(escala)* paso, peldaño || ~**s** *s. pl.* ronda, patrulla □ **to go the** ~**s** hacer una ronda || *v.t. (una punta, boya, etc.)* doblar.
~ **of beam** brusca del bao.
to ~ **in** halar a besar [reclamar].
to ~ **to** orzar.
to ~ **up** halar a besar [reclamar].

roustabout *s.* (EE.UU.) obrero portuario.

route *s. Nav.* derrota.
coastal ~ derrota costera.

row *s. (acción de bogar)* boga || *v.i.* remar, bogar.

rower *s.* boga(dor), remero.

rowing *s. (acción de bogar)* boga.
single-banked ~ boga en punta.

rowlock *s. (para el remo)* chumacera.

rubber *s. Arq. nav.* galón.

rudder *s.* timón □ **to put the** ~ **hard over** cerrar el timón a la banda.
balanced ~ timón compensado [equilibrado].
bow ~ timón proel.
jury ~ timón de fortuna.
stern ~ timón popel.
streamlined ~ timón de línea currentiforme.

rule *s.* regla.
~ **of the road** reglas de rumbo y gobierno, reglamento de abordajes.
parallel ~**s** reglas paralelas.
slide ~ regla de cálculo.
The Hague ~**s** reglas de La Haya.
York and Antwerp ~**s** reglas de York y Amberes.

ruler *s. (instrumento)* regla.
parallel ~**s** reglas paralelas.

rummage *s. (registro de Aduanas)* fondeo || *v.t.* fondear.

rummaging *s. (registro de Aduanas)* fondeo.

run *s.* **1.** recorrido, trayecto; **2.** *(para medir la velocidad)* corrida; **3.** finos de popa || *v.t.* hacer correr, poner en movimiento || *v.i.* **1.** correr, marchar, navegar; **2.** *Máq.* marchar, funcionar; **3.** *(un líquido)* manar, correr, salirse, irse; **4.** *(un recipiente)* perder, gotear, irse.
to ~ **aground** embarrancar, encallar.
to ~ **ashore** embarrancar, encallar, irse sobre la costa.
to ~ **before the wind** correr una empopada [(viento) en popa, un temporal].
to ~ **down** abordar, colisionar, echar a pique, pasar por ojo.
to ~ **foul of** abordar [colisionar] por equivocación.
to ~ **free** navegar a un largo.
to ~ **into** abordar, colisionar.
to ~ **out** *(un líquido)* manar, correr, salirse, irse.
to ~ **under the lee** *(un buque)* ponerse al abrigo.

rung *s. (escala)* peldaño, paso.

rust *s.* herrín, herrumbre, orín, robín, óxido.

S

sack *s.* saco, costal □ **in ~s** en sacos.

safety *s.* seguridad □ **with ~** con seguridad.
~ of life at sea seguridad de la vida humana en el mar.
~ of navigation seguridad de la navegación.

sag. *s. (deformación)* arrufo || *v.i.* caer a sotavento (del rumbo).

sagging *s. (deformación)* arrufo.

sail *s.* vela, velamen □ **full ~** a toda vela, a velas tendidas; **to crowd [drive] ~** dar [hacer, largar, marear] vela; **to furl a ~** aferrar una vela; **to haul down the ~s** arriar velas; **to hoist a ~** izar una vela; **to lower the ~s** arriar velas; **to make ~** dar [hacer, largar, marear] vela; **to set ~** salir [hacerse] a la mar, dar la vela, darse [hacerse] a la vela, levar, zarpar; **to shorten ~** acortar de vela, disminuir velamen, meter [quitar, recoger] vela; **to take (in) a ~** aferrar una vela; **under ~** a la vela || *v.t.* surcar, navegar por, gobernar una embarcación || *v.i.* navegar, navegar a vela, darse [hacerse] a la vela, dar la vela, salir [hacerse] a la mar, zarpar.
boat ~ vela de bote.
fore-and-aft ~ vela de cuchillo.
gaff ~ vela cangreja.
lateen ~ vela latina.
lower ~s velas bajas.
main ~ vela mayor.
main royal ~ sobrejuanete mayor.
royal ~ sobrejuanete.
sliding gunter ~ vela guaira.
square ~ vela cuadra(da) [redonda, de cruz].
storm ~ vela de capa [capeo], vela de correr.
topgallant ~ juanete.
upper ~s velas altas.
to ~ before the wind navegar (con el viento) en popa, correr una empopada [(viento) en popa, un temporal].
to ~ by the wind [close-hauled] ir [navegar] de bolina, bolinear, ceñir.
to ~ free navegar a un largo.
to ~ in ballast salir en lastre.
to ~ in company navegar en conserva.
to ~ on a bowline ir [navegar] de bolina, bolinear, ceñir.
to ~ (up)on a [the] wind ir [navegar] de bolina, bolinear, ceñir.
to ~ with the wind on the quarter navegar a un largo.

sailer *s.* buque de vela, velero.
fast [fine, good] ~ buque andador [rápido], velero.

sailing *s.* **1.** *(acto de zarpar)* salida; **2.** navegación.
~ under convoy navegación en convoy.
great circle ~ navegación ortodrómica.
Mercator's ~ navegación loxodrómica.
parallel ~ navegación por paralelo.
plane ~ navegación loxodrómica.

sailmaker *s. (obrero)* velero.

sailor *s.* marinero.

salinometer *s.* salinómetro.

saltpetre *s.* salitre.

salute *s.* *(señal de cortesía)* saludo □ **to fire a** ~ saludar al cañón; **to return the** ~ devolver el saludo || *v.t.* saludar.
flag ~ saludo con la bandera.
gun ~ saludo al cañón.

salvage *s.* **1.** *(buque, mercancías)* salvamento; **2.** premio del salvamento, remuneración por el salvamento, derechos de salvamento || *v.t.* *(buque, mercancías)* salvar.

salve *v.t.* *(buque, mercancías)* salvar.

sand *s.* arena.

sandstorm *s.* tempestad de arena.

sandy *adj.* arenoso.

sargasso *s.* sargazo.

save *v.t.* *(personas y cosas)* salvar.

scale s. **1.** escala graduación; **2.** *(calderas, tubos, etc.)* incrustación.
~ **of a chart** escala de una carta.
Beaufort ~ escala de Beaufort.
deadweight ~ escala de carga.
displacement ~ escala de desplazamientos.

scanner *s.* antena de radar.
radar ~ antena de radar.

scanning *s.* *(radar)* exploración, barrido.
long-range ~ exploración (radar) a gran distancia.

scant *v.i.* *(el viento)* escasear(se), rolar hacia proa.

scantling *s.* escantillón.

scaphander *s.* escafandra.

scarf *s.* *Const. nav.* llama, escarpe.

scheme *s.:*
traffic separation ~ *Nav.* dispositivo de separación de tráfico.

school *s.* *(peces)* banco.
~ **of fish** banco de peces.

schooner *s.* goleta.
three masted ~ goleta de tres palos.
topsail ~ goleta de velacho.

scintillation *s.* destello.

scoop *s.* achicador.

scrap *s.* chatarra || *v.t.* desguazar.

scraper *s.* rasqueta.

scraping *s.* desguace.

screen *s.* pantalla.
~**s for sidelights** pantallas para luces de costado.
radar ~ pantalla de radar.

screw *s.* **1.** tornillo; **2.** *Máq.* hélice □ **single** ~ de una hélice; **twin** ~ de dos hélices.
~ **propeller** hélice, propulsor.
endless ~ tornillo sin fin.
rigging ~ *Man.* tensor.
twin ~**s** hélices gemelas.

scud *v.i.* correr (viento) en popa, correr una empopada [un temporal].

scull *s.* espadilla || *v.i.* singar.

scupper *s.* *(en el forro exterior)* imbornal.
overboard ~ imbornal al exterior [con descarga al mar].

scuttle *s.* **1.** portillo, portilla; **2.** escotillón || *v.t.* *(la nave)* desfondar, hundir intencionadamente.
fixed (side-)~ portillo fijo, portilla fija.
freeing ~ faluchera.
non-opening (side-)~ portillo fijo, portilla fija.
side-~ portillo, portilla.

scuttling *s.* hundimiento intencionado.

sea *s.* **1.** mar □ **at** ~ en la mar; **by** ~ por mar, por vía marítima; **to go [proceed, put] to** ~ hacerse [salir] a la mar; **2.** golpe de mar.
beam ~ mar de través.
calm ~ *(0 en la escala)* mar llana.
choppy ~ mar picada.
following ~ mar de popa.
green ~ cáncamo de mar.
head ~ mar de proa.
high ~ *(7 en la escala)* mar arbolada.
high ~**s** alta mar.
moderate ~ *(4 en la escala)* mar fuerte.
open ~ mar libre, alta mar.
phenomenal ~ *(9 en la escala)* mar enorme.
rippled ~ *(1 en la escala)* mar rizada.
rough ~ *(5 en la escala)* mar gruesa.
Sargasso ~ mar de los Sargazos.
slight ~ *(3 en la escala)* marejada.
smooth ~ *(2 en la escala)* marejadilla.
territorial ~ mar territorial.

very high ~ *(8 en la escala)* mar montañosa.
very rough ~ *(6 en la escala)* mar muy gruesa.

seaboard *s.* costa, litoral.

seacoast *s.* costa.

seafarer *s.* hombre de mar.

seam *s. (velas, toldos, juntas de planchas o tablones)* costura.

seaman *m. (pl.* **seamen***)* marinero.
able(-bodied) ~ marinero preferente [de primera].
ordinary ~ marinero ordinario [de segunda].

seamanship *s.* náutica, arte marinero; prácticas marineras.

seamark *s. Nav.* marca de reconocimiento.

seaplane *s.* hidroavión.

seaport *s.* puerto de mar.

search *s.* **1.** búsqueda, exploración; **2.** *(registro de Aduanas)* fondeo || *v.t.* **1.** buscar, explorar; **2.** *(registrar un buque)* fondear.
~ **and rescue operations** operaciones de búsqueda y salvamento.
custom ~ *(registro de Aduanas)* fondeo.
expanding square ~ exploración en espiral cuadrada.
parallel track ~ exploración por trayectorias paralelas.
radar ~ *(búsqueda por medio de este aparato)* exploración por radar.
sector ~ exploración por sectores.
visual ~ exploración visual.

seashore *s.* costa, litoral.

season *s.* estación, época.
dry ~ estación (de la) seca.
rainy ~ estación de las lluvias [lluviosa, húmeda].
wet ~ estación de las lluvias [lluviosa, húmeda].

seat *s. (para personas)* asiento.
rescue ~ asiento de salvamento.
side ~ *(en los botes)* bancada lateral.

seating *s. (calderas, máquinas, etc.)* asiento, base.

seaway *s.* arrancada, viada, salida.

seaworthiness *s. (buque)* buen estado marinero, (buenas condiciones de) navegabilidad.

seaworthy *adj. (buque)* marinero; en buenas condiciones de navegabilidad.

section *s.* sección.
cross ~ *Const. nav.* sección transversal.
longitudinal ~ *Const. nav.* sección longitudinal.
middle cross ~ *Const. nav.* sección transversal media.
middle transverse ~ *Const. nav.* sección transversal media.
midship ~ sección en el bao maestro.
transverse ~ *Const. nav.* sección transversal.

sector *s.* sector.

secure *adj.* seguro □ **made** ~ firme, trincado, asegurado; **to make** ~ trincar, asegurar || *v.t.* amarrar, trincar, asegurar. **to** ~ **to a buoy** amarrar a una boya.

secured *p.p.* firme, trincado, asegurado.

seine *s. Pesc.* red de cerco.
purse ~ cerco de jareta.

seize *v.t.* **1.** apresar; **2.** dar una ligada, trincar.

seizing *s.* trinca, ligadura.

seizure *s.* apresamiento, embargo.

semaphore *s.* semáforo.

semicircle *s.* semicírculo.
dangerous ~ *Meteor.* semicírculo peligroso.
navigable ~ *Meteor.* semicírculo manejable.

serve *v.t. (un cabo)* (a)forrar.

service *s.* servicio □ **to put into** ~ poner en servicio || *v.t.* mantener, entretener.
merchant ~ marina mercante.
meteorological ~ servicio meteorológico.
pilotage ~ servicio de practicaje.
regular ~ servicio regular.
weather ~ servicio meteorológico.

set *s.* **1.** *(conjunto de piezas semejantes)* juego; **2.** (es)lingada; **3.** *Astr.* puesta, ocaso || *v.i. (corriente o marea)* tirar.
~ **of flags** juego de banderas.
~ **of tools** juego de herramientas.

setting *s. Astr.* puesta, ocaso.

settling *s. (carga de cereales)* asentamiento.

sextant *s.* sextante.

shackle *s.* **1.** *(pieza de unión)* grillete; **2.** *(medida de cadena)* largo, grillete || *v.t.* engrilletar.
anchor ~ grillete de ancla.
bending ~ grillete de entalingadura.
bow ~ grillete en forma de lira.
connecting ~ grillete de unión.
end ~ grillete de entalingadura.
eye screw ~ grillete con perno roscado.
harp (shape) ~ grillete en forma de lira.
joiner [joining] ~ grillete de unión.
mooring ~ grillete giratorio para fondear las dos anclas.
rocking ~ grillete de cuerpo muerto.
screw ~ grillete con perno roscado.
to ~ **a chain cable** engrilletar una cadena (de ancla).

shaft *s.* **1.** *Máq.* eje; **2.** *(ascensor, montacargas, etc.)* tronco, pozo.
air ~ tronco de ventilación.
cam ~ eje de camones [levas].
crank ~ eje de cigüeñales.
drive [driving] ~ eje motor.
escape ~ tronco de escape.
intermediate ~ eje intermedio.
main ~ eje principal.
power ~ eje motor.
propeller ~ eje portahélice [de cola].
tail (end) ~ eje portahélice [de cola].
thrust ~ eje de empuje.
transmission ~ eje de transmisión.
ventilating ~ manguerote de ventilación, ventilador.

shafting *s. Máq.* línea de ejes.
propeller ~ línea de ejes.

shallow *s. Hidr.* bajo.

shank *s. (de ancla)* caña, asta.
anchor ~ caña del ancla.

shape *v.t.:*
to ~ **a course** trazar un rumbo.

shears *s. pl.* cabria, machina.

sheave *s.* roldana.

shed *s.* cobertizo, tinglado.

sheepshank *s. (nudo)* margarita.

sheer *s.* arrufo || ~**s** *s. pl.* cabria || *v.i.* desviarse del rumbo.
~ **of gunwale** arrufo de regala.
deck ~ arrufo de la cubierta.
plank ~ *(buque de madera)* tapa de regala.
to ~ **off** *(de otro buque o de la costa)* desatracarse.

sheerlegs *s.* cabria, machina.

sheet *s.* **1.** hoja, lámina, plancha; **2.** escota.
plotting ~ rosa para punteo radar.

shelf *s.* **1.** *Arq. nav.* durmiente; **2.** *Hidr.* escollo; **3.** *Geogr.* plataforma.
~ **piece** durmiente.
continental ~ plataforma continental.
insular [island] ~ plataforma insular.

shell *s.* **1.** *Hidr.* conchuela; **2.** *(motón o cuadernal)* caja; **3.** *(buque de acero)* forro exterior.
~ **of a block** caja de un motón.
~ **plating** *Const. nav.* forro exterior.
inner ~ *(buques de acero)* forro interior.
outer ~ *(buques de acero)* forro exterior.

shelter *s.* abrigo, protección □ **to take** ~ abrigarse || *v.t.* abrigar, guarecer.

sheltered *p.p* abrigado □ ~ **by** abrigado por.

shift *v.t.* cambiar, enmendar || *v.i.* **1.** enmendarse; **2.** *(la carga)* correrse; **3.** *(el viento)* llamar, rolar.
to ~ **anchorage** cambiar(se) [enmendar(se)] de fondeadero.
to ~ **suddenly** *(el viento)* saltar.

shifter *s.:*
cook's ~ ayudante de cocina.

shifting *s. (carga)* corrimiento.

shingle *s.* guijarro, zahorra.

ship *s.* buque, barco (V. también **vessel**) □ **by** ~ por barco || *v.t.* embarcar, cargar || *v.i.* embarcar(se).
~ **aground** buque varado.
~ **at anchor** buque fondeado.
~ **constrained by her draught** buque restringido por su calado.
~ **engaged in fishing** buque dedicado a la pesca.
~ **next ahead** matalote de proa.
~ **next astern** matalote de popa.
~ **not under command** buque sin gobierno.
~ **of war** buque de guerra.
~ **restricted in her ability to manoeuvre**

buque con capacidad de maniobra restringida.
~ to be overtaken buque alcanzado.
~ towing buque que remolca.
~ under sail buque (navegando) a la vela.
~ with corrugated side buque de costado ondulado.
~s in sight of one another buques a la vista uno de otro.
all-aft type ~ buque tipo todo a popa.
anchored ~ buque fondeado.
banana ~ buque platanero.
bulk ore ~ buque mineralero.
cable ~ buque cablero.
cargo ~ buque de carga.
coal-~ buque carbonero.
coastal ~ buque costero [de cabotaje].
coast guard ~ guardacostas.
collided ~ buque abordado.
colliding ~ buque abordador.
container ~ buque portacontenedores.
convoy ~ buque de escolta.
cruise ~ buque en crucero.
cruiser stern ~ buque con popa de crucero.
decked ~ buque con cubierta.
deep-sea [-water] ~ buque (de navegación) de altura.
diesel engined ~ buque de propulsión diesel.
disabled ~ buque averiado [desmantelado].
double-bottom ~ buque con doble fondo.
dry-cargo ~ buque de carga seca.
electrically propelled ~ buque de propulsión eléctrica.
fish canning factory ~ buque factoría de conservas de pescado.
fishing ~ buque pesquero [de pesca].
flush deck ~ buque de cubierta continua [corrida].
full scantling ~ buque de fuerte escantillón.
fruit ~ buque frutero.
gas ~ buque butanero.
gas turbine ~ buque a turbina de gas.
grain ~ buque para transporte de granos.
heavy scantling ~ buque de fuerte escantillón.
homeward-bound ~ buque en viaje de regreso.
hospital ~ buque hospital.
hydrographic survey ~ buque hidrográfico [hidrógrafo, planero].
listing ~ buque escorado.
mail-~ buque correo.
mechanically propelled ~ buque de propulsión mecánica.
mercantile ~ buque mercante.
merchant ~ buque mercante.
missing ~ buque dado por perdido [desaparecido].
nuclear powered ~ buque de propulsión nuclear.
ocean(-going) ~ buque (de navegación) de altura, buque de navegación oceánica.
oceanographic (survey) ~ buque oceanográfico.
open-bottom ~ buque sin doble fondo.
ore ~ buque mineralero.
outward-bound ~ buque en viaje de ida.
packet-~ paquebot(e), paquete.
paddle ~ buque de ruedas.
passenger (carrying) ~ buque de pasaje.
patrol ~ buque patrullero.
power-driven ~ buque de propulsión mecánica.
refrigerated (cargo) ~ buque frigorífico.
repair ~ buque taller.
riveted ~ buque de construcción remachada.
sailing-~ buque de vela, velero.
salvage ~ buque de salvamento.
screw ~ buque de hélice.
sea-going ~ buque de navegación marítima.
shelter deck ~ buque de cubierta de abrigo.
single-bottom ~ buque sin doble fondo.
sister ~ buque gemelo.
steam turbine ~ buque a turbina de vapor.
tank ~ buque cisterna [tanque, petrolero].
survey(ing) ~ buque hidrográfico [hidrógrafo, planero].
three-island ~ buque de tres islas.
towing ~ buque que remolca.
training ~ buque escuela.
tramp ~ buque de tráfico irregular.
troop ~ buque transporte de tropas.

weather-~ buque meteorológico.
welded ~ buque de construcción soldada.
well-deck ~ buque de pozos.
whale catcher ~ buque ballenero.
whaling ~ buque ballenero.
to ~ a sea embarcar un golpe de mar.

shipboard *s.* □ **on ~** a bordo (del buque); **to go on ~** embarcar(se).

shipbreaking *s.* desguace.

shipbroker *s. Com.* corredor de buques.

shipbuilder *s.* constructor naval.

shipbuilding *s.* construcción naval.

shipment *s. (acción y efecto de cargar)* carga, embarco, embarque, embarcación.
~ of goods embarque de mercancías.

shipowner *s.* armador propietario.

shipper *s. Der. mar.* cargador.

shipping *s.* **1.** *(objetos)* embarco, embarque, embarcación; **2.** transporte marítimo.

shipworm *s.* broma, taraza, teredo

shipwreck *s.* naufragio || *v.i.* naufragar.

shipwrecked *p.p.* náufrago.

shipwright *s.* carpintero de ribera, constructor naval.

shipyard *s.* astillero.

shiver *v.i.* flamear la vela, relingar.

shoal *s.* **1.** *Hidr.* bajo; **2.** *(peces)* banco || *v.i. (la mar)* disminuir de profundidad.
~ of fish banco de peces.

shoe *s.:*
anchor ~ zapata del ancla.
brake ~ zapata del freno.

shoot *v.t.* **1.** *(redes)* calar; **2.** *(proyectiles)* disparar.

shop *s.* taller.
engineering-~ taller de maquinaria.

shore *s.* **1.** costa, litoral □ **to come from the ~** venir de tierra; **2.** escora, puntal || *v.t.* apuntalar, escorar.
bold ~ costa acantilada.
dog ~ *Const. nav.* llave de lanzamiento.
lee ~ costa de sotavento.
low ~ costa baja.
weather ~ costa de barlovento.
to ~ up apuntalar, escorar.

shoring *s.* **1.** apuntalamiento; **2.** conjunto de escoras.

shorten *v.t.* acortar.
to ~ the towing hawser acortar el remolque.

shot *s.* **1.** *Arm.* disparo, tiro; **2.** *(ramal de cadena)* largo, grillete.
cannon ~ cañonazo.
warning ~ cañonazo de aviso.

shove off *v.t.* y *v.i. (embarcación menor)* abrir(se), desatrarcar(se) □ **shove off!** ¡abre!

shovel *s. (utensilio)* pala.

shower *s.* chaparrón, aguacero.

shroud *s.* obenque □ **to set the ~s** tesar los obenques || **~s** *s. pl.* obencadura.
futtock ~s *(masteleros)* arraigadas.
lower ~ obenque de palo macho.
preventer ~ quinal.
topmast ~ obenque del mastelero.

shut *v.t.* cerrar.
to ~ off *(grifo, válvula)* cerrar.

shutter *s.:*
skylight ~ tapa de lumbrera.

sickness *s.:*
sea ~ mareo.

side *s.* costado, banda, bordo □ **on the port ~** al costado de babor; **~ by ~** costado con costado.
flaring ~ costado que se va ensanchando hacia arriba.
lee ~ banda [costado] de sotavento.
port ~ banda [costado] de babor.
ship's ~ costado del barco.
starboard ~ banda [costado] de estribor.
upper ~ of deck beam canto superior del bao de cubierta.
weather ~ banda [costado] de barlovento.

sight *s.* **1.** vista □ **to keep in ~ (of)** mantenerse a la vista (de); **to lose ~ of the land** perder de vista la tierra; **2.** *Astr., Nav.* observación □ **to take a ~** observar || *v.t.* **1.** avistar; **2.** *Astr., Nav.* observar.
to ~ the land avistar [reconocer] la tierra.

sign *s.* señal || *v.t.* señalar, firmar.
call ~ indicativo de llamada.
to ~ **on** enrolar(se).

signal *s.* señal.
~s to attract attention señales para llamar la atención.
alarm ~ señal de alarma.
bell ~ señal de campana.
buoyant smoke ~ señal de humo flotante.
distant ~ señal de gran distancia.
distress ~ señal de auxilio [peligro, socorro].
flashing light ~ señal de destellos.
fog ~ señal de niebla.
hand ~ señal a brazo.
manoeuvring ~**s** señales de maniobra.
Morse ~ señal (por) Morse.
radio ~ señal por radio.
radiotelegraph alarm ~ señal de alarma radiotelegráfica.
radiotelephone alarm ~ señal de alarma radiotelefónica.
safety ~ señal de seguridad.
smoke ~ señal de humo.
sound ~ señal acústica.
storm ~ señal de temporal [mal tiempo].
submarine ~ señal submarina.
submarine sound ~ señal acústica submarina.
tide ~ señal de marea.
time ~ señal horaria.
urgent ~ señal de urgencia.
visual ~ señal visual.
warning ~**s** señales de advertencia.

signalman *s.* señalero.

sill *s. (dique seco, esclusa)* busco, umbral.

silt *s.* cieno, limo, tarquín.

sink *v.t.* hundir, echar a pique || *v.i.* hundirse, irse a pique.

sinkable *adj.* sumergible.

sinking *s.* hundimiento.

siren *s.* sirena.
air ~ sirena de aire comprimido.
steam ~ sirena de vapor.

sirocco *s.* siroco.

skeet *s.* achicador.

skeg *s.* talón del codaste.

skid *s. (bote)* calzo.
boat ~**s** calzos de [para] botes.

skin *s. Const. nav. (costado de acero)* forro.
inner ~ forro interior.
outer ~ forro exterior.

skipper *s.* patrón.

skirt *v.t.:*
to ~ **along the coast** barajar la costa.

sky *s.* cielo, firmamento.
clear ~ cielo claro.
coated ~ cielo cubierto.
mackerel ~ cielo aborregado.
overcast ~ cielo cubierto.

skylight *s.* lumbrera.

slack *s. Man. (curvatura de un cabo)* seno □ **to haul [take] in the** ~ templar el seno || *v.t.* **1.** aflojar; **2.** *(velocidad)* moderar, acortar; **3.** *(un cabo o cadena)* amollar, filar, lascar, arriar || *v.i.* aflojar(se).
to ~ **away [off, out]** amollar, filar, lascar, arriar.
to ~ **speed** acortar [moderar] la velocidad.

slacken *v.t.* **1.** aflojar; **2.** *(un cabo, cable, etc.)* amollar, filar, lascar, arriar; **3.** *(velocidad)* moderar, acortar || *v.i.* aflojar(se).
to ~ **speed** moderar [acortar] la velocidad.

sleet *s.* aguanieve.

slew *v.t.* y *v.i. Man.* revirar.

slime *s.* légamo.

sling *s.* eslinga, braga || *v.t.* eslingar, embragar.
~ **load** (es)lingada.
barrel ~ eslinga de barril.
chain ~ eslinga de cadena.
rescue ~ eslinga de salvamento.
rope ~ eslinga de cabo.

slip *s.* **1.** grada, grada de construcción, varadero; **2.** *(hélice)* resbalamiento, retroceso.
building ~ grada, grada de construcción.
patent ~ varadero.

slipway *s.* **1.** *(para reparaciones)* varadero; **2.** *(para construcciones)* grada, grada de construcción.

building ~ grada, grada de construcción.
marine ~ varadero.

slue *v.t.* y *v.i.* *Man.* revirar.

smoke *s.* humo.

smokeless *adj.* sin humo.

smother *v.t.* *(un incendio)* sofocar.

smothering *s.* *(un incendio)* sofocación.

smuggle *v.t.* contrabandear, alijar.

smuggler *s.* contrabandista.

smuggling *s.* contrabando.

snow *s.* **1.** nieve; **2.** nevada || *v.i.* nevar.
continuous ~ nevada continua.
heavy ~ nevada copiosa.

snowfall *s.* nevada.

snowstorm *s.* nevada, tempestad [tormenta] de nieve.

society *s.:*
classification ~ sociedad de clasificación.

socket *s.* casquillo, manguito, tintero.
compass card ~ chapitel.
davit ~ tintero de pescante.
needle ~ chapitel.

sole *s.:*
~ **of the rudder** talón del timón.

sound *s.* **1.** sonido; **2.** *Nav.* brazo de mar, estrecho || *v.t.* **1.** *(reconocer el fondo)* fondear; **2.** *(averiguar la profundidad)* sondar; **3.** *(la sirena, etc.)* tocar, hacer sonar.

sounder *s.* sondador.
acoustic ~ sondador acústico.
echo-~ sondador de eco.
supersonic echo-~ sondador ultrasonoro.

sounding *adj.* sonoro || *s.* **1.** *(acción y efecto de sondar)* sonda, sondeo; **2.** *(profundidad del agua)* sonda □ **to take a** ~ sondar.
continuous ~ sonido continuo.
doubtful ~ sonda dudosa.
echo ~ sondeo por eco.
irregular ~**s** sondas irregulares.
oceanic ~ sonda en alta mar.

south *s.* *(punto, rumbo, marcación)* sur □ **due** ~ (al) sur clavado; ~ **of** al sur de.
~ **by east** sur cuarta al su(d)este.
~ **by west** sur cuarta al sudoeste.
~**-east** su(d)este.
~**-east by east** su(d)este cuarta al este.
~**-east by south** su(d)este cuarta al sur.
~**-**~**-east** sursu(d)este.
~**-**~**-west** sursudoeste.
~**-west** sudoeste.
~**-west by south** sudoeste cuarta al sur.
~**-west by west** sudoeste cuarta al oeste.

southbound *adj.* con destino al sur.

southeaster *s.* viento del sudeste.

souther *s.* viento del sur.

southward(s) *adv.* hacia el sur □ ~ **from [of]** al sur de.

southwester o **sou'wester** *s.* *(sombrero)* sueste.

space *s.* **1.** espacio, lugar, sitio, compartim(i)ento; **2.** cabida; **3.** *(para personas)* alojamiento.
bale ~ capacidad en balas.
boiler ~ cámara de calderas.
crew ~ alojamiento de la tripulación.
engine ~ cámara [compartim(i)ento] de máquinas.
frame ~ clara de [espacio entre] cuadernas.
grain ~ capacidad en granos.
machinery ~ cámara [compartim(i)ento] de máquinas.
passengers' ~ alojamientos de pasaje.
swinging ~ espacio necesario para bornear.

spacing *s.:*
frame ~ clara de cuadernas, distancia [separación] entre cuadernas.

span *s.:*
derrick ~ *(plumas)* amantillo.

spanker *s.* (vela) cangreja.

spanner *s.* *(herramienta)* llave.
adjustable ~ llave inglesa.
monkey ~ llave inglesa.

spar *s.* percha.

spare *adj.* de respeto, de repuesto || *s.* (pieza de) respeto [repuesto]

speed *s.* velocidad □ **to increase** ~ aumentar la velocidad; **to keep the** ~ mantener la velocidad; **to reduce** ~ reducir [moderar] la velocidad; **to regulate** ~ re-

gular la velocidad; **to slacken** ~ reducir [moderar] la velocidad.
~ **in knots** velocidad en nudos.
~ **of the current** velocidad de la corriente.
~ **on trials** velocidad en pruebas.
~ **over the bottom [ground]** velocidad sobre el fondo.
~ **per hour** velocidad horaria.
~ **through water** velocidad a través del agua.
average ~ velocidad media.
cruising ~ velocidad de crucero.
economic ~ velocidad económica.
hourly ~ velocidad horaria.
maximun ~ velocidad máxima.
moderate ~ velocidad moderada.
normal running ~ velocidad de régimen.
safe ~ velocidad de seguridad.
trial ~ velocidad en pruebas.

speedometer *s.* indicador de velocidad.

spell *s.* turno || *v.t.* relevar.
~ **at the wheel** guardia de timón, turno al timón.
~ **below** guardia franca.

spike *s.:*
marlin ~ *(para abrir los cordones de los cabos)* pasador.

spile *s.* pilote.

spillage *a. (porción que se derrama)* derrame.

spindle *s.* **1.** pivote, varilla, vástago; **2.** *(palo)* madre, mecha.

splice *s. (en un cabo)* ayuste, costura, empalme || *v.t.* ayustar, empalmar.
eye ~ costura de ojo, gaza, empulguera.
long ~ costura larga.
loop ~ gaza.
short ~ costura corta [redonda].

splicing *s. (acción y efecto de ayustar)* ayuste, empalme.

sponge *s.* esponja.

spoondrift *s.* roción.

sprayer *s.:*
paint ~ pistola de pintar.

spring *s.* **1.** primavera; **2.** muelle, resorte; **3.** *Man.* esprín.
~ **line** esprín.
aft(er) ~ esprín de popa.
forward ~ esprín de proa.
rudder buffer ~ muelle amortiguador de la caña del timón.
stern ~ esprín de popa.
wind ~ *(reloj)* cuerda.
to ~ **up** *(el viento)* picar.

sprinkler *s (contra incendios)* rociador.

spritsail *s.* vela tarquina [de abanico].

spunyard *s.* meollar.

spyglass *s.* catalejo.

squadron *s. (de buques)* escuadra.

squall *s.* chubasco.
heavy ~ fuerte chubasco.
rain ~ chubasco de agua.

stability *s.* estabilidad.
~ **at the helm circle** estabilidad durante el giro.
~ **in damaged condition** estabilidad después de la [en caso de] avería.
~ **of motion** estabilidad de rumbo.
damage ~ estabilidad en caso de [después de la] avería.
directional ~ estabilidad de rumbo.
dynamic(al) ~ estabilidad dinámica.
initial ~ estabilidad inicial.
intact ~ estabilidad sin averías.
longitudinal ~ estabilidad longitudinal.
static(al) ~ estabilidad estática.

stack *s.* chimenea.

staff *s.* **1.** *(de bandera)* asta; **2.** personal, plantilla.
engine room ~ personal de máquinas.
ensign ~ asta del pabellón.
flag-~ asta de bandera.
jack-~ asta de torrotito.
land ~ *(al servicio de una naviera)* personal de tierra.
poop ~ asta del pabellón.
shore ~ *(al servicio de una naviera)* personal de tierra.

stage *s.* **1.** plataforma, entarimado; **2.** guindola, andamio volante, plancha de viento.
hanging ~ guindola, andamio volante, plancha de viento.
landing ~ desembarcadero, embarcadero.

staircase *s.* escalera, caja de escalera.

stairway *s.* escalera, caja de escalera.

stake *s.* pilote.

stanch *adj.* estanco al agua.

stanchion *s.* **1.** candelero; **2.** puntal, pilar, soporte.
hatch ~ candelero de escotilla.
movable ~ candelero móvil.

stanchness *s.* *(del buque)* estanqueidad.

stand *s.* columna, pedestal || *v.t.* resistir, soportar || *v.i.* resistir, sostenerse, mantenerse.
compass ~ bitácora.
to ~ **by 1.** mantenerse cerca de; **2.** prepararse, mantenerse listo.
to ~ **close of** mantenerse cerca de.
to ~ **in for the land** gobernar hacia tierra.
to ~ **off** mantenerse alejado de.
to ~ **off the land** gobernar hacia fuera.
to ~ **on** mantener el [continuar a] rumbo.

star *s.* estrella.
Pole ~ estrella polar.

starboard *s.* estribor □ ~ **side to** estribor al muelle.

state *s.* estado, condición.
~ **of sea** estado de la mar.

statement *s. Com.* liquidación, estado de cuenta.
~ **of account** justificante [estado] de cuentas.
~ **of average** liquidación de averías.
average ~ liquidación de averías.

stater *s.:*
average ~ *Der. mar.* liquidador de averías.

station *s.* estación, puesto, sitio.
boat ~ *(en botes salvavidas)* puesto de embarque.
coaling ~ estación carbonera.
coast (radio) ~ estación costera de radio.
control ~ puesto de control.
fire ~ puesto (para caso) de incendio.
harbour ~ estación marítima.
life saving ~ estación de salvamento.
master ~ *(Decca)* estación maestra [principal].
meteorological ~ estación meteorológica.
muster ~ *(de pasajeros en caso de ejercicios)* lugar de reunión.
naval ~ estación naval.
pilot ~ estación de prácticos.
quarantine ~ estación de cuarentena, lazareto.
radio direction finding ~ estación radiogoniométrica.
radiotelegrah ~ estación radiotelegráfica.
radiotelephone ~ estación radiotelefónica.
receiving ~ estación receptora.
signal ~ estación de señales, semáforo.
slave ~ *(Decca)* estación esclava.
steering ~ puesto de gobierno.
whaling ~ factoría ballenera.

staunch *adj.* estanco al agua.

staunchness *s.* *(del buque)* estanqueidad.

stave *v.t.* *(el casco de la nave)* agujerear, desfondar.

stay *s.* **1.** estancia, permanencia □ **during the** ~ durante la estancia; **2.** *Man.* viento, estay □ **to miss** ~**s** perder [faltar] la virada; **3.** *(amurada, brazola, etc.)* pie de amigo || *v.t.* **1.** asegurar con estayes; **2.** virar por avante.
~ **in port** estancia en puerto.
fore ~ estay de trinquete.
funnel ~**s** vientos de chimenea.
galvanized wire ~ estay de alambre galvanizado.
main ~ estay mayor.
shifting ~ estay volante.
to ~ **about** virar por avante.

staysail *s.* vela de estay.

stealer *s.* traca perdida [fraccionada].

steam *s.* vapor □ **to raise** ~ *(calderas)* levantar presión.
condensed ~ vapor condensado.
dry ~ vapor saturado seco.
high pressure ~ vapor a alta presión.
satured ~ vapor saturado.
superheated ~ vapor recalentado.
wet ~ vapor saturado húmedo.

steamboat *s.* buque de vapor.

steamer *s.* buque de vapor.
turbine ~ buque a turbina de vapor.

steamship *s.* buque de vapor.

steel *s.* acero.

steer *v.t.* *(guiar por medio del timón)* gobernar || *v.i.* obedecer al timón, gobernar.

steersman *s.* timonel.

steeve *s.* *(bauprés)* lanzamiento.

stem *s.* roda □ **from ~ to stern** de proa a popa || *v.t.* *(la corriente, la marea)* aguantar, navegar contra.
clipper [raking] ~ roda de vuelta.
straight ~ roda recta.
to ~ the stream aguantar [remontar] la corriente.
to ~ the tide aguantar la marea.

step *s.* **1.** *(mamparo)* bayoneta; **2.** *(palo)* carlinga; **3.** *(escala o escalera)* paso, peldaño || *v.t.* *(palos)* arbolar.
main mast ~ carlinga de palo macho.
mast ~ *(palo)* carlinga.
metal ~ peldaño metálico.
stanchion ~ carlinga de puntal.

stern *s.* popa □ **from stem to ~** de proa a popa.
cruiser ~ popa de crucero.
pink ~ popa de falucho.
square ~ popa cuadrada.

sternway *s.* arrancada atrás.

stevedore *s.* estibador.

steward *s.* camarero.

stiffener *s.* *Const. nav.* refuerzo.

stock *s.* **1.** *(ancla)* cepo; **2.** *(timón)* madre, mecha || **~s** *s. pl.* grada, grada de construcción, línea de picaderos.
rudder ~ madre [mecha] del timón.

stokehold *s.* cámara de hornos de calderas.

stoker *s.* fogonero.

stop *s.* **1.** parada, detención □ **to bring ship to a ~** *(dando atrás con las máquinas)* parar la arrancada; **2.** tope, retén || *v.t.* **1.** parar, detener; **2.** tapar, taponar || *v.i.* parar(se).
rudder ~ tope del timón.
to ~ a leak taponar una vía de agua.
to ~ and reverse parar y dar atrás.

stopper *s.* **1.** tapón; **2.** *(para sujetar a un cabo de maniobra)* boza; **3.** *(molinete)* estopor || *v.t.* abozar.
cable ~ estopor.
chain ~ 1. estopor; **2.** boza de cadena.
claw ~ boza de cadena.

storage *s.* **1.** almacenamiento, almacenaje; **2.** derechos de almacenaje.

store *s.* **1.** *(a bordo)* pañol; **2.** *(en tierra)* almacén, depósito || **~s** *s.pl.* pertrechos, provisiones, efectos, mercaderías || *v.t.* abastecer.
bonded ~ depósito de la aduana.
cold ~ almacén frigorífico.
deck ~s pertrechos de cubierta.
engineer's ~ pañol de maquinistas.
engineer's ~s pertrechos de máquinas.
food ~ gambuza.
lamp ~ pañol de luces.
naval ~s efectos navales.
provision ~ gambuza.
ship's ~s pertrechos del buque, provisiones de a bordo.

storehouse *s.* almacén.

storekeeper *s.* pañolero.

storeroom *s.* pañol.
engineer's ~ pañol de maquinistas.
lamp ~ pañol de luces.

storm *s.* **1.** tormenta, tempestad; **2.** *(fuerza 11 en la escala de Beaufort)* borrasca.
hail-~ tormenta de granizo.
rain-~ aguacero.

stormy *adj.* tormentoso.

stow *v.t.* estibar.

stowage *s.* estiba.
broken ~ pérdida de estiba.
improper ~ estiba defectuosa.

stowaway *s.* polizón.

stowing *s.* estiba.

straggler *s.* rezagado.

strain *s.* tensión, esfuerzo, fatiga.
breaking ~ carga de rotura.

strait *s.* *Geogr.* estrecho.

strake *s.* traca.
air ~ *(buques de madera)* traca de ventilación.
bilge ~ traca de pantoque.
drop ~ traca fraccionada [perdida].
garboard ~ traca de aparadura.
rubbing ~ verduguillo, cintón de defensa.
sheer ~ traca de cinta.

strand *s.* **1.** *(costa, río)* orilla; **2.** *(cabo, cable)* cordón || *v.t.* embarrancar, varar || *v.i.* embarrancar, encallar, varar.

stranded *p.p.* encallado.

stranding *s.* varad(ur)a.

strap *s.* estrobo.

stratus-cumulus *s.* estratocúmulus.

stream *s.* *(agua, aire)* corriente.
ebb ~ corriente de la marea menguante [saliente, vaciante].
flood ~ corriente de la marea creciente [entrante].
tidal ~ corriente de la marea.

strength *s.* fuerza, vigor, resistencia, intensidad.
breaking ~ carga de rotura.
electric field ~ intensidad del campo eléctrico.
magnetic field ~ intensidad del campo magnético.
structural ~ resistencia de la estructura.
ultimate ~ carga de rotura.

stress *s.* esfuerzo, fatiga.
breaking ~ carga de rotura.
hogging ~ esfuerzo de quebranto.
sagging ~ esfuerzo de arrufo.
ultimate ~ carga de rotura.

stretch *s.* **1.** tensión, esfuerzo; **2.** *Man.* bordo, bordada.

stretcher *s.* camilla, parihuela.

strike *v.t.* **1.** *(velas, vergas, banderas, etc.)* arriar; **2.** *(masteleros)* calar; **3.** *(campana)* picar; **4.** *(el fondo con la quilla)* tocar.
to ~ the bell picar la campana.

stringer *s.* *(buque metálico)* palmejar.
hold ~ palmejar de bodega.
side ~ palmejar.

strip *s.* pletina, llanta || *v.t.* *(arboladura)* desmantelar.
rubbing ~ verduguillo, cintón de defensa.

stripe *s.* *(distintivo o divisa)* galón.

strongback *s.* *(porta, etc.)* barra de cierre.

strop *s.* estrobo.

strut *s.* arbotante.
propeller shaft ~ arbotante del eje.

stud *s.* *(de eslabón)* contrete, dado.

subcharter *v.t.* subfletar.

subdivision *s.* compartimentado.

subletting *s.* subfletamento.

submarine *adj.* y *s.* submarino, sumergible.
atomic ~ submarino atómico.
hostile ~ submarino hostil.
nuclear ~ submarino atómico.

submerge *v.t.* y *v.i.* sumergir(se).

submersible *adj.* y *s.* sumergible.

subsidy *s.* subvención, prima.

substitute *s.* *Señ.* (gallardetón) repetidor.

subvention *s.* subvención, prima.

suction *s.* aspiración.
bilge ~ aspiración de sentina.
sea ~ toma de agua de la mar.
wing ~ aspiración lateral.

summer *s.* verano.

sun *s.* sol.

sunken *adj.* hundido.

sunrise *s.* orto del sol.

sunset *s.* puesta [ocaso] del sol.

sunstroke *s.* *Med.* insolación.

supercargo *s.* *(representante del fletador en un buque de carga)* sobrecargo.

superintend *v.t.* inspeccionar.

superintendent *s.* *(de compañía naviera)* inspector.

superstructure *s.* superestructura.

supply *s.* **1.** suministro; **2.** *(electricidad, bomba, caldera, etc.)* capacidad || *v.t.* suministrar, surtir, abastecer, proveer.

surf *s.* resaca.

surface *s.* superficie □ **on the** ~ en la superficie || *v.i.* *(submarino)* emerger, salir a la superficie.
~ **of the sea** superficie de la mar.
cooling ~ superficie de refrigeración.
free ~ carena líquida.
heating ~ superficie de calefacción.
rubbing ~ superficie de rozamiento.

surge *v.t.* *Man (un cabo)* saltar.

surgeon *s.* médico de a bordo.

survey *s.* **1.** reconocimiento, inspección, visita, peritaje; **2.** *Hidr.* levantamiento || *v.t.* **1.** inspeccionar, reconocer, visitar,

hacer un peritaje; **2.** *(cartas náuticas)* levantar.
annual ~ reconocimiento [visita] anual.
annual ~ of boilers and machinery reconocimiento anual de calderas y máquinas.
boilers ~ reconocimiento de calderas.
bottom ~ in drydock reconocimiento de los fondos en dique.
classification ~ inspección de clasificación.
hatch ~ inspección de escotillas.
hydrographic ~ levantamiento hidrográfico.
loadline ~ inspección de la línea de carga.
periodical ~ inspección [visita] periódica.
special ~ inspección especial.

surveyor *s.* **1.** *(de organismo oficial)* inspector; **2.** perito.
hydrographic ~ hidrógrafo.
marine ~ inspector de buques.
ship ~ inspector de buques.

survivor *s.* superviviente.

swab *s.* lampazo || *v.t.* lampacear.

sweat(ing) *s.* condensación, exudación.
~ in hold condensación en bodega.

sweep *s. Arm.* rastra.

sweeping *s.* **1.** *(con escoba)* barrido; **2.** *(radar)* exploración, barrido || **~s** *s.pl.* barreduras.

swell *s.* oleaje, marejada.
ground ~ mar de leva tendida, mar de fondo.

swim *v.i.* nadar, flotar.

swimmer *s.* nadador.

swimming *s.* natación.

swing *s. Man.* borneo || *v.i.* bornear, revirar.
to ~ out zallar, echar fuera.
to ~ round bornear, revirar.
to ~ with the tide bornear [revirar] con la marea.

swinging *s. Man.* borneo.

swirl *s. (agua, aire)* remolino.

switch *s. Elect.* y *Rad.* interruptor || *v.t.* conmutar.
aerial [antenna] ~ interruptor de antena.
to ~ off *Elect.* desconectar.
to ~ on *Elect.* conectar, encender.

switchboard *s. Elect.* cuadro (eléctrico), tablero [cuadro] de distribución.
distribution ~ cuadro de distribución.
emergency ~ cuadro de emergencia.
main ~ cuadro principal.

swiwel *s.* grillete giratorio.
~ piece grillete giratorio.
mooring ~ grillete giratorio para fondear las dos anclas.

syren *s.* V. **siren.**

system *s.* sistema, dispositivo, instalación, red.
alarm ~ dispositivo [sistema] de alarma.
ballast pumping ~ instalación para bombeo del lastre.
bilge pumping [suction] ~ instalación de achique.
central fire detecting [recording] ~ instalación central de detección de incendios.
circulating ~ sistema de circulación.
detection ~ sistema de detección.
distribution ~ sistema de distribución.
fire ~ instalación contra incendios.
fire alarm ~ sistema de alarma de incendio.
fire extinguishing [extinction] ~ instalación contra incendios.
fire main ~ instalación principal contra incendios.
heating ~ sistema de calefacción.
Isherwood ~ sistema Isherwood.
lighting ~ red de alumbrado.
longitudinal ~ sistema longitudinal.
lubricating ~ sistema de engrase [lubri(fi)cación].
oiling ~ sistema de engrase [lubri(fi)cación].
power ~ *Elect.* circuito de fuerza.
radio-navigation ~ sistema de radionavegación.
refrigerating ~ instalación frigorífica.
solar ~ sistema solar.

syzygy *s.* sicigia.

T

table *s. (cuadro o lista de números, etc.)* tabla, tablilla.

~ of life-saving signals tabla de señales de salvamento.
astronomical navigation ~s tablas para la navegación astronómica.
azimuth ~s tablas de azimutes.
current ~s tablas de corrientes.
deviation ~ tablillas de desvíos.
nautical ~s tablas náuticas.
tide ~s tablas [anuario] de mareas.
traverse ~ tabla de estima.

tachometer *s.* tacómetro.

tack *s.* **1.** *Man.* bordo, bordada □ **to be on the port ~** ceñir por babor; **to be on the starboard ~** ceñir por estribor; **to go ~ and ~** dar bordadas; **2.** *(de una vela)* amura, puño de amura || *v.i.* cambiar de amura, virar, dar bordadas.
to ~ about cambiar de amura, virar, dar bordadas.

tacking *s.* virada, virada por avante.

tackle *s.* **1.** equipo, enseres; **2.** *(conjunto de motones o cuadernales)* aparejo.
cat ~ aparejo de gata.
fishing ~ aparejo de pesca.
ground ~ equipo de fondeo.

taffrail *s.* tapa de regala del coronomiento.

take *v.t.:*
to ~ in 1. *(cabo)* cobrar; **2.** *(vela)* aferrar; **3.** *(mercancías)* cargar.
to ~ in the slack cobrar [templar] el seno.
to ~ off [out] zafar.
to ~ off a hawser from a bitt zafar un cable de una bita.
to ~ up subir, levantar.

tallow *s.* sebo.

tally *s. (de la carga)* apunte, apuntamiento.

tallyman *s. (de la carga)* anotador, apuntador.

tank *s.* tanque, depósito, aljibe.
after peak ~ pique [tanque del rasel] de popa.
air ~ *(bote)* tanque [caja] de aire.
anti-rolling ~s tanques estabilizadores.
ballast ~ tanque de lastre.
boat ~ *(bote)* tanque [caja] de aire.
buoyancy ~ *(bote)* tanque [caja] de aire.
bunker ~ tanque de combustible [petróleo].
cargo ~ tanque de carga.
deep ~ tanque vertical [profundo].
double bottom ~ tanque de doble fondo.
expansion ~ tanque de expansión.
fore peak ~ pique [tanque del rasel] de proa.
fresh water ~ tanque de agua dulce.
fuel ~ tanque de combustible [petróleo].
lubricating oil ~ tanque de aceite lubrificante.
oil settling ~ tanque de decantación.
peak ~ pique.
reserve ~ tanque de reserva.
settling ~ tanque de decantación.
stabilization ~s tanques estabilizadores.
summer ~ *(petrolero)* tanque de (carga en) verano.

trial ~ *(canal de ensayo)* tanque de pruebas.
trimming ~ tanque de trimado, tanque (para corrección) de asiento.
water ~ tanque de agua, aljibe.

tanker *s.* buque cisterna [tanque, petrolero].
asphalt ~ buque asfaltero.
bulk wine ~ buque cisterna para (el transporte de) vino.
gas ~ buque butanero.
oil ~ (buque) petrolero.

tap *s. Elect.* toma (de corriente).

tar *s.* alquitrán || *v.t.* alquitranar.

target *s. (objetivo de tiro)* blanco.

tariff *s.* tarifa.
customs ~ tarifa aduanera.
freight ~ tarifa de fletes.

tarpaulin *s.* encerado, alquitranado.

tarred *p.p.* alquitranado.

tarring *s. (acción y efecto de alquitranar)* alquitranado.

tau(gh)t *adj.* teso, templado.

tauten *v.t.* y *v.i.* tesar, templar.

teak *s.* teca.

telegraph *s.* telégrafo.
docking ~ telégrafo de maniobras.
engine ~ telégrafo de (órdenes a) máquinas.
steering ~ telégrafo de órdenes de gobierno.

telegraphy *s.* telegrafía.
wireless ~ radiotelegrafía, telegrafía sin hilos.

telephone *s.* teléfono.

telltale *s. Nav.* **1.** aguja revirada [de revés], compás invertido [de revés]; **2.** indicador de ángulos de timón.
rudder [tiller] ~ indicador de ángulos de timón.

temperature *s.* temperatura.
absolute ~ temperatura absoluta.
air ~ temperatura del aire.
boiling ~ temperatura de ebullición.
reduced ~ temperatura reducida.
sea ~ temperatura de la mar.
uniform ~ temperatura uniforme.

tempest *s.* tormenta.

tempestuous *adj.* tormentoso.

tendency *s.:*
barometric ~ tendencia barométrica.

tenon *s.* espiga.
heel ~ *(del palo)* mecha.

tension *s. Mec.* y *Elect.* tensión.
high ~ alta tensión.
low ~ baja tensión.

terminal *s.* **1.** *(puerto, muelle)* terminal; **2.** *Elect.* terminal, borne.
marine ~ estación marítima.
oil-loading ~ terminal de carga de petróleo.

termination *s.* fin(al), conclusión.
~ **of risk** *(seguros)* fin de riesgo.

test *s.* prueba, ensayo, experiencia || *v.t.* probar, ensayar, experimentar.
bench ~**s** pruebas de banco.
bump ~ prueba de resistencia al choque.
consumption ~ prueba de consumo.
drop ~ prueba de resistencia al choque.
fuel consumption ~ prueba de consumo.
hose ~ prueba (con chorro) de manguera.
hydraulic ~ prueba hidráulica.
inclining ~ prueba [experiencia] de estabilidad.
rowing ~ prueba de boga.
stability ~ prueba [experiencia] de estabilidad.
water ~ prueba hidráulica.

testing *s.* prueba, ensayo.
~ **of anchors** prueba de anclas.
~ **of chain-cables** prueba de cadenas.
bench ~ pruebas de banco.
hose ~ prueba (con chorro) de manguera.
watertight ~ prueba de estanqueidad.

thaw *s.* deshielo || *v.t.* y *v.i.* deshelar.

theft *s.* robo.
petty ~ hurto, ratería.

thermograph *s.* termógrafo.

thermometer *s.* termómetro.
dry bulb ~ termómetro seco.
wet bulb ~ termómetro húmedo.

thimble *s.* guardacabo.

thole *s.* escálamo, tolete.

thread *s.* hilo.
~ **of oakum** hilo de estopa.

throat *s. Man.* **1.** boca de cangrejo; **2.** puño de boca, puño de driza de cangreja.

throw *v.t.* echar, lanzar, tirar.
to ~ overboard tirar a la mar.
to ~ the log echar la corredera.

thrower *s.:*
line ~ aparato lanzacabos.

thrust *s.* empuje, impulso.
~ **of propeller** empuje de la hélice.

thunderstorm *s.* tormenta con aparato eléctrico, tronada.

thwart *s.* bancada, banco remero.
rowing ~ bancada, banco remero.

tide *s.* marea.
ebb ~ marea menguante [vaciante], reflujo.
effluent ~ marea creciente, flujo.
falling ~ marea menguante [vaciante], reflujo.
flood ~ marea creciente [entrante], flujo.
high ~ marea alta, pleamar.
low ~ bajamar, marea baja.
neap ~ marea muerta [de cuadratura].
refluent ~ marea menguante [vaciante], reflujo.
rising ~ marea creciente [entrante], flujo.
spring ~ marea viva [de sicigias].

tideless *adj.* sin mareas.

tideway *s. Ocean.* hilero.

tight *adj.* **1.** teso, templado; **2.** estanco.

tighten *v.t.* **1.** estancar, impermeabilizar; **2.** *(nudos)* azocar.

tightness *s.* estanqueidad.

tiller *s. (timón)* caña, barra.
boat [hand] ~ *(bote)* caña del timón.
quadrant ~ sector de gobierno [del timón].
rudder ~ caña del timón.

timber *s.* madera de construcción.
floor ~ *(buque de madera)* varenga.

time *s.* **1.** tiempo, período, hora; **2.** turno, vez.
~ **of arrival** hora de llegada.
~ **of departure** hora de salida.
~ **of meeting** hora de reunión.
apparent ~ hora verdadera, tiempo aparente.
estimed ~of arrival hora prevista de llegada.
estimated ~ of departure hora prevista de salida.
Greenwich civil ~ hora [tiempo] civil de Greenwich.
Greenwich mean ~ hora media [tiempo medio] de Greenwich.
local ~ hora local.
ship's ~ hora de a bordo.
sideral ~ tiempo sidéreo.
standard ~ hora oficial.
summer ~ hora de verano.
true ~ tiempo verdadero.
zone ~ hora legal [del huso].

timepiece *s.* reloj.
ship's ~ reloj de bitácora.

tipping *s.* arfada.

toggle *s.* cazonete.

ton *s.* tonelada.
gross register ~ tonelada de arqueo bruto.
metric ~ tonelada métrica.
net register ~ tonelada de arqueo neto.
register ~ tonelada de arqueo.

tonnage *s.* **1.** *(peso)* tonelaje; **2.** *(cabida del buque)* arqueo, tonelaje.
~ **under deck** tonelaje (de arqueo) bajo cubierta.
aggregate ~ *(de una flota)* tonelaje total.
gross (registered) ~ tonelaje (de registro) bruto, arqueo bruto [total].
net (registered) ~ tonelaje (de registro) neto, arqueo neto.
register(ed) ~ arqueo, tonelaje de registro.

tool *s.* herramienta.

top *s.* **1.** *(tanque, etc.)* techo, cielo, tapa; **2.** *(en los veleros)* cofa || *v.t. (plumas, puntales)* arbolar.
~ **of double bottom** tapa superior del doble fondo.
~ **of main space** cubierta que limita la parte principal.
boot ~ *(parte del costado entre las flotaciones en lastre y en carga)* flotación.
tank ~ cielo [tapa] de tanque.

topman *s.* gaviero.

topmark *s. (baliza)* marca de tope.

topmast *s.* mastelero.
fore ~ mastelero de proa [velacho, trinquete].
main ~ mastelero mayor [de gavia].
miz(z)en ~ mastelero de (sobre)mesana.

topsail *s. (en general)* gavia.
fore ~ velacho.
lower main ~ gavia baja.
main ~ *(por antonomasia)* gavia.
upper main ~ gavia alta.

torch *s.* linterna (eléctrica).
electric ~ linterna eléctrica.

tornado *s.* tornado.

torque *s.* par, par torsor.
starting ~ par de arranque.

touch *s.* toque, contacto □ **in radio** ~ en contacto radio; **out of radio** ~ fuera de contacto radio; **to lose** ~ perder el contacto; **to establish** ~ **by radio** establecer contacto radio || *v.t.* tocar, rozar, tropezar || *v.i.* hacer escala, tocar.
radio ~ contacto radio.

touching *s.* toque, contacto.

tow *s. (lo que se remolca)* remolque □ **to be in** ~ estar a remolque; **to take in** ~ dar [tomar a] remolque || *v.t.* remolcar, dar remolque.
to ~ **abreast** remolcar abarloado.
to ~ **ahead** remolcar en flecha.
to ~ **alongside** remolcar abarloado.

towage *s.* **1.** *(acción de remolcar)* remolque; **2.** derecho de remolque.

towboat *s.* remolcador fluvial.
pusher ~ *(a un conjunto de gabarras)* remolcador para empujar.

track *s. Nav.* derrota.
offshore ~**s.** derrotas de alta mar.

trade *s.* comercio.
coastal [coasting] ~ cabotaje, navegación cost(an)era, comercio costero [de cabotaje].
distant ~ navegación de altura.
domestic ~ comercio interior.
foreign ~ comercio [navegación] exterior.
free ~ comercio libre.
great coastal [coasting] ~ gran cabotaje.
sea ~ comercio marítimo.
sea-borne ~ transporte marítimo.
shipping ~ comercio marítimo.
small coastal [coasting] ~ pequeño cabotaje.

trader *s.* **1.** comerciante; **2.** buque mercante.

traffic *s.* tráfico.
distress ~ *Rad.* tráfico de socorro.
down river ~ tráfico río abajo.
international maritime [sea] ~ tráfico marítimo internacional.
maritime ~ tráfico marítimo.
sea ~ tráfico marítimo.
shipping ~ transporte marítimo.
up river ~ tráfico río arriba.

transatlantic *adj.* tra(n)satlántico.

transceiver *s. Rad.* emisor transmisor -receptor.

tranship *v.t.* tra(n)sbordar.

transit *s.* **1.** *Nav.* enfilación; **2.** *Astr.* paso por el meridiano.
~ **bearing** enfilación.

transmarine *adj.* ultramarino.

transmit *v.t. (señales)* transmitir.

transmitter *s. Rad.* emisor, transmisor.
~**-receiver** emisor [transmisor]-receptor.
emergency ~ emisor [transmisor] de reserva.
medium waves ~ emisor [transmisor] de onda media.
radiotelegraph ~ emisor [transmisor] radiotelegráfico.
radiotelephone ~ emisor [transmisor] radiotelefónico.
short waves ~ emisor [transmisor] de onda corta.

transom *s. Arq. nav.* espejo, estampa, yugo.

transport *s.* **1.** *(acción de transportar)* tra(n)sporte; **2.** (buque de) transporte, buque transporte de tropas || *v.t.* tra(n)sportar.
marine ~ transporte marítimo.

trans-ship *v.t.* tra(n)sbordar.

trans-shipment *s.* tra(n)sbordo.

trawl *s. Pesc.* **1.** *(acción de rastrear)* rastreo; **2.** rastra, red de arrastre || *v.i.* rastrear, pescar a la rastra [con aparejo de arrastre].

trawler *s.* bou, buque de pesca de arrastre.

trawling *s.* pesca de arrastre.

tread *s.* *(escala)* peldaño, paso.

tree *s.* *Bot.* árbol.
Christmas ~ *Arq. nav.* palo de señales, palo de luces.

trial *s.* prueba, ensayo □ **to run [carry out] ~s** hacer pruebas.
~s at moorings pruebas (de las máquinas) sobre amarras.
dock ~s pruebas (de las máquinas) sobre amarras.
sea ~s pruebas de mar.
speed ~s pruebas de velocidad.
test bed ~s pruebas de banco.

triangle *s.* triángulo.
astronomical ~ *Astr.* y *Nav.* triángulo de posición.

trice *v.t.* *(un puntal, etc.)* izar.
to ~ up izar.

trick *s.* turno al timón, guardia de timón.

trim *s.* asiento, diferencia de calados ‖ *v.t.* **1.** *(velas)* orientar; **2.** *(carga a granel)* estibar; **3.** trimar, asentar el buque.
to ~ by the head aumentar el calado de proa, aproar.

trimmer *s.* **1.** *(tripulante)* palero; **2.** estibador de carga a granel.

trimming *s.* *(carga a granel)* estiba.

trip *s.* viaje ‖ *v.t.* zarpar, levar el ancla.
maiden ~ viaje inaugural, primer viaje.
outward ~ viaje de ida.
pleasure ~ viaje de placer.
round ~ viaje redondo.
trial ~ viaje de pruebas.

trolling *s.* pesca a la cacea [al curricán].

trooper *s.* buque transporte de tropas.

troopship *s.* buque transporte de tropas.

tropic *s.* trópico.
~ of Cancer trópico de Cáncer.
~ of Capricorn trópico de Capricornio.

trough *s.* *(ola)* seno.
~ of the sea seno de la ola.

truck *s.* *(del palo)* galleta, perilla.
mast ~ galleta, perilla.
parrel ~ vertello.

trumpet *s.:*
fog ~ sirena de niebla.
speaking ~ megáfono, bocina.

trunk *s.* *Const. nav.* tronco.
air ~ tronco de ventilación.
centre board ~ caja de orza, pozo de deriva.
closed-in ~ tronco cerrado.
escape ~ tronco de escape.
expansion ~ *(en petroleros)* tronco [cámara] de expansión.
lift ~ caja de ascensor.
rudder ~ bocina [caja] de limera.
shaft ~ túnel del eje.
ventilation ~ tronco de ventilación.

try *v.t.* probar, ensayar, experimentar ‖ *v.i.* estar [ponerse] a la capa, capear.
to ~ out probar, poner a prueba.
to ~ out engines probar las máquinas.

trysail *s.* vela de cangrejo.

tube *s.* **1.** tubo; **2.** *Rad.* (EE.UU.) lámpara, válvula.
boiler ~ tubo de caldera.
buoyancy ~ *(en balsas neumáticas)* cámara de aire.
cathode-ray ~ tubo de rayos catódicos.
condenser ~ tubo del condensador.
finned ~ tubo de aletas.
radio ~ (EE.UU.) lámpara de radio.
rudder ~ bocina de limera.
shaft [stern] ~ *(eje de cola)* bocina.
smoke ~ tubo de humo.
speaking ~ tubo acústico.
torpedo ~ tubo lanzatorpedos.

tug *s.* remolcador ‖ *v.t.* remolcar.
harbour ~ remolcador de puerto.
ocean(-going) ~ remolcador de altura [alta mar].
paddle ~ remolcador de paletas.
river ~ remolcador fluvial.
salvage ~ remolcador de salvamento.
sea-going ~ remolcador de altura [alta mar].

tugboat *s.* remolcador.

tumble *s.:*
~ home *Const. nav.* entrada de obra muerta, recogimiento de costados [bocas], inclinación del costado hacia dentro.

tuning *s. Rad.* sintonía.
aerial [antenna] ~ sintonía de antena.

tunnel *s.* túnel.
shaft ~ túnel del eje.

turbine *s.* turbina.
ahead ~ turbina de marcha avante.
astern ~ turbina de ciar [marcha atrás].
gas ~ turbina de gas.
geared ~ turbina engranada [con engranajes de reducción, con reductor de velocidad].
impulse ~ turbina de acción.
low pressure ~ turbina de baja presión.
reaction ~ turbina de reacción.
steam ~ turbina de vapor.

turn *s.* **1.** cambio; **2.** turno; **3.** *(río, canal)* torno || *v.t.* volver, dar vueltas a, hacer girar || *v.i. Man.* revirar.
~ **at the wheel** turno al timón, guardia de timón.
~ **of (the) bilge** curva del pantoque.
~ **of the tide** cambio de la marea.
to ~ **about** *Man.* revirar.
to ~ **off 1.** *(grifo, válvula)* cerrar; **2.** *Elect.* desconectar.
to ~ **on** *Elect.* conectar, encender.
to ~ **round** *Man.* revirar.
to ~ **to port** caer a babor.

tweendeck *s.* entrepuente.
flush ~ entrepuente corrido.

twilight *s.* crepúsculo.

twine *s.* hilo.
sail ~ hilo volantín [de vela].

typhoon *s. Meteor.* tifón.

U

ultramarine *adj.* ultramarino.

unapproachable *adj. (costa, puerto, etc.)* inabordable, inaccesible.

unballast *v.t.* deslastrar.

unballasting *s.* deslastraje, deslastre.

unbend *v.t.* **1.** *(cabo)* desamarrar, desanudar, zafar; **2.** *(vela)* desenvergar; **3.** *(ancla)* desentalingar.

unberth *v.t.* y *v.i.* desatracar(se).

unbitt *v.t.* zafar vueltas de una bita, des(a)bitar.

uncouple *v.t. Máq.* desconectar.

uncover *v.i.* descubrir, salir del agua, velar.

undecked *adj. (embarcación)* sin cubierta.

undercurrent *s.* corriente submarina.

underset *s.* corriente submarina.

undertow *s.* contracorriente submarina.

underwrite *v.t. Der. mar. (acción que realiza el asegurador)* asegurar.

underwriter *s. Der. mar.* asegurador.

undock *v.t.* y *v.i.* desatracar(se).

unfasten *v.t.* destrincar, desamarrar, zafar.

unfurl *v.t. (vela)* largar.
to ~ a sail largar una vela.

unhook *v.t.* desenganchar.

uniform *s.* uniforme.
full ~ uniforme de gala.

uninflammable *adj.* ininflamable.

unit *s.* unidad.
~ of measurement unidad de medida.
~ of time unidad de tiempo.
~ of velocity unidad de velocidad.

unlash *v.t.* destrincar, desamarrar.

unlay *v.t.* descolchar.

unload *v.t. (barco, mercancía)* descargar.

unloading *s. (de mercancías)* descarga.

unmoor *v.t. (buque)* desamarrar.

unnavigable *adj. (aguas)* innavegable.

unobstructed *adj.* claro, libre de obstáculos.

unreef *v.t.* largar los rizos, desarrizar.

unreeve *v.t. (cabo, tira)* despasar.

unrig *v.t.* desaparejar.

unseaworthiness *s.* innavegabilidad, malas condiciones de navegabilidad.

unseaworthy *adj. (buque)* innavegable, en malas condiciones de navegabilidad.

unshackle *v.t.* desengrilletar.

unsinkable *adj.* insumergible.

unwatched *adj.* sin vigilancia.

up *prep.:* □ **~ and down** *(anclas)* a pique.

upkeep *s.* conservación, mantenimiento, entretenimiento.

upright *s.* pie derecho, montante.

upset *v.i.* zozobrar, dar la voltereta.

uptake *s. (calderas)* conducto de humo.

upturn *v.i.* zozobrar, dar la voltereta.

use *s.* uso, costumbre.
~s and customs of the sea usos y costumbres de la mar.

utensil *s.* utensilio, instrumento.

V

valve *s.* **1.** *Mec.* válvula; **2.** *Rad.* válvula, lámpara.
electronic ~ válvula electrónica.
non-return ~ válvula de retención.
radio ~ lámpara [válvula] de radio.
safety ~ válvula de seguridad.
screw-down ~ válvula de cierre.
sea (suction) ~ válvula de (comunicación con el) mar, válvula de toma de mar.
starting ~ válvula de arranque.
stop ~ válvula de incomunicar [cierre].
suction ~ válvula de aspiración.

vane *s.* cataviento, grímpola.
dog-~ cataviento.

vapour *s.* vapor, vaho, exhalación.

variation *s. Nav.* variación, declinación magnética.
~ **of the compass** variación de la aguja.
compass ~ variación de la aguja.
magnetic ~ variación magnética.

varnish *s.* barniz.

veer *v.t. (cabo, cable o cadena)* arriar || *v.i. (viento)* rolar en el sentido de las manecillas de un reloj.
to ~ **aft** *(viento)* alargarse, rolar hacia popa.
to ~ **and haul** halar a estrepadas.
to ~ **away** *(cabo, cable o cadena)* filar, arriar.
to ~ **forward** *(viento)* escasearse, rolar hacia proa.
to ~ **out** *(cabo, cable o cadena)* filar, arriar.

velocity *s.* velocidad.
angular ~ velocidad angular.
initial ~ velocidad inicial.
uniform ~ velocidad uniforme.

ventilate *v.t.* ventilar.

ventilation *s.* ventilación.
mechanical ~ ventilación artificial [mecánica].
natural ~ ventilación natural.
power ~ ventilación artificial [mecánica].

ventilator *s.* manguerote de ventilación, ventilador.

vessel *s.* buque, barco, embarcación (V. también **ship**) □ **last** ~ **of the tow** último buque del remolque.
~ **aground** buque varado.
~ **at anchor** buque fondeado.
~ **constrained by her draught** buque restringido por su calado.
~ **engaged in fishing** buque dedicado a la pesca.
~ **not under command** buque sin gobierno.
~ **restricted in her ability to manoeuvre** buque con capacidad de maniobra restringida.
~ **to be overtaken** buque alcanzado.
~ **towing** buque que remolca.
~ **under sail** buque (navegando) a la vela.
~ **with corrugated side** buque de costado ondulado.
~**s in sight of one another** buques a la vista uno de otro.

all-aft type ~ buque tipo todo a popa.
anchored ~ buque fondeado.
banana ~ buque platanero.

bulk ore ~ buque mineralero.
cable ~ buque cablero.
cargo ~ buque de carga.
coastal ~ buque costero [de cabotaje].
coast defence [guard] ~ guardacostas.
collided ~ buque abordado.
colliding ~ buque abordador.
container ~ buque portacontenedores.
crossing ~ buque que cruza.
cruiser stern ~ buque con popa de crucero.
decked ~ buque con cubierta.
deep-sea[-water] ~ buque (de navegación) de altura.
diesel engined ~ buque de propulsión diesel.
disabled ~ buque averiado [desmantelado].
double-bottom ~ buque con doble fondo.
drinking ~ *(para beber)* vaso.
dry-cargo ~ buque de carga seca.
electrically propelled ~ buque de propulsión eléctrica.
escort ~ buque de escolta.
fish canning factory ~ buque factoría de conservas (de pescado).
fishery protection ~ (buque) guardapesca.
fishing ~ buque pesquero [de pesca].
flush deck ~ buque de cubierta continua [corrida].
full scantling ~ buque de fuerte escantillón.
gas turbine ~ buque a turbina de gas.
heavy scantling ~ buque de fuerte escantillón.
homeward-bound ~ buque en viaje de regreso.
hydrographic survey ~ buque hidrográfico [hidrógrafo, planero].
listing ~ buque escorado.
mechanically propelled ~ buque de propulsión mecánica.
mercantile ~ buque mercante.
merchant ~ buque mercante.
missing ~ buque dado por perdido [desaparecido].
nuclear powered ~ buque de propulsión nuclear.
ocean(-going) ~ buque (de navegación) de altura, buque de navegación oceánica.
oceanographic (survey) ~ buque oceanográfico.
open-bottom ~ buque sin doble fondo.
ore ~ buque mineralero.
outward-bound ~ buque en viaje de ida.
overtaking ~ buque que alcanza.
paddle ~ buque de ruedas.
passenger (carrying) ~ buque de pasaje.
power-driven ~ buque de propulsión mecánica.
pressure ~ recipiente de [sometido a] presión.
refrigerated (cargo) ~ buque frigorífico.
riveted ~ buque de construcción remachada.
sailing-~ buque de vela, velero.
salvage ~ buque de salvamento.
sea-going ~ buque de navegación marítima.
shelter deck ~ buque de cubierta de abrigo.
single-bottom ~ buque sin doble fondo.
stainless graduated drinking ~ vaso graduado inoxidable.
steam turbine ~ buque a turbina de vapor.
tank ~ buque cisterna [tanque, petrolero].
survey(ing) ~ buque hidrográfico [hidrógrafo, planero].
three-island ~ buque de tres islas.
towing ~ buque que remolca.
trading ~ buque mercante.
training-~ buque escuela.
tramp ~ buque de tráfico irregular.
welded ~ buque de construcción soldada.
well-deck ~ buque de pozos.
whaling ~ buque ballenero.

vibration *s.* vibración.

vice *s.* vicio.
inherent ~ *(mercancías)* vicio propio.

victual *v.t.* abastecer, avituallar || ~**s** *s.pl.* víveres, vituallas.

victualling *s.* avituallamiento.

visibility *s.* visibilidad.
good ~ buena visibilidad.
low ~ poca visibilidad.
poor ~ mala visibilidad.
restricted ~ visibilidad reducida.
zero ~ visibilidad nula.

visible *adj.* visible.

visit *v.t. (examinar la documentación de un buque)* reconocer.

vocabulary *s.:*
Standard Marine Navigational ~ Vocabulario normalizado de navegación marítima.

voltage *s. Elect.* tensión, voltaje.
high ~ alta tensión.
input ~ tensión de entrada.
low ~ baja tensión.

volume *s.* volumen.
~ **of displacement** volumen de carena.
~ **of effective buoyancy** volumen de la reserva de flotabilidad.
immersed ~ volumen de carena.
specific ~ *Fís.* volumen específico.
under-water ~ volumen de carena.

voucher *s.* comprobante, justificante, resguardo.

voyage *s.* viaje □ **on the return** ~ en el viaje de regreso.
good ~ buen viaje.
homeward ~ viaje de regreso.
maiden ~ viaje inaugural, primer viaje.
outward ~ viaje de ida.
return ~ viaje de regreso.
round ~ viaje redondo.
testing ~ viaje de pruebas.
through ~ viaje directo.

W

wages *s. pl.* paga, salario.

waist *s. Arq. nav.* combés.

wake *s.* estela □ **in the ~ of** en la estela de.

wale *s. Const. nav.* cinta.

warehouse *s.* almacén depósito.
bonded ~ depósito de la aduana.
customs ~ depósito de la aduana.

warehousing *s.* almacenamiento, almacenaje.

warning *s.* aviso, advertencia.
gale ~ aviso de temporal.
navigation ~ aviso urgente a los navegantes.

warp *s. (cabo)* espía □ **to run out a ~** dar una espía ‖ *v.t.* y *v.i.* espiar(se).

warrant *s.* comprobante, justificante.

warranty *s. Der. mar.* garantía.

warship *s.* buque de guerra.

wash *s.* **1.** *(remo)* pala; **2.** remolino de la hélice ‖ *v.t.* lavar, baldear.
cement ~ lechada de cemento.
to ~ down lavar, baldear.
to ~ the deck baldear la cubierta.

washboard *s.* falca.

washed *p.p.:*
~ overboard barrido (de a bordo) por la mar.

washing *s.* lavado, baldeo.
~of tanks limpieza de tanques.
cement ~ lechada de cemento.

wastage *s.* desgaste.

watch *s.* **1.** vigilancia, observación; **2.** *(contingente de hombres que presta servicio y tiempo que dura éste)* guardia □ **on ~** de guardia; **to pass over the ~** entregar la guardia; **to set the ~** nombrar la guardia; **to stand ~** hacer guardia; **to take (charge of) the ~** entrar de guardia.
afternoon ~ *(12 h. a 16 h.)* guardia de tarde.
anchor ~ guardia estando al ancla.
continuous (listening) ~ *Rad.* escucha continua, servicio permanente de escucha.
day ~ guardia diurna.
dog ~ guardia de cuartillo.
first ~ *(20 h. a 24 h.)* guardia de prima.
forenoon ~ *(8 h. a 12 h.)* guardia de la mañana.
graveyard ~ *(0 h. a 4 h.)* guardia de media.
harbour ~ guardia de puerto.
listening ~ *Rad.* guardia [servicio] de escucha, escucha.
middle ~ *(0 h. a 4 h.)* guardia de media.
morning ~ *(4 h. a 8 h.)* guardia de alba [amanecida]
night ~ guardia nocturna.
period ~ keeping *Rad.* servicio limitado de escucha.
radio ~ guardia [servicio] de escucha, escucha.
sea ~ guardia de mar.
wireless ~ *Rad.* guardia [servicio] de escucha, escucha.

watching *s.* vigilancia.
coast ~ vigilancia de costa.

watchman *s.* guardián.

water *s.* agua □ **above** ~ sobre el agua; **at the dead in** ~ **condition** en agua calma; **to appear above** ~ sobresalir del agua, velar; **to back [hold]** ~ *(con los remos)* ciar; **to be well out of the** ~ sobresalir del agua, velar; **to make** ~ *(percibirla por alguna grieta del fondo)* hacer agua; **to take in** ~ *(surtirse)* hacer agua, rellenar de agua; **under** ~ debajo del agua.
bilge ~ agua de sentinas.
boiler ~ agua para calderas.
brackish ~ agua salobre.
dead ~**s** aguas muertas.
deep ~ aguas profundas.
distilled ~ agua destilada.
drinking ~ agua potable.
feed ~ agua de alimentación.
filtered ~ agua filtrada.
fresh ~ agua dulce.
high ~ pleamar, marea alta.
high tide slack ~ repunte de la pleamar.
low ~ bajamar, marea baja.
low tide slack ~ repunte de la bajamar.
mineral ~ agua mineral.
neutral ~**s** aguas neutrales.
pilotage ~**s** zona de practicaje.
rain ~ agua de lluvia.
running ~**s** aguas vivas.
sea ~ agua de mar.
shallow ~ aguas poco profundas.
slack ~ repunte (de la marea).
territorial ~**s** aguas jurisdiccionales [territoriales], mar territorial.

waterborne *adj.* y *adv.* a flote.

watercourse *s. (en varengas)* imbornal, groera.

waterline *s.* (línea de) flotación.
light-~ (línea de) flotación en lastre.
load-~ (línea de) flotación en carga.

water-logged *adj.* anegado, entre dos aguas.

waterplane *s.* superficie de flotación.
heeled ~ flotación inclinada.

waterside *s. (costa, río)* orilla.

waterspout *s. Meteor.* manguera, tromba.

watertight *adj.* estanco al agua.

waterway *s.* trancanil.

wave *s.* **1.** ola; **2.** *Rad.* onda || *v.i. (en el aire)* flotar.
~ **of displacement** ola de proa.
absorbed ~ onda amortiguada.
bow ~ ola de proa.
carrier ~ onda portadora.
long ~ onda larga.
medium ~ onda media.
short ~ onda corta.
tidal ~ onda de marea.
undamped ~ onda entretenida.

waveguide *s.* tubo de guía de ondas.

way *s.* **1.** vía, camino, derrota □ **out of the** ~ apartado; **to get under** ~ levar, zarpar, salir [hacerse] a la mar; **to keep out of the** ~ mantenerse apartado de la derrota; **to miss one's** ~ perderse, extraviarse; **under** ~ *(buque)* en marcha, en movimiento, navegando; **2.** arrancada, viada, salida □ **to check the** ~ parar [quitar] la arrancada; **to deaden the** ~ parar [quitar] la arrancada; **to fetch** ~ coger [tomar] arrancada; **to gather** ~ coger [tomar] arrancada; **to get** ~ coger [tomar] arrancada; **to make** ~ llevar [tener] arrancada; **to stop the** ~ parar [quitar] la arrancada.
steerage ~ arrancada para gobernar.

wear *s.* desgaste || *v.t.* y *v.i.* **1.** desgastar(se); **2.** virar por redondo.
~ **and tear** desgaste normal.
to ~ **down** desgastar(se) con el roce.
to ~ **round** virar por redondo.

wearing *s.* **1.** desgaste; **2.** *Man.* virada por redondo.

weather *s. Meteor.* tiempo □ ~ **permitting** si el tiempo no lo impide.
bad ~ mal tiempo.
clear ~ tiempo claro.
cold ~ tiempo frío.
dry ~ tiempo seco.
fair ~ tiempo regular.
fine ~ tiempo hermoso.
good ~ buen tiempo.
hazy ~ tiempo calimoso.
heavy ~ tiempo duro.
hot ~ tiempo caluroso.
rough ~ tiempo borrascoso.
squally ~ tiempo chubascoso.
sultry ~ tiempo bochornoso.
thick ~ tiempo cerrado.
threatening ~ tiempo amenazador.
unsettled ~ tiempo inseguro.

wet ~ tiempo húmedo.
to ~ out aguantar el mal tiempo.

web *s. (de perfil laminado)* alma.

wedge *s.* cuña || *v.t.* acuñar, calzar.
hatch ~ cuña de escotilla.
mast ~ cuña de los palos.
steel ~ cuña de hierro.

weed *s.:*
gulf-~ sargazo.

weeping *s.* lagrimeo.

weigh *v.t. (anclas)* levar.
to ~ **anchor** levar el ancla.

weight *s.* peso.
approximate ~ peso aproximado.
gross ~ peso bruto.
net ~ peso neto.
total ~ peso total.

weld *s.* soldadura || *v.t.* soldar.

welding *s.* soldadura.
autogenous ~ soldadura autógena.
electric ~ soldadura eléctrica.

well *adv.* bien, conveniente □ **all's** ~ sin novedad || *s.* **1.** pozo; **2.** pozo de sentina.
centre board ~ caja de orza, pozo de deriva.
drain(age) ~ pozo de sentina.
pocket ~ pozo de sentina.
propeller ~ marco [vano] de la hélice.
pump ~ caja de bombas.
rudder ~ bocina [caja] de limera.
screw ~ marco [vano] de la hélice.
stair ~ caja de escalera.

west *s.* oeste, occidente □ **due** ~ (al) oeste clavado; ~ **of** al oeste de.
~ **by north** oeste cuarta al noroeste.
~ **by south** oeste cuarta al sudoeste.
~**-north-**~ oesnoroeste.
~**-south-**~ oessudoeste, oessuroeste.

westbound *adj.* con destino al oeste.

western *adj.* occidental.

westward(s) *adv.* hacia el oeste □ ~ **from [of]** al oeste de.

wet(ness) *s.* humedad.

whale *s.* ballena.

whaleman *s.* pescador de ballenas, ballenero.

whaler *s.* **1.** *(buque y personas)* ballenero; **2.** (lancha) ballenera.

whaling *s.* pesca de la ballena.

wharf *s. (obra portuaria)* muelle.
coaling ~ muelle de carboneo.

wheel *s.* rueda.
cog-~ rueda dentada.
drive [driving] ~ rueda motriz.
paddle ~ rueda de paletas.
spur ~ rueda dentada.
steering ~ rueda del timón [de gobierno].
toothed ~ rueda dentada.
turning ~ *Mec.* virador.

wheeler *s.* buque de ruedas.

wheelhouse *s.* caseta de gobierno [del timón].

wheelman *s.* timonel.

whelp *s. (cabrestante)* guardainfante.

whip *v.t.* **1.** falcacear; **2.** izar con andarivel.

whipping *s.* falcaceadura.

whirlpool *s. (de agua)* remolino.

whirlwind *s. (de aire)* remolino.

whistle *s.* pito, silbato □ **to blow the** ~ pitar || *v.t.* y *v.i.* pitar.
air ~ pito de aire comprimido.
signal ~ pito de señales.
steam ~ pito de vapor.

wick *s. (lámpara, engrasador)* mecha.

width *s.* ancho, anchura.
band ~ *Rad.* anchura de banda.

wildcat *s.* barbotín.

winch *s.* maquinilla, chigre.
boat (lowering) ~ chigre (para maniobra) de botes.
cargo ~ maquinilla [chigre] de amante, maquinilla [chigre] de carga.
crab ~ maquinilla [chigre] de mano.
docking ~ maquinilla [chigre] de amarre.
electric ~ maquinilla eléctrica, chigre eléctrico.
hand ~ maquinilla [chigre] de mano.
hydraulic ~ maquinilla hidráulica, chigre hidráulico.
mooring ~ maquinilla [chigre] de amarre.
steam ~ maquinilla [chigre] de vapor.
towing ~ maquinilla [chigre] de remolque.

trawl(ing) ~ maquinilla [chigre] de arrastre.
warping ~ maquinilla [chigre] de maniobra, maquinilla [chigre] de amarre.

winchman *s.* maquinillero.

wind *s. Meteor.* viento.
~ **abaft the beam** viento a popa del través.
~ **abeam** viento de través.
~ **ahead** viento de proa [a fil de roda].
~ **astern** viento de popa.
~ **on different sides** viento de bandas opuestas.
~ **on the bow** viento por la amura.
~ **on the quarter** viento por la aleta [a un largo].
~ **on the same side** viento de la misma banda.
~ **right aft** viento en popa cerrada.
apparent ~ viento aparente.
baffling ~ *(viento suave de dirección variable)* ventolina.
beam ~ viento de través.
dead ~ viento de proa.
fair ~ viento favorable.
head ~ viento de proa.
land ~ viento de tierra.
moderate ~ viento manejable.
north-easterly trade ~**s** alisios del nordeste.
offshore ~ viento de tierra.
onshore ~ viento de la mar.
periodical ~**s** vientos periódicos.
prevailing ~**s** vientos dominantes.
quartering ~ viento por la aleta [a un largo].
south-easterly trade ~**s** alisios del sudeste.
trade ~**s** vientos alisios.
true ~ viento verdadero.

wind *v.t.* **1.** enrollar, devanar; **2.** *(al reloj)* dar cuerda.
to ~ **up the chronometer** dar cuerda al cronómetro.

windlass *s.* molinete.
electric ~ molinete eléctrico.
hand ~ molinete a mano.
steam ~ molinete a vapor.

windsail *s.* manguera de ventilación.

windward *s.* barlovento □ **to be to** ~ estar a barlovento; **to lie [work] to** ~ barloventear.

windy *adj.* ventoso.

wing *s.* **1.** ala; **2.** *(interior del buque)* banda, costado.

winter *s.* invierno || *v.i.* invernar.

wintering *s.* invernada.

wire *s.* **1.** *Man.* alambre, cable; **2.** *Elect.* alambre, cable, hilo.
~ **rope** *Man.* (amarra de) cable.
electric ~ cable eléctrico.
seizing ~ alambre de ligada.

wireless *adj.* sin hilos, inalámbrico || *s.* telegrafía sin hilos || *v.t.* y *v.i.* radiar, transmitir por radio.

wood *s.* madera.
dunnage ~ madera de estiba.

wooden *adj.* de madera.

work *s.* trabajo || *v.i.* trabajar, funcionar.
clincher [clinker] ~ construcción a tingladillo.
upper ~**s** obra muerta.

workshop *s.* taller.

worm *s.* tornillo sin fin || *v.t. (un cabo)* entrañar.

wreck *s.* **1.** naufragio □ **to go to** ~ perderse, naufragar; **to suffer** ~ naufragar; **2.** buque naufragado; **3.** pecio, restos de naufragio || *v.i.* naufragar.

wreckage *s.* pecio, restos de naufragio.
floating ~ *(de un buque)* restos flotantes.

wrecked *p.p.* náufrago □ **to get** ~ naufragar, perderse.

wrench *s. (herramienta)* llave.
adjustable ~ llave inglesa.
monkey ~ llave inglesa.
pipe ~ llave para tubos.

Y

yacht *s.* yate.

yachting *s.* navegación de recreo.

yard *s.* **1.** verga; **2.** astillero; **3.** yarda.
crossjack ~ verga seca.
fore ~ verga de trinquete.
fore topsail ~ verga de velacho.
lateen ~ entena, antena.
main ~ verga mayor.
main topgallant ~ verga de juanete mayor.
main topsail ~ verga de gavia.
mizzen ~ verga de mesana.
mizzen topgallant ~ verga de juanete mayor.
naval [Navy] ~ *Mar. g.* arsenal.
repair ~ astillero de reparaciones.
royal ~ verga de sobrejuanete.
signal ~ verga de señales.
spare ~ verga de respeto.

yarn *s.* filástica.

yaw *s.* guiñada || *v.i.* guiñar.

yawl *s.* yola.

Z

zenith *s.* cenit, zenit.

zodiac *s.* zodíaco.

zodiacal *adj.* zodiacal.

zone *s.* zona.
~ **of restricted visibility** zona de visibilidad reducida.
danger ~ zona de peligro.
fire ~ *(en un buque)* zona de incendio.
frigid ~ zona glacial.
inshore traffic ~ zona de navegación costera.
time ~ huso horario.
torrid ~ zona tórrida.
traffic separation ~ zona de separación de tráfico.

SEGUNDA PARTE

Español • Inglés

A

abacá *m.* Manil(l)a hemp.

abandonar *v.t.* to abandon.
~ **el buque** to abandon ship.

abandono *m.* abandonment, abandon.
~ **a los aseguradores** abandonment to insurers.
~ **de buque** *(por la tripulación)* abandon ship.

abanico *m. (curvatura de lanzamiento a proa)* flare.

abarbetar *v.t.* to rack.

abastecer *v.t.* to victual, to store.

abatimiento *m.* drift, leeway.

abatir *v.i. (caer a sotavento)* to drift, to cast, to make leeway.

abertura *f.* opening, aperture.
~ **(de reducción) de arqueo** tonnage opening.
~ **en el costado** side opening.
~ **en lugar expuesto** opening in weather portions.

abierto, a *adj.* **1.** *(portalón, escotilla, etc.)* open; **2.** *(al viento, mar, etc.)* open, exposed.
~ **al tráfico comercial** open for commercial traffic.

abitar *v.t.* to bitt.

abordable *adj. (costa, puerto, etc.)* accessible.

abordaje *m.* **1.** *(choque o colisión)* collision; **2.** *(acción de guerra)* boarding.

abordar *v.t.* y *v.i.* **1.** *(acercarse a otra embarcación)* to board, to approach; **2.** *(chocar con otra embarcación)* to collide, to come into collision with, to run into [down], to fall aboard (of), to foul.
~ **por equivocación** to run foul of.

abozar *v.t.* to stopper.

abrazadera *f. (para sujetar ciñendo)* clasp, clamp, brace.
~ **del timón** rudder arm.

abrigado, a *p.p.* sheltered □ ~ **por** sheltered by.

abrigar *v.t.* to shelter || *v.r.* to take shelter.

abrigo *m. (protección)* shelter □ **al** ~ **de** under cover of.

abrir *v.t. (desatracar una embarcación menor)* to shove off □ **¡abre!** shove off! || *v.r. (separarse, alejarse)* to clear.
~**se de la costa** to clear the land.

acantilado, a *adj.* bluff || *m.* cliff.

acceso *m. (costa, puerto, etc.)* approache.

accidente *m.* accident, casualty.
~ **de trabajo** labour accident.
~ **nuclear** nuclear accident.

aceite *m.* oil.
~ **combustible** fuel oil, oil fuel.
~ **de colza** colza oil.
~ **de linaza** linseed oil.
~ **de pescado** fish oil.
~ **(diesel) pesado** heavy (diesel) oil.
~ **lubricante** lubricating oil.
~ **mineral** mineral oil.
~ **para calmar las olas** storm oil.
~ **vegetal** vegetable oil.

acero *m.* steel.

acimut *m.* azimuth.

aclarar *v.r. (el tiempo)* to clear up.

acollador *m.* lanyard.

acoplamiento *m.* coupling.
~ **de la mecha** rudder coupling.
~ **eléctrico** electric coupling.
~ **flexible** flexible coupling.

acorazado *m. (buque)* battleship.

acortar *v.t.* to shorten.
~ **el remolque** to shorten the towing hawser.
~ **la marcha** to slack(en) speed.
~ **la velocidad** to slack(en) speed.

acuñar *v.t.* to wedge.

achicador *m.* bailer, scoop, skeet.

achicar *v.t.* **1.** *(un bote con achicador)* to bale (out), to bail (out); **2.** *(un buque, tanque, sentina, etc. con bomba)* to pump (out).

adrizamiento *m.* righting.

adrizar *v.t.* y *v.r.* to right.

aduana *f.* **1.** *(organismo)* customs; **2.** *(edificio, oficina)* custom-house.

aduja *f.* fake.

adujar *v.t.* to fake.

aerofaro *m.* air lighthouse.

aeronave *f.* aircraft.

aferrar *v.t.* **1.** *(vela)* to furl, to take in; **2.** *(coger con bichero o gancho)* to hook || *v.i. (agarrar el ancla)* to bite, to grip, to hold.

aforrar *v.t. (un cabo)* to serve.

agarrar *v.i. (el ancla)* to bite, to grip, to hold.

agente *m.* **1.** *(persona)* agent, broker; **2.** *(cosa)* agent, medium.
~ **consular** consular agent.
~ **de fletamentos** chartering broker.
~ **de la compañía** company's agent.
~ **del fletador** charterer's agent.
~ **del Lloyd's** Lloyd's agent.
~ **de seguros** insurance agent [broker].
~ **de transportes** forwarding agent.
~ **extintor** extinguishing agent [medium].

agua *f.* water □ **a flor de ~** awash; **arriar al ~** to launch; **debajo del ~** under water; **echar al ~** to launch; **en ~ calma** at the dead in water condition; **entre dos ~s** water-logged; **hacer ~ 1.** *(recibirla por alguna grieta del fondo)* to leak, to make water; **2.** *(surtirse)* to take in water; **sobre el ~** above water.
~ **de alimentación** feed water.
~ **de lluvia** rain water.
~ **de mar** sea water.
~ **de sentinas** bilge water.
~ **destilada** distilled water.
~ **dulce** fresh water.
~ **filtrada** filtered water.
~ **mineral** mineral water.
~ **para calderas** boiler water.
~ **potable** drinking water.
~ **salobre** brackish water.
~**s jurisdiccionales** territorial waters.
~**s muertas** dead waters.
~**s neutrales** neutral waters.
~**s poco profundas** shallow water.
~**s profundas** deep water.
~**s territoriales** territorial waters.
~**s vivas** running waters.

aguacero *m.* rainfall, rain-storm, shower.

aguanieve *f.* sleet.

aguantar *v.t.* **1.** *(una amarra, la cadena del ancla, etc.)* to hold □ **¡aguanta!** hold on!; **2.** *(el mal tiempo)* to weather out; **3.** *(meter en contra el timón)* to meet □ **¡aguanta (la caída)!** meet her!; **¡aguántalo así!** *(para conservar una determinada proa)* keep her so!; **4.** *(la corriente, la marea)* to stem.
~ **la corriente** to stem the stream.
~ **la marea** to stem the tide.
~ **proa al viento con poca máquina** to heave to.

aguja *f.* **1.** *Nav.* compass, needle ; **2.** *Man.* needle.
~ **acimutal** azimuth compass.
~ **de cámara** cabin compass.
~ **de coser velas** sail needle.
~ **de líquido** liquid [spirit] compass.
~ **de líquido de oscilación amortiguada** dead-beat compass.
~ **de marcar** bearing compass.
~ **de oscilación amortiguada** dead-beat compass.
~ **de relingar** roping needle.

~ **de revés** hanging [telltale, overhead] compass.
~ **de velas** sail needle.
~ **imantada** magnetic needle.
~ **revirada** hanging [telltale, overhead] compass.
~ **seca** dry compass.

agujero *m.* hole.
~ **de desagüe** *(en fondo de embarcación, etc.)* plug-hole.
~ **del espiche** plug-hole.
~ **de hombre** manhole.

ahorcaperro *m.* running bowline.

aire *m.* air.
~ **comprimido** compressed air.
~ **puro** pure air.
~ **viciado** foul air.

aislamiento *m. (eléctrico, térmico)* insulation.

alabante *m.* fairlead, chock.

alambre *m.* wire.
~ **de ligada** seizing wire.

alargar *v.r. (el viento)* to veer aft.

alarma *f.* alarm □ **dar la** ~ to give the alarm, to alarm.

alba *m.* dawn, daybreak □ **al** ~ at daybreak.

alcance *m.* **1.** *(faro, radar, cañón, etc.)* range □ **dentro del** ~ within range; **fuera de** ~ out of range; **2.** *(grúa, pluma, etc.)* outreach.
~ **de las señales radio** radio signal range.
~ **de una grúa** outreach of a crane.
~ **geográfico** geographic range.
~ **luminoso** luminous range.

alcanzar *v.t. (a otro buque que va delante)* to overhaul, to overtake.

alcázar *m.* quarter deck.

alefriz *m.* rabbet.
~ **de la quilla** keel rabbet.
~ **de la roda** stem rabbet.

aleta *f.* 1. *(parte del costado)* quarter □ **por la** ~ **de babor** on the port quarter; **2.** *(pez, estabilizador)* fin.
~ **de estribor** starboard quarter.

alfabeto *m.:*
~ **Morse** Morse code.

alidada *f.* **1.** *(teodolito)* alidade; **2.** *(sextante)* index arm [bar] ; **3.** *(compás)* azimuth circle.
~ **de reflexión** azimuth prism [mirror].

alijar *v.t.* **1.** *(aligerar de peso, desembarcar la carga)* to lighten; **2.** *(contrabando)* to smuggle.

alijo *m.* **1.** *(acción de aligerar o desembarcar la carga)* lighterage; **2.** *(mercancías desembarcadas)* lightening; **3.** *(mercancías de contrabando)* smuggled goods.

alimentación *f. (máquina, electricidad, etc.)* feed(ing).
~ **de caldera(s)** boiler feed(ing).

alimentador *m. (en todas sus acepciones)* feeder.

alimentar *v.t.* to feed.

alisios *m.pl.* trade winds, trades.
~ **del nordeste** north-easterly trade winds.
~ **del sudeste** south-easterly trade winds.

aljibe *m.* **1.** *(buque)* water boat [barge]; **2.** *(tanque de agua)* water tank.

alma *f.* **1.** *(de perfil laminado)* web; **2.** *(de un cabo)* core, heart.

almacén *m.* warehouse, store(house).
~ **frigorífico** cold store.

almacenaje *m.* **1.** *(acción y efecto de almacenar)* storage, warehousing; **2.** *(derechos pagados por almacenar)* warehouse rent.

almacenamiento *m.* warehousing, storage.

almadrada *f.* tunny-fishery.

almanaque *m.:*
~ **náutico** nautical almanac.

almicantarada o **almicantarat** *m.* almucantar, almacantar, parallel of altitude.

almirante *m.* admiral.

alojamiento *m.* **1.** *(para personas)* accommodation, living quarter, space; **2.** *(piezas, máquinas, etc.)* housing, enclosure.
~ **de la tripulación** crew quarters [space, accommodation].

~**s de oficiales** officer's quarters [accommodation].
~**s de pasaje** passengers' quarters [accommodation, space].

alquitrán *m.* tar, liquid pitch.

alquitranado, a *adj.* tarred || *m.* **1.** *(acción y efecto de alquitranar)* tarring, paying; **2.** *(lienzo impregnado en alquitrán)* tarpaulin, tarred cloth.

alquitranar *v.t.* to tar, to pitch, to pay.

altavoz *m.* loudspeaker.

alternador *m. Elect.* alternator, alternating current generator.

altura *f.* **1.** height; **2.** *Astr.* altitude; **3.** □ **a la ~ de 1.** *(al través de)* abreast of; **2.** *(en las proximidades de)* off.
~ **aparente** apparent altitude.
~ **barométrica** height of the barometer.
~ **de la bajamar** height of low water.
~ **del agua** height of water.
~ **de la pleamar** height of high water.
~ **de la sección transversal** height [depth] of transverse section.
~ **de los palos** height of masts.
~ **de varenga** depth of floor.
~ **meridiana** meridian altitude.
~ **metacéntrica** metacentric height.
~ **observada** observed altitude.
~ **sobre el casco** height above the hull.
~ **sobre el nivel del mar** height above sea level.
~ **verdadera** true altitude.

alunamiento *m.* roach.

amadrinar *v.t.* *(dos cabos)* to marry.

amainar *v.i.* *(el viento)* to abate, to drop, to fall □ **el viento amaina** the wind abates.

amanecer *m.* dawn, daybreak □ **al ~** at daybreak; **antes del ~** before daylight.

amantillo *m.* **1.** *(vergas, botavaras, etc.)* (topping) lift; **2.** *(plumas)* topping lift, derrick span.

amaraje *m.* landing (on the sea).
~ **forzoso** forced landing (on the sea).

amarar *v.i.* to land (upon the sea), to alight (upon the sea).

amarra *f.* **1.** *(para trincar un objeto)* lashing; **2.** *(para asegurar el buque)* mooring line [rope, hawser], mooring, fast □ **largar ~s** to cast off [let go] moorings; **probar sobre ~s** to run [carry out] trials at moorings; **romper ~s (y quedar al garete)** to break adrift.
~ **a tierra** shore fast.
~ **de la aleta** quarter line [rope, fast].
~ **de popa** stern line [rope, fast].
~ **de proa** head line [rope, fast].
~ **de través** breast line [rope, fast].
~ **fija** *(cuerpo muerto)* mooring buoy, permanent mooring; (EE.UU.) anchorage buoy.

amarraje *m.* **1.** *(acción de amarrar)* mooring; **2.** *(derechos de amarre)* moorage.

amarrar *v.t.* **1.** *(buque)* to moor, to secure, to make fast; **2.** *(objeto)* to lash, to attach, to fasten; **3.** *(cabo)* to belay, to make fast.
~ **a una boya** to moor [secure, make fast] to a buoy.
~ **de proa y popa** *(entre dos boyas o entre un ancla a proa y una boya a popa)* to moor fore and aft.

amollar *v.t.* to slacken, to slack off [away].

ampliación *f.*:
~ **de protesta** *Der. mar.* extend of protest.

amplitud *f.* amplitude, range.
~ **de la marea** tidal amplitude [range], amplitude [range] of tide.

amura *f.* **1.** *(parte del costado)* bow □ **por la ~ de babor** on the port bow; **por la ~ de estribor** on the starboard bow; **2.** *(de una vela)* tack.
~ **de babor** port bow.
~ **de estribor** starboard bow.

amurada *f.* bulwark.
~ **alta** full bulwark.

ancla *f.* anchor □ **estar al ~** to ride [lie] at anchor; **fondear el ~** to anchor, to let go (the) anchor, to drop (the) anchor; **levar el ~** to heave [weigh] anchor; **perder un ~** to lose an anchor; **tender un ~** to lay out an anchor.
~ **de amura** bower anchor.
~ **de babor** port anchor.
~ **de barlovento** weather anchor.
~ **de bote** boat's anchor.
~ **de codera** stream anchor.
~ **de cuerpo muerto** mooring anchor.
~ **de esperanza** sheet anchor.
~ **de estribor** starboard anchor.
~ **de fuera** off-shore anchor.

~ **de hongo** mushroom [mud] anchor.
~ **de la mar** off-shore anchor.
~ **de leva** bower anchor.
~ **de patente** patent anchor.
~ **de popa** stern anchor.
~ **de respeto** spare anchor.
~ **de servicio** bower anchor.
~ **flotante** sea [floating, drag, drift] anchor, drogue.
~ **sin cepo** stockless anchor.

anclote *m.* kedge (anchor).
~ **de [para] engalgar** back anchor.

anchura *f.* width, breadth.
~ **de banda** *Rad.* band width.

andarivel *m.* *(cabo de seguridad)* lifeline.
~ **de salvamento** breeches buoy.

anemógrafo *m.* anemograph.

anemómetro *m.* anemometer.

angaria *f.* angary.

angular *m.* *Const. nav.* angle bar, angle (iron), L-iron.
~ **con bulbo [nervio]** bulb angle [bar], bulb angle bar [iron], bulb L-iron.
~ **de alas iguales** equal angle, equal-angle [-leg, -flange] bar.
~ **de contorno** boundary angle, boundary (angle) bar, bounding (angle) bar.
~ **de fondo de varenga** frame (angle) bar.
~ **de trancanil** stringer angle [bar], stringer angle bar.
~ **interior del trancanil** gutter [waterway] bar.
~ **invertido** inverted angle, reversed angle [bar].

ángulo *m.* *Geom.* angle.
~ **agudo** acute angle.
~ **crítico de estabilidad** upsetting angle.
~ **de balance** rolling angle.
~ **de certidumbre** danger angle.
~ **de deriva** drift angle.
~ **de escora** angle of list [heel].
~ **de incidencia** angle of incidence.
~ **de inclinación magnética** angle of dip.
~ **de lanzamiento de roda** angle of stem rake.
~ **de lanzamiento de codaste** angle of stern rake.
~ **del timón con la quilla** angle of rudder with keel.
~ **de seguridad** danger angle.
~ **en el polo** polar angle.
~ **obtuso** obtuse angle.
~ **recto** right angle.

anillo *m.* ring.
~**s de distancia** *(radar)* range rings.

anomalía *f.* *(irregularidad)* anomaly.
~ **magnética** anomaly.

anotación *f.* entry, note.
~ **en el diario de navegación** entry in (ship's) log-book.

anotador *m.* *(de la carga)* tallyman, tally clerk.

antártico, a *adj.* antartic.

antena *f.* **1.** *Const. nav.* lateen yard; **2.** *Rad.* aerial, antenna.
~ **artificial** artificial aerial [antenna], dummy antenna.
~ **de sentido** sense aerial [antenna].
~ **de radar** (radar) scanner, radar scanner [scanning] aerial, radar aerial [antenna], scanner [scanning] aerial, radar scanner [scanning] antenna, scanner [scanning] antenna.
~ **ficticia** artificial aerial [antenna], dummy antenna.

antepuerto *m.* outer port.

anticiclón *m.* anticyclone, high pressure.

anuario *m.:*
~ **de mareas** tide tables.

anzuelo *m.* fish-hook.

aparato *m.* apparatus, appliance, machine, device, gear.
~ **auxiliar de gobierno** auxiliary [emergency] steering gear.
~ **de calentamiento de agua de alimentación** feedwater heating apparatus.
~ **de cambio de marcha** reversing gear.
~ **de gobierno** steering gear [machinery].
~ **de gobierno a mano** hand steering gear.
~ **de manipulación automática** *Rad.* automatic keying device.
~ **de radio** radio apparatus.
~ **de radio portátil** portable radio apparatus.
~ **de sonda acústica** echo-sounding apparatus [machine].

~ **detector de incendios** fire detecting device.
~ **flotante** buoyant apparatus.
~ **lanzacabos** line throwing appliance [apparatus], line thrower.
~ **motor** propelling machinery [plant], propulsion apparatus [plant, equipment].
~ **respiratorio** breathing [respiratory] apparatus.
~**s auxiliares** auxiliary machinery.
~**s de calefacción** heating apparatus [appliances].
~**s de tiro forzado para calderas** apparatus for forced draft to boilers.
~**s de ventilación** ventilating plant.
~**s salvavidas** life saving appliances [equipment].

aparejar *v.t.* to rig.

aparejo *m.* **1.** *(conjunto de arboladura, velamen y jarcias)* rig; **2.** *(instrumentos necesarios para una maniobra)* gear; **3.** *(conjunto de motones o cuadernales)* tackle, purchase.
~ **de cruz** square rig.
~ **de cuchillo** fore and aft rig.
~ **de gata** cat tackle [purchase].
~ **de la maniobra de carga y descarga** cargo gear.
~ **de pesca** fishing tackle.
~ **de remolque** towing gear.
~ **latino** lateen rig.
~ **para izar** lifting gear.
~ **redondo** square rig.
~**s y pertrechos del buque** ship's equipment.

apartado, a *adj.* out of the way □ **mantenerse ~ de la derrota** to keep out of the way.

apóstol *m.* knighthead.

apresamiento *m.* capture, seizure.

apresar *v.t.* to capture, to seize.

aproar *v.i.* **1.** *(aumentar el calado de proa)* to trim by the head; **2.** *(arrumbar)* to head; **3.** *(girar la proa al viento, corriente, etc.)* to bring up.
~ **al viento** to head to wind.

apuntador *m.* *(de la carga)* tallyman, tally clerk.

apuntalamiento *m.* shoring.

apuntalar *v.t.* to shore (up).

apunte *m.* *(de la carga)* tally.

arbitraje *m.* arbitration.

arboladura *f.* masting.

arbolar *v.t.* **1.** *(palos)* to mast, to step; **2.** *(plumas, puntales)* to top; **3.** *(banderas)* to fly, to hoist.
~ **la bandera nacional** to fly [hoist] the colours.

arbotante *m.* strut, bracket.
~ **de eje** propeller shaft bracket [strut].

arcada *f.* *(para cargamento de granos)* **1.** *(fija)* grain bulkhead; **2.** *(desmontable)* (bulk) shifting board, portable grain bulkhead.

arcilla *f.* clay.

archipiélago *m.* archipelago.

ardiente *adj.* *(buque)* griping.

arena *f.* sand.
~**s movedizas** quicksand.

arenoso, a *adj.* sandy.

arenquera *f.* herring net.

arfada *f.* tipping.

arganeo *m.* anchor ring.

armada *f.* navy.

armador *m.* owner.
~ **gerente** managing owner.
~ **propietario** shipowner.

armamento *m.* **1.** *(acción de alistar un buque)* fitting out; **2.** *(conjunto de efectos de un buque)* fittings, equipment; **3.** *(el total de armas de un buque)* armament.

armar *v.t.* **1.** *(alistar buques)* to fit out; **2.** *(montar una máquina)* to assemble; **3.** *(proveer de armas)* to arm.

armario *m.* locker.
~ **de banderas** flag locker [chest], signal chest.
~ **de cartas** chart locker [chest, case].
~ **de medicamentos** medicine locker.

armazón *f.* frame(work).
~ **del timón** rudder frame.

aro *m.*:
~ **salvavidas** (ring) lifebuoy.

arpón *m.* harpoon.

arqueador *m.* (ship) gauger, (ship) gager, measuring officer, measurer.

arquear *v.t. (medir la cabida de un buque)* to measure for tonnage, to ga(u)ger.

arqueo *m.* **1.** *(cabida de un buque)* tonnage; **2.** *(acción de medir la cabida)* tonnage measurement.
~ **bruto** gross tonnage.
~ **neto** net tonnage.
~ **total** gross tonnage.

arraigadas *f. pl. (masteleros)* futtock shrouds.

arrancada *f. (viada)* (sea)way □ **coger** ~ to gather [fetch, get] way; **llevar** ~ to make way; **parar [quitar] la** ~ to check [deaden, stop] the way; **tener** ~ to make way; **tomar** ~ to gather [fetch, get] way.
~ **atrás** sternway.
~ **avante** headway.
~ **para gobernar** steerage way.

arrebatado, a *p.p.:*
~ **(de a bordo) por la mar** washed overboard.

arrecife *m.* reef.
~ **de coral** coral reef.

arriar *v.t.* **1.** *(aflojar un cabo, cable o cadena)* to pay out [away], to veer, to veer away [out], to slack away [out], to slacken, to ease; **2.** *(soltar o largar)* to cast off, to let go; **3.** *(bajar velas, vergas, etc.)* to lower, to haul down, to strike, to dowse, to douse; **4.** *(bajar banderas)* to lower, to strike, to haul down.
~ **en banda** to let go amain [by the run].
~ **las banderas** to haul down flags.
~ **por el chicote** *(cabo, cable o cadena)* to slip.
~ **redondo** to ease [lower] with a round turn.
~ **sobre vuelta** to ease [lower] with a round turn.
~ **un bote** to lower a boat.

arribar *v.i.* **1.** *(llegar al destino)* to arrive; **2.** *(entrar en puerto de refugio)* to put into port, to put in; **3.** *(girar a sotavento)* to fall off, to bear away.

arrizar *v.t. (tomar rizos)* to reef.

arrufo *m.* **1.** sheer; **2.** *(deformación)* sag(ing).
~ **de la cubierta** deck sheer.
~ **de regala** sheer of gunwale.

arrumbar *v.t. (trazar el rumbo)* to shape the course || *v.i. (aproarse a un determinado rumbo)* to take course, to head.
~**(se) a** to head for, to proceed to.

arsenal *m. Mar. g.* naval [Navy] yard, naval [Navy] dockyard, dockyard.

arte *m.* y *f.:*
~ **de pesca** fishing gear.

artefacto *m.* apparatus.
~ **flotante** buoyant apparatus.

as *m.:*
~ **de guía** bowline.
~ **de guía para lazo** running bowline.
~ **de guía por seno** bowline on the bight, double [French] bowline.

asegurado, a *adj.* **1.** *Der. mar.* insured; **2.** *(hecho firme)* secured, made fast [secure], fastened || *m. Der. mar.* insured.

asegurador *m. Der. mar.* underwriter.

asegurar *v.t.* **1.** *Der. mar. (acción que realiza el asegurado)* to insure; **2.** *(acción que realiza el asegurador)* to underwrite; **3.** *Man. (hacer firme)* to secure, to make fast [secure], to fasten.

asentamiento *m. (carga de cereales)* settling.

asiento *m.* **1.** *(para personas)* seat; **2.** *(diferencia de calados)* trim; **3.** *(anotación)* entry □ **hacer un** ~ to make an entry; **4.** *(base de calderas, máquinas, etc.)* seating.
~ **de salvamento** rescue seat.

asistencia *f.* assistance.
~ **médica** medical assistance.

aspiración *f.* suction.
~ **de sentina** bilge suction.
~ **lateral** wing suction.

asta *f.* **1.** *(de bandera)* (flag)staff, flag-staff, flagpole □ **a media** ~ at half mast, half-mast high, half-masted; **izar [poner] a media** ~ to half-mast; **2.** *(de ancla)* shank.
~ **del pabellón** poop [ensign] staff.
~ **de torrotito** jack-staff, jackstaff.

astillero *m.* (ship)yard.
~ **de reparaciones** repair yard.

atención *f.* attention □ **atraer la** ~ to attract the attention.

atmósfera *f.* atmosphere.

atmosféricos *m. pl. Rad.* atmospherics.

atracada *f.* **1.** *(a tierra)* berthing, docking; **2.** *(a otro buque)* boarding.

atracar *v.t.* y *v.i.* *(a tierra)* to berth (alongside), to dock, to haul [come, go] alongside; **2.** *(a otro buque)* to board.
~ **al costado de un buque** to go [come] alongside a ship, to board a vessel.

atrás *adv.* astern □ **ir** ~ to go astern, to back; **¡~ media!** half (speed) astern!; **¡~ muy poca!** dead slow astern!; **¡~ poca!** slow astern!; **¡~ toda!** full (speed) astern!

atunero *m.* *(buque)* tunny boat.

autoalarma *m. Rad.* auto-alarm.

autonomía *f.* cruising [operating, steaming] range.

autoridad *f.* authority.
~ **competente** competent authority.
~**es civiles** civil authorities.
~**es de Aduanas** Customs authorities.
~**es del puerto** harbour [port] authorities.
~**es de Sanidad** health [sanitary] authorities.
~**es judiciales** judicial authorities.
~**es locales** local authorities.
~**es militares** military authorities.
~**es navales** naval authorities.

auxiliar *adj.* y *s.* auxiliary || *v.t.* to assist.
~**es (de la cámara) de máquinas** engine-room auxiliaries.

auxilio *m.* assistance, help □ **necesitar** ~ to require assistance; **pedir** ~ to call for assistance; **prestar** ~ to give [render] assistance.
~ **inmediato** immediate assistance.

avante *adv.* ahead □ **ir** ~ to go ahead; **tomar por** ~ to broach to; **¡~ media!** half (speed) ahead!; **¡~ muy poca!** dead slow ahead!; **¡~ poca!** slow ahead!; **¡~ toda!** full (speed) ahead!

avería *f.* **1.** damage □ **sin** ~ without damage; **2.** *Máq.* breakdown; **3.** *Der. mar.* average.
~ **causada por el agua** damage by water.
~ **causada por incendio** damage by fire.
~ **común** *Der. mar.* general average.
~ **debajo de la línea de flotación** damage below water.
~**de máquinas** damage to engines, engines damage [breakdown].
~**encima de la línea de flotación** damage above water.
~**en el buque** damage to vessel.
~**en el cargamento** damage to cargo.
~**en el casco** damage to hull.
~**en el timón** damage to rudder.
~**en la hélice** damage to propeller.
~**en la radio** damage to radio.
~**en las calderas** damage to boilers.
~**en los fondos** bottom damage.
~**grave** serious damage.
~**gruesa** *Der. mar.* general average.
~**importante** considerable damage.
~**irreparable** irreparable damage.
~**ligera** slight damage.
~**particular** *Der. mar.* particular average.
~ **producida por el agua** damage by water.
~**producida por incendio** damage by fire.
~**s causadas por abordaje** collision damage.
~**s causadas por el mal tiempo** damage by heavy weather, heavy weather damage.
~ **simple** *Der. mar.* particular average.
~**s producidas por abordaje** collision damage.
~**s producidas por el mal tiempo** damage by heavy weather, heavy weather damage.

averiado, a p.p. damaged, disabled.

averiar *v.t.* to damage || ~**se** *v.r.* to suffer damage.

avión *m.* aeroplane.

avisador *m.:*
~ **de incendios** fire alarm.

aviso *m.* **1.** *(buque)* advice boat; **2.** *(noticia)* notice; **3.** *(advertencia)* warning.
~ **a los navegantes** notice to mariners.
~ **de abandono** notice of abandonment.
~ **de temporal** gale warning.
~ **urgente a los navegantes** navigation warning.

avistar *v.t.* to sight.
~ **la tierra** to sight the land.

avituallamiento *m.* victualling.

avituallar *v.t.* to victual.

ayuda *f.* aid, assistance, help.
~**s a la navegación** aids to navigation.
~**s radioeléctricas** radio aids.

ayudante *m.* assistant, mate.
~ **de cocina** cook's shifter [mate].

ayustar *v.t.* to splice.

ayuste *m.* splice.

azafrán *m.* *(timón)* blade.
~ **del timón** rudder blade, after piece (of the rudder).

azimut *m.* V. **acimut.**

azocar *v.t.* to tighten.

azotar *v.t.* *(viento o mar)* to batter.

B

babor *m.* port; *(ant.)* larboard □ ~ **al muelle** port side to.

bacaladero *m. (embarcación de Terranova)* banker.

bacalao *m. (resguardo de lona)* dodger.

bahía *f.* bay.

bajada *f.* **1.** *(por río, etc.)* descent; **2.** *(marea)* fall(ing); **3.** *(antena)* lead-in; **4.** *(barómetro, termómetro)* drop, falling.
~ **barométrica** barometer falling, falling of the barometer.
~ **de antena** aerial [antenna] lead-in.
~ **de la temperatura** temperature drop [fall].

bajamar *f.* low tide [water].

bajar *v.t.* to lower, to let down ‖ *v.i.* **1.** to descend, to go [come] down; **2.** *(marea)* to ebb, to fall; **3.** *(barómetro)* to fall, to drop; **4.** *(por un río o canal)* to go [drop] down.

bajo *m. Hidr.* shoal, shallow.
~ **de piedra** reef.

bala *f. (fardo)* bale.

balance *m.* roll □ **dar** ~**s** to roll.

balancear *v.i.* to roll.

balanceo *m.* rolling.

balde *m.* bucket, pail.
~ **contraincendios** fire bucket.
~ **de cenizas** ash bucket.
~ **de lona** canvas bucket.

baldear *v.t.* to wash (down).
~ **la cubierta** to wash the deck.

baliza *f.* beacon.
~ **fija** fixed beacon.
~ **flotante** floating beacon.
~ **luminosa** light(ed) beacon.
~ **radar** radar (reflector) beacon.

balizamiento *m.* beaconing, buoying, buoyage.

balizar *v.t.* **1.** *(con balizas)* to beacon; **2.** *(con boyas)* to buoy (out).

balsa *f.* raft, float.
~ **neumática de salvamento de inflado automático** self-inflating life raft.
~ **salvavidas** life raft.
~ **salvavidas inflable** inflatable life raft.

balso *m.:*
~ **por seno** bowline on the bight, double [French] bowline.

baluma *f. (de una vela)* (after) leech.

ballena *f.* whale.

ballenero, a *m.* **1.** *(buque)* whale catcher, whaling ship [vessel], whaler; **2.** *(persona)* whaleman, whaler ‖ *f. (lancha)* whale boat, whaler.

ballestrinque *m.* clove hitch.

bancada *f.* **1.** *(banco remero)* (rowing) thwart; **2.** *(base de motor)* bed [base, foundation, sole] plate.
~ **lateral** *(en los botes)* side seat [bench].

banco *m.* **1.** *(arena, niebla, etc.)* bank; **2.** *(taller)* bench; **3.** *(peces)* shoal, school; **4.** *(asiento)* bench.
~ **de arena** sand bank.
~ **de niebla** fog bank.

~ **de peces** school [shoal] of fish.
~ **de pruebas** test bench.

banda *f.* **1.** *(costado del buque)* side □ **dar a la** ~ *(escorar adrede)* to heave down; **2.** *(interior del buque)* wing; **3.** *Rad.* band.
~ **de babor** port side.
~ **de barlovento** weather side.
~ **de estribor** starboard side.
~ **de frecuencia** frequency band.
~ **de sotavento** lee side.

bandazo *m.* lurch.

bandera *f.* flag □ **arbolar la** ~ **nacional** to fly the colours; **arriar la** ~ to haul down the flag; **izar la** ~ to hoist the flag; **mostrar la** ~ to show the flag; **rendir la** ~ to strike the flag.
~ **alfabética** alphabetical flag.
~ **cuadra** square flag.
~ **de conveniencia** flag of convenience.
~ **de correo** *(buques)* mail flag.
~ **de cortesía** courtesy ensign [flag].
~ **de cuarentena** quarantine flag, yellow jack.
~ **de Hacienda** Customs flag.
~ **de la Casa Naviera [del Armador]** house flag, burgee.
~ **del código** code flag.
~ **de mano** hand flag.
~ **de práctico** pilot flag.
~ **de salida** Blue Peter.
~ **de señales** signalling flag.
~ **nacional** national flag, ensign, colours.
~ **repetidora** substitute flag.

bao *m.* beam.
~ **de cubierta** deck beam.
~ **de escotilla** hatch(way) beam.
~ **del extremo de escotilla** hatch-end beam.
~ **maestro** main [midship] beam.
medio ~ half [short] beam.

barajar *v.t. (la costa)* to hug.
~ **la costa** to hug the coast [shore, land], to skirt along the coast.

barandilla *f.* rail(ing), open rail(ing), rails and stanchions.

baratería *f.* barraty.

barbeta *f.* racking, rackline.

barbotín *m.* cable-holder [-lifter], wildcat, chain-grab.

barca *f. (velero de tres palos)* barque, bark.
~ **goleta** barquentine.

barcaza *f.* barge, lighter.
~ **carbonera** coal lighter.
~ **sin propulsión** dumb [non-propelled] barge.

barco *m.* vessel, ship □ **por** ~ by ship [boat].
~ **puerta** (floating) caisson.

barloventear *v.i.* to beat, to beat about [up], to ply, to work [lie] to windward.

barlovento *m.* windward □ **estar a** ~ to be to windward.

barniz *m.* varnish.

barógrafo *m.* barograph.

barómetro *m.* barometer.

barquero *m.* boatman.

barra *f.* **1.** *Ocean.* bar □ **cruzar [pasar, tomar] la** ~ to cross [go over] the bar; **2.** *(de metal)* rod, bar; **3.** *(del timón)* tiller.
~ **de cierre 1.** *(porta)* port bar, strongback; **2.** *(escotilla)* (hatch) batten, hatch (locking) bar.
~ **de conexión** *Máq.* connecting rod.
~ **del cabrestante** capstan bar.
~ **del timón** tiller.
~ **exterior** *Ocean.* outer bar.
~ **peligrosa** *Ocean.* dangerous bar.

barreduras *f. pl.* sweepings.

barrera *f.* barrier.
~ **de arrecifes** barrier-reef.
~ **de hielo** ice-barrier.

barrica *f.* cask.

barrido *p.p.:*
~ **(de a bordo) por la mar** washed overboard.

barril *m.* **1.** *(medida de capacidad)* barrel; **2.** *(recipiente de madera)* barrel, (water-)cask.
~ **de agua para bote** breaker, boat keg.

base *f.:*
~ **naval** naval base.

batea *f. (embarcación)* punt.

batería *f. Elect.* battery.
~ **de acumuladores** storage [accumulator] battery.

batintín *m.* gong.

bauprés *m.* bowsprit.

bayoneta *f. Const. nav.* step.

bengala *f.* flare.
~ **de mano** hand flare.
~ **de mano que proporciona una luz roja** hand flare showing a red light.

bergantín *m.* brig.
~ **goleta** brigantine.
~ **redondo** brig.

beta *f.* **1.** *(en general)* line, rope; **2.** *(tira de aparejo)* fall.

bichero *m.* boat hook.

bidón *m.* drum.

bisagra *f.* hinge.

bita *f.* bitt □ **tomar vuelta sobre la ~** to bitt.
~ **de amarre** mooring bitt.
~ **de remolque** towing bitt, niggerhead.

bitácora *f.* binnacle, compass stand.

bitadura *f.* **1.** *(vuelta sobre la bita)* bit(ter); **2.** *(porción de cable desde la bita a la entalingadura)* range (of chain).

bitar *v.t.* to bitt.

blanco *m.* *(objetivo de tiro)* target.

blindaje *m. Arq. nav.* armour(-plating).

blindar *v.t.* to armour.

bloqueado, a *p.p.:*
~ **por los hielos** ice-bound.
~ **por minas** blocked by mines.

bloquear *v.t.* to blockade.

bloqueo *m.* blockade.

boca *f.* *(río, canal)* mouth.
~ **de cangrejo** jaw, throat.
~ **de entrada** inlet.
~ **de escotilla** hatch opening, hatchway.
~ **de incendios** (fire-)hydrant.
~ **de rociador** sprinkler head.
~ **de salida** outlet.

bocina *f.* **1.** *(del eje de cola)* shaft [stern] tube; **2.** *Señ.* horn; **3.** *(para hablar)* speaking trumpet, megaphone.
~ **de caja de cadena** chain pipe.
~ **de escobén** hawse pipe.
~ **de limera** rudder case [trunk, well, tube].
~ **de niebla** foghorn.

bocoy *m.* hogshead.

bodega *f.* hold.
~ **baja** lower hold.
~ **central** midship hold.
~ **de carbón** coal hold.
~ **de popa** after hold.
~ **de proa** fore hold.
~ **frigorífica** refrigerating hold.
~ **principal** main hold.
~ **vacía** empty [clear] hold.

bodeguero *m.* holdman.

boga *f.* *(acción de bogar)* pull, row(ing) || *m.* *(el que boga)* oarsman, rower.
~ **en punta** single-banked rowing.

bogador *m.* oarsman, rower.

bogar *v.i.* to row, to oar, to pull (oars).

bola *f.* ball.
~ **de fondeo** anchor ball.
~ **de señales** signal ball.

bolardo *m.* bollard.

bolina *f.* **1.** *(sondaleza)* sounding line; **2.** *(cabo de vela)* bowline □ **ir [navegar] de ~** to sail close-hauled [by the wind, (up)on the wind].

bolinear *v.i.* to sail close-hauled [by the wind, (up)on the wind].

bolinero *adj.* *(buque)* plyer.

bomba *f.* **1.** *Máq.* pump; **2.** *Arm.* bomb.
~ **accionada por una fuente de energía** power pump.
~ **alternativa** reciprocating pump.
~ **aspirante** suction pump.
~ **aspirante-impelente** lift and force pump.
~ **centrífuga** centrifugal pump.
~ **de agua** water pump.
~ **de alimentación** feed pump.
~ **de aire** air pump.
~ **de aire de relleno** topping-up pump.
~ **de barrido** scavenge pump.
~ **de carga** cargo pump.
~ **de circulación** circulating pump.
~ **de circulación principal** main circulating pump.
~ **de combustible** oil fuel pump.
~ **de contraincendios** fire(-extinguishing) pump.
~ **de emergencia** emergency pump.
~ **de engrase** lubricating pump.
~ **de inyección de combustible** fuel oil (injection) pump.

~ **de lastre** ballast pump.
~ **de mano** manual [hand] pump.
~ **de petróleo** fuel oil pump.
~ **de secado** stripping [stripper] pump.
~ **de sentina** bilge pump.
~ **de sentina de emergencia** emergency bilge pump.
~ **de servicio general** general service pump.
~ **de servicio sanitario** sanitary pump.
~ **de vapor** steam pump.
~ **hidráulica** hydraulic pump.
~ **portátil** portable pump.
~ **principal** main pump.
~ **rotativa** rotary pump.
~ **sanitaria** sanitary pump.

bombear *v.t.* to pump.

bombeo *m.* pumping.

bombero *m.* **1.** *(el que extingue incendios)* fireman; **2.** *Máq. (el que trabaja con bombas)* pumpman, pumper.

boquilla *f. (de manguera)* (hose) nozzle.
~ **contraincendios** fire (hose) nozzle.
~ **de chorro** solid stream (hose) nozzle, plain nozzle.
~ **pulverizadora** fog [spray] nozzle; spraying nozzle, fog [water] spray nozzle.

bora *f. Meteor.* bora.

borda *f.* gunwale, gunnel □ **por la ~** overboard.

bordada *f.* board, tack, stretch, leg □ **dar ~s** to tack, to go tack and tack.

bordo *m.* **1.** *(costado del buque)* board, side □ **a ~** aboard, on board; **2.** *Man. (bordada)* board, tack, stretch, leg.

bornear *v.i. Man.* to swing (round).

borneo *m. Man.* swing(ing).

borrasca *f. (fuerza 11 en la escala de Beaufort)* storm.

botadura *f.* launch(ing).
~ **de costado** side launching.
~ **de popa** end launching.

botalón *m.* boom.
~ **de ala** studding sail boom.
~ **de foque** jib-boom.

botar *v.t. (al agua)* to launch.

botavara *f.* spanker [gaff-sail] boom, boom.

bote *m.* boat □ **arriar un ~** to lower a boat; **izar un ~** to haist a boat; **meter un ~ a bordo** to hoist a boat in.
~ **abierto** open boat.
~ **autoadrizante** self-righting boat.
~ **cerrado** decked boat.
~ **de construcción a tope** carvel-built boat.
~ **de emergencia** emergency [accident] boat.
~ **de la policía** police boat.
~ **del práctico** pilot boat.
~ **de motor** motor boat.
~ **de pesca** fishing boat.
~ **de remos** row(ing) boat.
~ **de Sanidad del puerto** port doctor's boat.
~ **de servicio** work boat.
~ **de tingladillo** clinker [clincher]-built boat.
~ **de vela** sail(ing) boat.
~ **inzozobrable** self-righting boat.
~ **neumático** rubber boat.
~ **plegable** collapsible boat.
~ **salvavidas** lifeboat.
~ **salvavidas de motor** motor lifeboat.
~ **sin cubierta** open boat.

botero *m.* boatman.

bou *m.* trawler.

bovedilla *f.* counter.

boya *f.* buoy.
~ **ajedrezada** chequered buoy.
~ **baliza** beacon buoy; (EE.UU.) mark(er) buoy.
~ **ciega** unlighted buoy.
~ **cilíndrica** cylindrical [can] buoy.
~ **con fajas** striped buoy.
~ **cónica** conical buoy.
~ **con listas** striped buoy.
~ **con marca de tope** topmark [staff] buoy.
~ **de amarre** mooring buoy; (EE.UU.) anchorage buoy.
~ **de ancla** cable [anchor] buoy.
~ **de arte de pesca** fishing net buoy.
~ **de babor** port hand buoy.
~ **de barril(ete)** barrel buoy; (EE.UU.) cask buoy.
~ **de cable telegráfico** telegraph buoy.
~ **de campana** bell buoy.
~ **de columna** pillar buoy.
~ **de cuerpo muerto** mooring buoy;

(EE.UU.) anchorage buoy.
~ **de estribor** starboard hand buoy.
~ **de la barra** bar buoy.
~ **de la canal** fairway buoy.
~ **de la entrada** entrance buoy.
~ **de marca** *(de regatas, etc.)* mark buoy.
~ **de naufragio** wreck buoy.
~ **de orinque** cable [anchor] buoy.
~ **de silbato** whistle [whistling] buoy.
~ **de virada** turning buoy.
~ **(en forma) de percha** spar buoy.
~ **esférica** spherical buoy.
~ **luminosa** light buoy.
~ **pintada a cuadros** chequered buoy.

boyarín *m.:*
~ **del ancla** anchor buoy.

boza *f.* **1.** *(para sujetar a un cabo de maniobra)* stopper; **2.** *(amarra de embarcación menor)* painter.
~ **de cadena** chain [claw] stopper.
~ **de la cadena (del ancla)** devil's claw.

bracear *v.t. (vergas)* to brace.
~ **a ceñir** to brace aback.

braga *f.* V. **eslinga.**

braza *f.* **1.** *(medida de longitud)* fathom; **2.** *(vergas)* brace.

brazo *m.* arm.
~ **adrizante** righting arm [lever].
~ **de ancla** anchor arm.
~ **de mar** arm of (the) sea, sea arm.
~ **de palanca** lever arm.

brazola *f.* coaming.
~ **de cubierta rasa** flush coaming.
~ **de escotilla** hatch coaming.
~ **lateral** side coaming.
~ **longitudinal** side coaming.
~ **transversal** headledge, end [thwartship] coaming.

bricbarca *f.* barque, bark.

brisa *f.* breeze.
~ **marina** sea breeze.

broma *f. Zool.* marine borer, shipworm.

bruma *f.* haze.

brumoso, a *adj.* hazy, foggy.

brusca *f. (arco)* round.
~ **del bao** round of beam, camber.

buceador *m.* skin-diver, frogman.

bucear *v.i.* to dive.

bulárcama *f. (buques metálicos)* web frame.

buque *m.* vessel, ship □ **último ~ del remolque** last vessel of the tow.
~ **abordado** colliding ship [vessel].
~ **a la vela** ship [vessel] under sail.
~ **alcanzado** ship [vessel] to be overtaken.
~ **aljibe** water boat [barge].
~ **asfaltero** asphalt tanker [carrier].
~ **a turbina de gas** gas turbine ship [vessel].
~ **a turbina de vapor** steam turbine ship [vessel], turbine steamer.
~ **averiado** disabled ship [vessel].
~ **ballenero** whale catcher (ship), whaling ship [vessel], whaler.
~ **butanero** gas carrier [tanker, ship].
~ **cablero** cable ship [vessel].
~ **carbonero** coal-ship, collier, coaler.
~ **cisterna** tanker, tank ship [vessel].
~ **cisterna para (el transporte de) vino** bulk wine carrier [tanker].
~ **con capacidad de maniobra restringida** ship [vessel] restricted in her ability to manoeuvre.
~ **con cubierta** decked ship [vessel].
~ **con doble fondo** double-bottom ship [vessel].
~ **con popa de crucero** cruiser stern ship [vessel].
~ **correo** mail-boat [-ship], post-boat.
~ **costero** coaster, coastal ship [vessel].
~ **dado por desaparecido [perdido]** missing ship [vessel].
~ **de altura** ocean(-going) ship [vessel], deep-water [-sea] ship [vessel].
~ **de cabotaje** coaster, coastal ship [vessel].
~ **de carga** cargo ship [vessel, boat, carrier], freighter.
~ **de carga seca** dry-cargo ship [vessel].
~ **de construcción remachada** riveted ship [vessel].
~ **de construcción soldada** welded ship [vessel].
~ **de costado ondulado** ship [vessel] with corrugated side.
~ **de cubierta continua [corrida]** flush deck ship [vessel].
~ **de cubierta de abrigo** shelter deck ship [vessel].
~ **dedicado a la pesca** ship [vessel] engaged in fishing.

~ **de escolta** escort vessel, convoy ship.
~ **de fuerte escantillón** full [heavy] scantling ship [vessel].
~ **de guerra** warship, man-of-war, ship of war.
~ **de hélice** screw ship.
~ **de navegación de altura** ocean(-going) ship [vessel], deep-water[-sea] ship [vessel].
~ **de navegación marítima** sea-going ship [vessel].
~ **de navegación oceánica** ocean(-going) ship [vessel].
~ **de pasaje** passenger ship [vessel, boat], passenger carrying ship [vessel].
~ **de pasaje de línea regular** (passenger) liner.
~ **de pesca** fishing ship [vessel, boat].
~ **de pesca de arrastre** trawler, trawl-boat.
~ **de pozos** well-deck ship [vessel].
~ **de propulsión diesel** diesel engined ship [vessel].
~ **de propulsión eléctrica** electrically propelled ship [vessel].
~ **de propulsión mecánica** power-driven ship [vessel], mechanically propelled ship [vessel].
~ **de propulsión nuclear** nuclear powered ship [vessel].
~ **de recreo** pleasure boat.
~ **de ruedas** paddle ship [vessel, boat], paddler, wheeler.
~ **de salvamento** salvage ship [vessel].
~ **desmantelado** disabled ship [vessel].
~ **de tráfico irregular** tramp ship [vessel].
~ **de tres islas** three-island ship [vessel].
~ **de vapor** steamer, steamship, steamboat, steam vessel.
~ **de vela** sailing-ship [-vessel], sailer.
~ **dragaminas** minesweeper.
~ **en crucero** cruise ship.
~ **en viaje de ida** outward-bound ship [vessel].
~ **en viaje de regreso** homeward-bound ship [vessel].
~ **escorado** listing ship [vessel].
~ **escuela** training-ship [-vessel].
~ **factoría de conservas (de pescado)** (fish) canning factory ship [vessel].
~ **faro 1.** *(con propulsión propia)* lightship; **2.** *(sin medios de propulsión)* lightvessel.
~ **fondeado** anchored ship [vessel], ship [vessel] at anchor.
~ **frigorífico** refrigerated (cargo) ship [vessel], reefer.
~ **frutero** fruit ship [carrier], fruiter.
~ **gemelo** sister ship.
~ **hidrográfico [hidrógrafo]** survey(ing) ship [vessel], hydrographic survey ship [vessel].
~ **hospital** hospital ship.
~ **insignia** flagship, admiral.
~ **mercante** merchant ship [vessel], trading [mercantile] ship [vessel], trader.
~ **meteorológico** weather-ship.
~ **mineralero** (bulk) ore carrier [ship, vessel].
~ **navegando a la vela** ship [vessel] under sail.
~ **negrero** slave-ship.
~ **oceanográfico** oceanographic (survey) ship [vessel].
~ **para carga a granel** bulk (dry cargo) carrier.
~ **para transporte de granos** grain carrier [ship].
~ **patrullero** patrol ship.
~ **pesquero** fishing ship [vessel, boat].
~ **petrolero** (oil) tanker, tank ship [vessel].
~ **planero** survey(ing) ship [vessel], hydrographic survey ship [vessel].
~ **platanero** banana boat.
~ **portacontenedores** container ship [vessel, carrier].
~ **que alcanza** overtaking vessel.
~ **que cruza** crossing vessel.
~ **que remolca** towing ship [vessel], ship [vessel] towing.
~ **restringido por su calado** ship [vessel] constrained by her draught.
~ **rompehielos** icebreaker.
~**s a la vista uno de otro** ships [vessels] in sight of one another.
~ **sin doble fondo** single-bottom ship [vessel], open-bottom ship [vessel].
~ **sin gobierno** ship [vessel] not under command.
~ **taller** repair ship.
~ **tanque** tanker, tank ship [vessel].
~ **tipo todo a popa** all-aft type ship [vessel].
~ **transbordador** ferry boat.
~ **transporte de tropas** troopship, troop

carrier, trooper.
~ **varado** ship [vessel] aground.

burda *f.* backstay.

burel *m.* (splicing) fid.

busco *m. (dique seco, esclusa)* sill.

búsqueda *f.* search □ **operaciones de ~ y salvamento** search and rescue operations.

buzo *m.* diver.

C

caballo *m.:*
~ **de vapor** horsepower.

cabecear *v.i.* to pitch.

cabeceo *m.* pitching.

cabeza *f.* head.
~ **del pantalán** pier head.

cabezada *f.* pitching.

cabilla *f.* *(para cabos de labor)* belaying-pin.

cabina *f.* cabin.
~ **radiotelegráfica** radio(telegraph) room.

cabirón *m.* warping end [head], gipsy, winch [gipsy, nigger] head.

cable *m.* **1.** *(medida de longitud)* cable (length); **2.** *(estacha)* hawser, cable, wire (rope); **3.** *Elect.* cable, wire.
~ **de alimentación** *Elect.* feeder.
~ **de remolque** tow(ing)-line [-hawser, -rope].
~ **eléctrico** electric cable [wire].
~ **submarino** submarine cable.

cabo *m.* **1.** *Geogr.* cape, foreland, headland □ **remontar un** ~ to round a cape; **2.** *Man.* rope, line.
~ **alquitranado** tarred [black] rope.
~ **blanco** untarred [white] rope.
~ **colchado a derecho** right handed rope.
~ **colchado del revés** left handed [back laid] rope.
~ **de abacá** manilla rope.
~ **de alambre** (steel)wire rope.
~ **de cáñamo** hemp rope.
~ **de coco** coir rope.
~ **de cuatro cordones** four strand(ed) rope.
~ **de cuero** hide rope.
~ **de nilón** nylon rope.
~ **de remolque** tow(ing)-line [-rope, -hawser].
~ **de retenida** check rope.
~ **de tres cordones** three strand(ed) rope.
~ **en blanco** untarred [white] rope.
~ **salvavidas** lifeline, manrope.

cabotaje *m.* coastal [coasting] trade, coastal navigation, cabotage.
gran ~ great coastal [coasting] trade.
pequeño ~ small coastal [coasting] trade.

cabrestante *m.* capstan.
~ **de mano** hand capstan.
~ **de vapor** steam capstan.
~ **eléctrico** electric capstan.

cabria *f.* shears, sheer(leg)s.

cadena *f.* **1.** *(en general)* chain; **2.** *(de ancla)* chain, chain cable, cable □ **desentalingar una** ~ to unbend a chain cable; **filar** ~ to veer away chain cable.
~ **clara** *(buque fondeado)* clear hawse.
~ **con contrete** stud(ded) link chain, stud(ded) link cable, stud(ded) link chain cable.
~ **con vuelta** *(buque fondeado)* foul hawse.
~ **de amarre** mooring chain.
~ **de ancla** anchor chain, anchor cable, anchor chain cable.
~ **de babor** port cable.

~ **de eslabones pequeños** *(para dar trincas)* curb chain.
~ **de estribor** starboard cable.
~ **de guardín** wheel [tiller, steering] chain.

caer *v.i.* y *v.r.* to fall, to drop □ **dejarse ~ hacia popa** to drop [fall] astern.
~ **a babor** to turn [alter course] to port.
~ **al mar** to plunge into sea.
~ **a sotavento (del rumbo)** to sag, to fall off, to drift to leeward.
~ **por la borda** to fall overboard.

caída *f.* **1.** *(acción de caer)* drop, fall; **2.** *(de una vela cuadra)* hoist, drop; **3.** *(ángulo respecto a la vertical de palos, chimeneas, etc.)* rake.
~ **de popa** *(velas de cuchillo)* leech.
~ **de presión** pressure drop.
~ **de proa** *(velas de cuchillo)* luff.
~ **de tensión** *Elect.* voltage drop.
~ **de un palo** rake of a mast.

caja *f.* **1.** box, case, chest; **2.** *(motón o cuadernal)* shell.
~ **colectora** distribution valve chest.
~ **de aire** *(bote)* air case, buoyancy compartment, air [boat, buoyancy] tank.
~ **de arena** *(contra incendios)* sand box.
~ **de ascensor** lift trunk.
~ **de aspiración** *(tubería de achique)* strum box.
~ **de bombas** pump well.
~ **de cadenas** chain [cable] locker.
~ **de conexión** *Elect.* junction [connection] box.
~ **de derivación** *Elect.* outlet box.
~ **de empalme** *Elect.* junction [connection] box.
~ **de escalera** stairway (enclosure), stair well, staircase.
~ **de fangos** mud [sludge, strainer] box.
~ **de fuego** *(caldera)* combustion chamber, fire box.
~ **de humo** smoke chest [box].
~ **de limera** rudder trunk [case, tube, well].
~ **de orza** centre board trunk [well, case].
~ **de salida** *Elect.* outlet box.
~ **de un motón** shell of a block.
~ **de válvulas** valve box [chest, manifold], manifold.
~ **para manguera** hose cabinet.

cajera *f.* *(motón, cuadernal)* sheave hole.
~ **de verga** yard sheave hole.

calado *m.* draught.
~ **a popa** draught aft.
~ **a proa** draught forward.
~ **de invierno** winter draught.
~ **de verano** summer draught.
~ **en agua de mar** sea-going draught.
~ **en carga** load draught.
~ **en lastre** ballast draught.
~ **en rosca** light draught.
~ **máximo** extreme [maximum] draught.
~ **medio** mean draught.
~ **mínimo** least draught.
~**s iguales** even keel draught.
gran ~ deep draught.
poco ~ shallow draught.

calafate *m.* ca(u)lker.

calafatear *v.t.* to ca(u)lk.

calafateo *m.* ca(u)lking.

calar *v.t.* **1.** *(redes)* to shoot; **2.** *(masteleros)* to strike || *v.i.* *(buques)* to draw.
~ **demasiado** to draw too much water.

calcés *m.* masthead, doubling.

cálculo *m.* calculation.
~**s de estabilidad** stability calculations.

caldera *f.* boiler.
~ **marina** marine boiler.
~ **principal** main boiler.

caldereta *f.* donkey [auxiliary] boiler.

calefacción *f.* heating.

caleta *f.* cove, creek, bight.

calibrar *v.t.* to calibrate, to gauge.

calima *f.* *Meteor.* haze.

calimoso, a *adj.* hazy.

calma *f.* calm □ en ~ calm.
~ **chicha** dead [flat] calm.
~**s de Cáncer** calms of Cancer.
~**s ecuatoriales** doldrums.

calmar *v.i.* y *v.r.* *(viento, mar, etc.)* to calm (down), to becalm.

calzar *v.t.* to chock, to wedge.

calzo *m.* chock, cradle, skid.
~**s de [para] bote** boat skids [chocks, cradles].

cámara *f.* chamber, room.

~ **de aire** *(en balsas neumáticas)* buoyancy tube.
~ **de bombas** pump room.
~ **de calderas** boiler room [space].
~ **de expansión** *(en petroleros)* expansión trunk.
~ **de hornos de calderas** stokehold, fire room.
~ **de máquinas** engine room, engine [machinery] space.
~ **de oficiales** officers' mess room.

camarero *m.* steward.

camarote *m.* cabin, room.
~ **de oficial** officer's cabin.
~ **de pasajero** passenger cabin.
~ **exterior** outside cabin.
~ **individual** single [individual] cabin, single[one]-berth cabin.
~ **interior** inside cabin.

cambiar *v.t.* to shift, to alter, to change.
~ **de fondeadero** to shift [change] anchorage.
~ **el rumbo** to alter course.

cambio *m.* alteration, change.
~ **de huso horario** change of time zone.
~ **de la marea** change [turn] of the tide.
~ **de marcha** *Máq.* reversing gear.
~ **de rumbo** alteration of course.
~ **de velocidad** alteration of speed.

camilla *f.* stretcher, litter.

campana *f.* bell □ **picar la** ~ to strike the bell.
~ **de a bordo** ship's bell.
~ **de buzo** diving bell.
~ **de niebla** fog bell.

campo *m.* field.
~ **de hielo** ice field.
~ **de minas** mine field.
~ **eléctrico** electric field.
~ **magnético** magnetic field.

canal *m.* **1.** *Hidr. (natural)* channel, fairway; *(artificial)* canal, fairway; **2.** *Rad.* channel □ **en el** ~ **16** on channel 16.
~ **angosto** narrow channel.
~ **balizado** buoyed channel.
~ **dragado** dredged channel.
~ **marítimo** ship canal.
~ **navegable** navigable channel.

canalete *m.* paddle □ **remar con** ~**s** to paddle.

canalizo *m.* narrow(s).

canasta *f.* *(filtro de chupador)* strum box, strainer basket.

cáncamo *m.* eye bolt.
~ **de argolla** ring bolt.
~ **de mar** green sea.

candaliza *f.* brail.

candelero *m.* stanchion.
~ **de escotilla** hatch stanchion.
~ **móvil** movable stanchion.

cangreja *f.* gaffsail, spanker.

canoa *f.* canoe.
~ **con balancines** outrigger (canoe).

canto *m.* **1.** *(borde)* edge; **2.** *(guijarro)* pebble.
~ **superior del bao de cubierta** upper side of deck beam.

caña *f.* **1.** *(timón)* helm, (rudder) tiller □ **levantar** ~ to ease the helm; **2.** *(ancla)* shank; **3.** *(de pescar)* rod.
~ **del ancla** anchor shank.
~ **del timón** *(bote)* hand [boat] tiller.
~ **de pescar** (fishing-)rod.

cáñamo *m.* hemp.

cañón *m.* *Arm.* cannon, gun.

cañonazo *m.* cannon shot.
~ **de aviso** warning shot.

cañonero *m.* gunboat.

capa *f.* **1.** *Man. (para aguantar un temporal)* lying to, trying □ **en [a la]** ~ **cerrada** ahull; **estar [ponerse] a la** ~ to lie (to), to lay (to), to try, to heave to; **2.** *(de pintura, barniz, etc.)* coat(ing); **3.** *(tongada)* layer; **4.** *(lona embreada)* coat; **5.** *Der. mar. (gratificación)* primage, hat money.
~ **aguadera** mast coat, petticoat.
~ **de bomba** pump coat.
~ **de fogonadura** mast coat, petticoat.
~ **de grasa** layer of grease.
~ **del timón** rudder coat.

capacidad *f.* **1.** *(cabida de un espacio o local)* capacity, space; **2.** *(electricidad, bomba, caldera, etc.)* capacity, supply, flow.
~ **de carga** *(buque)* cargo deadweight, cargo carrying capacity.

~ **de combustible** bunker capacity.
~ **de estiba** stowage capacity.
~ **de izado** hoisting [lifting] capacity.
~ **en balas** bale capacity [space].
~ **en granos** grain capacity [space].

capear *v.i.* to try, to lie (to), to lay (to), to heave to.

capilla *f.*: □ **hacer** ~ *Man.* to broach to.

capitán *m.* captain, master.
~ **de puerto** harbour master.

capitanía *f.*:
~ **del puerto** Harbour Master office.

capó *m.* casing, bonnet, hood.
~ **del motor** *(bote)* engine casing [bonnet, hood].

carbón *m.* coal.

carbonear *v.i.* to coal.

carboneo *m.* coaling.

carbonera *f.* coal bunker, bunker.
~ **de entrepuente** tween deck bunker.
~ **de reserva** spare [reserve] bunker.

carbonero *m.* *(buque)* collier, coaler, coal-ship.

carcoma *f.* dry-rot.

cardan *m.* *(suspensión)* gimbals.

carena *f.* **1.** *(parte sumergida del casco)* hull bottom, bottom, underwater [immersed, submerged] hull; **2.** *(reparación en buques)* graving, refitting, refit(ment) □ **dar** ~ to grave, to refit.
~ **líquida** free surface.

carenadura *f.* graving, refitting, refit(ment).

carenar *v.t.* to grave, to refit.

careta *f.* mask.
~ **antigás** gas mask.
~ **antihumo** smoke mask.

carga *f.* **1.** *(acción y efecto de cargar)* loading, lading, shipment; **2.** *(lo que se transporta)* cargo, load; **3.** *(cosa que gravita sobre otra)* load; **4.** *(repuesto de cierto material)* charge.
~ **a granel** bulk cargo, cargo in bulk.
~ **averiada** damaged cargo.
~ **bajo cubierta** under deck cargo.
~ **completa** full cargo.
~ **de cubierta** deck cargo [load].
~ **de peso** deadweight cargo [load].
~ **de respeto** *(extintores, etc.)* spare charge.
~ **de rotura** breaking strain [stress, strength, load], ultimate strength [stress].
~ **de volumen** measurement cargo.
~ **descargada con faltas** short delivery [shortlanded] cargo.
~ **en sacos** bag(ged) cargo, bagged goods.
~ **frigorífica** refrigerated cargo.
~ **general** general [various] cargo.
~ **peligrosa** dangerous cargo.
~ **perecedera** perishable cargo.
~ **refrigerada** *(no congelada)* chilled cargo.
~ **seca** dry cargo.
~ **tirada a la mar** jettisoned cargo.
~ **útil** cargo carrying capacity; useful load.

cargadera *f.* **1.** *(cangreja, mesana, etc.)* inhaul(er); **2.** *(foque, vela de estay)* downhaul(er).

cargador *m.* **1.** *Der. mar.* shipper; **2.** *(trabajador portuario)* lumper, longshoreman.

cargamento *m.* *(mercancías que se transportan)* cargo.
~ **a granel** bulk cargo, cargo in bulk.
~ **completo** full cargo.
~ **de carbón** cargo of coal.
~ **de grano** cargo of grain.
~ **de peso** *(mucho peso con relación al volumen)* deadweight cargo.
~ **de retorno** return cargo.
~ **de valor** valuable cargo.
~ **de volumen** *(mucho volumen con relación al peso)* measurement cargo.
~ **inflamable** inflammable cargo.
~ **peligroso** dangerous cargo.

cargar *v.t.* **1.** *(el buque)* to load, to lade; **2.** *(mercancías)* to ship, to load, to lade, to take in; **3.** *(vela)* to brail (up); **4.** *(los puños)* to clew up; **5.** *(baterías, etc.)* to charge, to fill || *v.i.* *(el viento)* to freshen.

cariz *m.* appearance of the sky.

carlinga *f.* *(asiento del palo)* (mast) step.
~ **de palo macho** main mast step.
~ **de puntal** stanchion step.

carnada *f.* bait.

carpintero *m.* carpenter.

~ **de a bordo** ship's carpenter.
~ **de ribera** shipwright.

carretel *m.* reel.
~ **de la corredera** log reel.

carta *f.* **1.** *(misiva)* letter; **2.** *Náut.* chart.
~ **aviso (al cargador)** notice of readiness.
~ **costera** coast chart.
~ **de alistamiento** notice of readiness.
~ **de corrientes** current chart.
~ **de declinación magnética** magnetic [variation] chart.
~ **de garantía** letter of indemnity.
~ **de gruesa aventura** *ant.* bottomry bond.
~ **de hielos** ice chart.
~ **de marca** *ant.* letter of marque.
~ **de vientos** wind chart.
~ **en punto mayor** particular chart.
~ **en punto menor** small chart.
~ **general** general chart.
~ **gnomónica** gnomonic chart.
~ **marina** nautical chart.
~ **mercatoriana** Mercator chart.
~ **meteorológica** meteorological [weather] chart.

cartabón *m. Const. nav.* bracket, knee, plate bracket [knee].

casa *f.:*
~ **del Marino** Sailors' Home.

cascajo *m.* gravel.

casco *m.* **1.** *Arq. nav.* hull; **2.** *(protector de cabeza)* helmet; **3.** *Rad.* headphone.
~ **de dos ramales [líneas]** *Rad.* split headphone.
~ **de madera** wooden hull.
~ **exterior** outer hull.
~ **metálico** metallic hull.
~ **reforzado** strengthened hull.
~ **remachado** riveted hull.
~ **soldado** welded hull.

caseta *f.:*
~ **de cubierta** deckhouse.
~ **de derrota** chart room.
~ **de gobierno** wheelhouse.
~ **del timón** wheelhouse.

castillo *m. Const. nav.* forecastle, fo'c'sle.

catalejo *m.* spyglass.

cataviento *m.* (dog-)vane.

cavitación *f.* cavitation.

cayo *m.* key, cay.

cazonete *m.* toggle.

cebo *m.* **1.** *Pesc.* bait; **2.** *Arm.* y *Pir.* priming(-powder).

cenit *m.* zenith.

centro *m.* centre, (EE.UU.) center.
~ **de carena** centre of buoyancy [displacement].
~ **de deriva** centre of lateral resistance.
~ **de empuje** *Arq. nav.* centre of buoyancy.
~ **de gravedad** centre of gravity.
~ **del círculo de evolución** turning centre.
~ **de presión** centre of pressure.
~ **vélico** centre of sail effort, centre of effort of the sails.

ceñir *v.t. (bracear lo más posible por sotavento)* to haul in close || *v.i. (navegar de bolina)* to sail close-hauled [by the wind, (up)on a wind, (up)on the wind, on a bowline].
~ **por babor** to be on the port tack.
~ **por estribor** to be on the starboard tack.

cepo *m. (de ancla)* stock.

cerco *m.:*
~ **de jareta** *Pesc.* purse seine.

cerrar *v.t.* **1.** *(en general)* to close, to shut; **2.** *(grifo, válvula)* to shut [turn] off || *v.r. (el cielo)* to overcast, to (over)cloud.
~ **el timón a la banda** to put the helm [rudder] hard over.
~ **las escotillas** to batten down hatches.
~ **las puertas estancas** to close watertight doors.
~ **y trincar** *(escotillas, etc.)* to batten down.

certificado *m.* certificate.
~ **de aptitud para el transporte de granos** grain (cargo) certificate.
~ **de arqueo** tonnage certificate, certificate of measurement.
~ **de construcción** builder's certificate.
~ **de desgasificación** gas(-free) certificate, gas-freeing certificate.
~ **de (despacho en) la Aduana** clearance (certificate).
~ **de desratización** deratization certificate.

~ **de exención** exemption certificate.
~ **de exención de desratización** deratization exemption certificate.
~ **de inspección de estiba (de carga)** stowage certificate.
~ **de nacionalidad** certificate of nationality.
~ **de navegabilidad** certificate of seaworthiness, seaworthiness certificate.
~ **de origen** certificate of origin.
~ **de pasajeros** passenger certificate.
~ **de reconocimiento** certificate of survey.
~ **de registro** certificate of registry.
~ **de seguridad** safety certificate.
~ **de seguridad de armamento para buque de carga** cargo ship safety equipment certificate.
~ **de seguridad de construcción para buque de carga** cargo ship safety construction certificate.
~ **de seguridad para buque de pasaje** passenger ship safety certificate.
~ **de seguridad para un buque nuclear de carga** nuclear cargo ship safety certificate.
~ **de seguridad para un buque nuclear de pasaje** nuclear passenger ship safety certificate.
~ **de seguridad radiotelefónica para buque de carga** cargo ship safety radiotelephony certificate.
~ **de seguridad radiotelegráfica para buque de carga** cargo ship safety radiotelegraphy certificate.
~ **de seguro de la tripulación** crew's insurance certificate.
~ **internacional de francobordo** international load line certificate.

cesto *m.* basket.
~ **de salvamento** rescue basket.

ciar *v.i.* **1.** *(con los remos)* to hold water, to back water [oars]; **2.** *(con la máquina)* to back, to go astern.

ciclón *m.* cyclone.

cielo *m.* **1.** *(firmamento)* sky; **2.** *(de tanque, etc.)* top, crown.
~ **aborregado** mackerel sky.
~ **claro** clear sky.
~ **cubierto** coated [overcast] sky.
~ **de caldera** *Máq.* crown of boiler.
~ **del hogar** *Máq.* furnace crown.
~ **de tanque** tank top.

cieno *m.* mud, silt.

cilindro *m. Señ.* can.

cinta *f. Const. nav.* wale.

cinturón *m.:*
~ **salvavidas** lifebelt.

circuito *m.* circuit □ **abrir el** ~ to switch off [break, open] the circuit; **cerrar el** ~ to switch on [make, close] the circuit.
~ **de alimentación** feeder [supply] circuit, feeder.
~ **de alta tensión** high voltage circuit.
~ **de comunicaciones** communication circuit.
~ **de fuerza** power system.
~ **de transmisión de bajo voltaje** low voltage communication circuit.
~ **primario** primary circuit.
~ **principal de emergencia** main emergency feeder.

círculo *m.* circle.
~ **azimutal** azimuth circle.
~ **de giro** turning circle.
~ **evolutivo** turning circle.
~ **horario** hour circle.
~ **máximo** great circle.
~ **polar** polar circle.

cirrus *m.* cirrus.

claro, a *adj.* **1.** *(libre de obstáculos)* clear, unobstructed, disentangled; **2.** *(con luz)* clear, bright || *f.* **1.** *(distancia entre cuadernas)* frame spacing, room [berth] and space; **2.** *(espacio entre dos cuadernas)* frame space; **3.** *(escampada)* clearing.

cláusula *f.* clause.
~ **de abordaje** *(seguro)* collision [running-down] clause.
~ **de cambio de derrota** *(conocimiento de embarque)* deviation clause.
~ **de excepción** exception clause.
~ **de prorrogación** *(seguro)* continuation clause.

clinómetro *m.* clinometer, heel indicator.

cobertizo *m.* shed.

cobrar *v.t. Man.* to haul, to take in, to pull.
~ **el seno** to haul [take] in the slack.

coca *f. (en un cabo)* kink.

cocina *f.* galley.

cocinero *m.* cook.
segundo ~ second cook.

codaste *m.* stern frame [post].
~ **popel** rudder [back, outer] post.
~ **proel** propeller [inner, screw] post.

código *m.* code.
~ **de comercio** commercial law.
~ **de señales** signal book.
~ **Internacional de Señales** International Code of Signals.
~ **Morse** Morse code.
~ **Q** Q code.

codillo *m. Man. (coca)* kink.

coeficiente *m.* coefficient, factor.
~ **cilíndrico** cylindrical [longitudinal] coefficient.
~ **de afinamiento** block [fineness] coefficient, coefficient of fineness.
~ **de bloque** block [fineness] coefficient, coefficient of fineness.
~ **de dilatación** coefficient of expansion.
~ **de estiba** stowage factor.
~ **de líneas de agua** waterplane (area) coefficient.
~ **de propulsión** coefficient of propulsion.
~ **de seguridad** safety factor, coefficient [factor] of safety.

cofa *f.* **1.** *(en los veleros)* top; **2.** *(en los buques modernos)* crow's nest.
~ **de trinquete** foretop.

cofferdam *m.* cofferdam.
~ **de popa** after cofferdam.
~ **de proa** forward cofferdam.

cohete *m.* rocket.
~ **con paracaídas** parachute rocket.
~ **de señales** signal rocket.
~ **lanzacabos 1.** *(en el buque)* line-throwing[-carrying] rocket; **2.** *(para lanzar desde tierra)* lifesaving rocket, line-throwing rocket.

colcha *f. (de un cabo)* lay.

colchar *v.t.* to lay.

colector *m.* **1.** *(tubos)* main, manifold, header; **2.** *Máq.* collector; **3.** *Elect.* commutator.
~ **de agotamiento** stripping main [line].
~ **de aire de barrido** scavenging [scavenge] air pipe.
~ **de atmosféricos** *(buques tanques)* gas line.
~ **de carga** cargo pipe [line].
~ **de contraincendios** fire main [line].
~ **de cubierta** deck line.
~ **de escape** exhaust manifold.
~ **de secado** stripping main [line].
~ **de sentina** bilge main [line].

colisión *f.* collision.

colorante *m. (para señalar la situación de un accidente, etc.)* marker dye.

combés *m. Arq. nav.* waist.

combustible *adj.* combustible || *m.* fuel □ **hacer [tomar]** ~ to (re)fuel, to bunker, to take in fuel.
~ **líquido** liquid fuel.

combustión *f.* combustion.
~ **espontánea** spontaneous combustion.

comedor *m.* mess room.
~ **de la tripulación** crew's mess room.
~ **de oficiales** officers' mess room.

comercio *m.* trade, commerce.
~ **costero [de cabotaje]** coastal [coasting] trade.
~ **exterior** foreign trade [commerce].
~ **interior** domestic trade [commerce].
~ **libre** free trade.
~ **marítimo** shipping [sea] trade.

compañía *f. Com.* company.
~ **de navegación** shipping company.
~ **de seguros** insurance company.

comparación *f.:*
~ **de los cronómetros** comparison of chronometers.

compartimentado *m.* subdivision, compartmentation.

compartim(i)ento *m.* compartment, space, room.
~ **de bombas** pump room.
~ **del servomotor** steering(-gear) compartment [room].
~ **de máquinas** machinery [engine] space.
~ **estanco** watertight compartment.
~ **refrigerado** cold storage compartment.

compás *m. Nav.* y *Dib.* compass □ **compensar el** ~ to adjust the compass.
~ **azimutal** azimuth compass.

~ **de bote** boat's compass.
~ **de cámara** cabin compass.
~ **de espesores** cal(l)ipers.
~ **de gobierno** steering compass.
~ **de gruesos** cal(l)ipers.
~ **de líquido** spirit [liquid, wet] compass.
~ **de líquido de oscilación amortiguada** dead-beat compass.
~ **de marcar** bearing compass.
~ **de puntas secas** dividers.
~ **de respeto** spare compass.
~ **de revés** hanging [overhead, inverted, telltale] compass, telltale.
~ **divisor** dividers.
~ **giroscópico** gyro compass.
~ **invertido** hanging [overhead, inverted, telltale] compass, telltale.
~ **magistral 1.** *(magnético)* standard compass; **2.** *(giroscópico)* master compass.
~ **magnético** magnetic compass.
~ **seco** dry(-card) compass.

compensación *f. (compás)* adjustment.

~ **de la aguja [del compás]** compass adjustment [calibration, compensation], adjustment [calibration, compensation] of compass.

compensar *v.t.* to adjust.
~ **el compás [la aguja]** to adjust the compass.

comprobante *m.* voucher, warrant.

compromiso *m.* compromise, bond.
~ **de avería** average agreement [bond].

comunicación *f. (conexión)* communication, connection.

~ **con tierra** *(por bote, radio, etc.)* communication with the shore.
~ **por banderas del Código Internacional** communication by International Code flags.
~ **por megáfono** communication by megaphone [loud hailer].
~ **por proyector de señales Morse** communication by Morse signalling lamp.
~ **por radiotelefonía** communication by radiotelephony.
~ **por radiotelegrafía** communication by radiotelegraphy.
~ **por semáforo** communication by semaphore.
~ **por señales acústicas** communication by sound signals.
~ **por señales visuales** communication by visual signals.
~ **por VHF** communication by VHF.

comunicar *v.t. (por carta, radio, etc.)* to communicate.

conchuela *f. Hidr.* shell.

condensación *f.* condensation, sweat(ing).
~ **en bodega** sweat(ing) in hold.

condición *f. (estado)* condition □ **en buenas condiciones de navegabilidad** seaworthy; **en malas condiciones de navegabilidad** unseaworthy.
condiciones atmosféricas atmospheric conditions.
condiciones climatológicas climatic conditions.
condiciones locales local conditions.
condiciones meteorológicas weather conditions.
buenas condiciones de navegabilidad seaworthiness.
malas condiciones de navegabilidad unseaworthiness.

conducto *m. (para gas o líquido)* duct.
~ **de aire forzado** forced draught duct.
~ **de humo** *(calderas)* uptake, breeching.
~ **de ventilación** ventilation [air] duct.

conductor, a *adj. Fís.* conductible || *m. Elect.* conductor.

conectar *v.t.* **1.** *Mec.* to couple (up), to connect, to gear; **2.** *Elect.* to connect, to switch [turn] on, to cut in.

conexión *f.* connection.
~ **a masa de las armazones** earthing of frames.
~ **a tierra** *Elect.* earthing.
~ **internacional a tierra** international shore connection.

congelación *f.* freezing.

congelar *v.t.* y *v.r.* to freeze.

conocimiento *m. Der. mar.* bill of lading.
~ **a la orden** order bill of lading.
~ **al portador** blank bill of order.
~ **de embarque** bill of lading.
~ **directo** through bill of lading.
~ **limpio** clean bill of lading.

~ **negociable** negociable bill of lading.
~ **nominativo** straight bill of lading.
~ **sucio** foul bill of lading.

consejo *m.:*
~ **de guerra** court-martial.

conserva *f. Nav.* company □ **ir [navegar]en ~** to sail [navigate] in company.

conservación *f.* upkeep, maintenance.

consignación *f.* consignation, consignment.

consignador *m. (el que remite las mercancías)* consigner, consignor.

consignar *v.t. (remitir mercancías)* to consign.

consignatario *m.* **1.** *(de las mercancías)* consignee; **2.** *(representante del armador)* shipping [ship's] agent.

constante *adj.* y *f.* constant.
~**s de marea** tidal constants

construcción *f.* construction.
~ **mixta** composite construction.
~ **naval 1.** shipbuilding; **2.** *Mar. g.* naval construction.
~ **soldada** welded construction.
~ **transversal** transverse construction.

constructor *m.* builder.
~ **de botes** boatbuilder, boatwright.
~ **naval** shipbuilder, shipwright.

cónsul *m.* consul.

consulado *m.* consulate.

consumir *v.t.* to consume.

consumo *m.* consumption.
~ **de agua** water consumption.
~ **de combustible** fuel consumption.
~ **diario** daily consumption.
~ **horario** consumption per hour.

contacto *m.* contact, touch(ing), connection □ **en ~ radio** in radio touch; **establecer ~ radio** to establish touch by radio; **fuera de ~ radio** out of radio touch; **perder el ~** to lose touch [contact].
~ **radio** radio connection [touch].

contenedor *m. (carga)* container.

continente *m. Geogr.* continent.

contrabandear *v.i.* to smuggle.

contrabandista *m.* smuggler.

contrabando *m.* contraband, smuggling.
~ **de guerra** contraband of war, war contraband.

contrabrazola *f.* headledge, end [thwartship] coaming.

contracodaste *m.* inner [false] post.

contracorriente *f.* **1.** *Ocean.* counter-current; **2.** *Elect.* back [reverse] current.
~ **ecuatorial** equatorial current.
~ **submarina** undertow.

contramaestre *m.* boatswain, bo'sun.
segundo ~ boatswain's [bosun's] mate.

contraorden *f.* countermand.

contrarroda *f.* apron.

contrato *m.* contract, agreement.
~ **de fletamento** contract of affreightment.
~ **de remolque** towage contract.
~ **de salvamento** salvage agreement [bond].
~ **de seguro marítimo** marine insurance contract.

contrete *m. (de eslabón)* stud.

convoy *m.* convoy □ **en ~** under convoy.

convoyar *v.t.* to convoy, to escort.

corbeta *f.* corvette.

corcha *f. (de un cabo)* V. **colcha.**

corchar *v.t.* V. **colchar.**

corcho *m.* cork.

cordón *m. (cabo, cable)* strand.
~ **de estopa** pledget, thread of oakum.

cornamusa *f.* cleat, belaying [horn] cleat.

corneta *f. (bandera de dos puntas)* burgee.

corredera *f. Nav.* log □ **echar [largar] la ~** to stream [heave, throw] the log.
~ **de barquilla** hand log.
~ **de fondo** ground log.
~ **de patente** patent [screw, mechanical] log.
~ **de presión** pitometer log.
~ **eléctrica** electric log.
~ **mecánica** patent [screw, mechanical] log.
~ **ordinaria** common log.

corredor *m.* broker.
~ **de buques** shipbroker.

correo *m.* mail, post □ **por ~** by mail.

correr *v.i.* **1.** *(marchar, navegar)* to run; **2.** *(un líquido)* to flow, to run || *v.r.* *(la carga)* to shift.
~ **en popa** to run [sail] before the wind, to scud.
~ **una empopada [un temporal]** to run [sail] before the wind, to scud.
~ **viento en popa** to run [sail] before the wind, to scud.

corretaje *m.* *(trabajo del corredor y comisión que éste percibe)* brokerage.

corrida *f.* *(para medir la velocidad)* run.

corriente *f.* **1.** *(agua)* stream, current □ **a favor de la ~** with the current; **contra la ~** against the current; **2.** *(aire)* stream, current, draught; **3.** *Elect.* current.
~ **alterna** *Elect.* alternating current.
~ **caliente** warm current.
~ **continua** *Elect.* direct current.
~ **de la marea** tidal stream [current].
~ **de la marea creciente [entrante]** flood stream [current].
~ **de la marea menguante [saliente, vaciante]** ebb stream [current].
~ **de los monzones** monsoon drift.
~ **de proa** head current.
~ **de tierra** *(hacia la mar)* off-shore current.
~ **de través** cross current.
~ **favorable** favourable current.
~ **fría** cold current.
~ **hacia tierra** on-shore current.
~ **intensa** strong current.
~ **producida por el viento** drift current.
~ **submarina** undercurrent, underset.
~ **superficial** surface current.

corrimiento *m.* *(carga)* shifting.

corrosión *f.* corrosion.

corsario *m.* corsair, privateer.

cortar *v.t.* to cut □ **no me corte usted la proa** do not pass ahead of me.
~ **la Línea** to cross the Line.
~ **la proa** to pass [cross] ahead, to cut across the bow.

costa *f.* (sea)shore, seaboard; (sea)coast, coastline □ **a lo largo de la ~** along the coast, coastwise.
~ **acantilada** bold coast [shore].
~ **baja** flat coast, low shore.
~ **de barlovento** weather shore.
~ **de sotavento** lee shore.
~ **limpia** clean coast.
~ **peligrosa** dangerous coast.
~ **sucia** foul coast.

costado *m.* side □ **al ~** alongside; **al ~ de babor** on the port side; **~ con ~** side by side.
~ **de estribor** starboard side.
~ **de barlovento** weather side.
~ **del barco** ship's side.
~ **de sotavento** lee side.
~ **que se va ensanchando hacia arriba** flaring side.

coste *m.* cost.
~**, seguro y flete** cost, insurance and freight.
~ **y seguro** cost and insurance.

costear *v.t.* *(barajar la costa)* to coast, to range (along) the coast.

costero, a *adj.* coastal || *m.* *(buque)* coaster, coastal ship [vessel].

costumbre *f.* custom.
~ **del puerto** custom of the port.

costura *f.* **1.** *(velas, toldos, juntas de planchas o tablones)* seam; **2.** *(en un cabo)* splice.
~ **corta** short splice.
~ **de ojo** eye splice.
~ **larga** long splice.
~ **redonda** short splice.

cote *m.* half hitch.

coy *m.* hammock.

coz *f.* *(palo, pluma, puntal)* heel.

crepúsculo *m.* twilight.

cresta *f.* *(de una ola)* crest.

criterio *m.* criterion.
~ **de servicio** criterion of service.

cronómetro *m.* chronometer □ **arreglar el ~** to rate the chronometer; **dar cuerda al ~** to wind up the chronometer.

crucero *m.* **1.** *(buque)* cruiser; **2.** *(viaje)* cruise.
~ **atómico** nuclear-powered cruiser.

crujía *f.* centre line □ **en ~** amidships.

cruz *f.*:
~ **en las cadenas** cross in the hawse.

cruzar *v.t.* **1.** *(atravesar pasando de un lado a otro)* to cross, to pass across; **2.** *(navegar en todas direcciones)* to cruise.
~ **la derrota** to cross the track.

cuaderna *f.* frame.
~ **apostada** built(-up) frame.
~ **armada** built(-up) frame.
~ **curvada** curved frame.
~ **de armar** built(-up) frame.
~ **de armazón** built(-up) frame.
~ **de henchimiento** filling frame.
~ **de intermediar** filling frame.
~ **invertida** reversed frame.
~ **maestra** main [midship] frame.

cuadernal *m.* block, multiple-sheave(d) block.
~ **de cuatro ojos** fourfold block.
~ **de dos ojos** double [double-sheave(d), twofold] block.
~ **de tres ojos** treble [treble-sheave(d), threefold] block.
~ **cuádruple** fourfold block.
~ **doble** double [double-sheave(d), twofold] block.
~ **triple** treble [treble-sheave(d), threefold] block.

cuaderno *m.:*
~ **de bitácora** log (book).
~ **de faros** List of lights, Light list.
~ **de máquinas** engine room log.
~ **registro de señales** signal log.

cuadrante *m. Nav* y *Meteor.* quadrant.
cuarto ~ fourth quadrant.
primer ~ first quadrant.
segundo ~ second quadrant.
tercer ~ third quadrant.

cuadrilla *f.* gang.

cuadro *m.:*
~ **de emergencia** *Elect.* emergency switchboard.
~ **de distribución** *Elect.* distribution (switch)board.
~ **eléctrico** (switch)board.
~ **orgánico** stations bill, muster list.
~ **principal** *Elect.* main switchboard.

cuarentena *f.* quarantine □ **levantar la** ~ to take off the quarantine; **poner en** ~ to quarantine.

cuarta *f. (compás)* point.

cuarto *m.* room.
~ **de bombas** pump room.
~ **de derrota** chartroom, charthouse.

cubertada *f.* deck cargo [load].
~ **de madera** timber deck cargo.

cubichete *m.* binnacle cover [hood], compass cover.

cubierta *f. Const. nav.* deck □ **bajo** ~ under deck, **en** ~ on deck; **sin** ~ undecked.
~ **a la [de] intemperie** weather [open] deck.
~ **corrida** flush deck.
~ **de abrigo** shelter deck.
~ **de alojamientos** accommodation [cabin] deck.
~ **de arqueo** tonnage deck.
~ **de botes** boat deck.
~ **de cierre** bulkhead deck.
~ **de compartimentado** bulkhead deck.
~ **de francobordo** freeboard deck.
~ **(de la) toldilla** poop deck.
~ **(del) puente** bridge deck.
~ **de mamparos** bulkhead deck.
~ **de paseo** promenade deck.
~ **de popa** poop deck.
~ **de toldo** awning deck.
~ **de vuelo** flight deck.
~ **entera** flush deck.
~ **elevada** raised deck.
~ **inferior** lower deck.
~ **principal** main deck.
~ **que limita la parte principal** top of main space.
~ **resistente** strength deck.
~**s consecutivas** successive decks.
~ **sumergida** sunken deck.
~ **superior** upper [shade, sun] deck.

cuchara *f. (para descarga)* grab (bucket), bucket grab.

cuello *m.:*
~ **de cisne** goose [swan] neck.

cuenco *m.:*
~ **de esclusa** lock chamber.

cuerda *f. (reloj)* wind-spring □ **dar** ~ to wind up.

cúmulus *m.* cumulus.

cuna *f.* cradle.
~ **de lanzamiento** launching cradle.

cuña *f.* wedge.
~ **de escotilla** hatch wedge.
~ **de estiba** (cantick) quoin.
~ **de hierro** steel wedge.
~ **de los palos** mast wedge.

cúpula *f. (antena de radar)* radome.

currricán *m.* trolling line.

curva *f.* **1.** *(en general)* curve; **2.** *Const. nav.* knee (plate).

~ **de calibración** *(radiogoniómetro)* correction curve.

~ **de cargas** curve of loads.

~ **de centros de flotación** curve of centres of gravity of waterplane.

~ **de compensación** *(radiogoniómetro)* correction curve.

~ **de comprobación** *(arqueo)* control curve.

~ **de control** *(arqueo)* control curve.

~ **de desplazamientos** displacement curve.

~ **de esloras inundables** floodable length curve.

~ **de estabilidad** stability curve.

~ **de evolución** turning circle.

~ **del pantoque** turn of (the) bilge, bilge radius.

~ **de metacentros transversales** curve of transverse metacentres.

~ **isóbata** *(en las cartas)* depth contour.

curvatón *m.* bracket, knee plate.

CH

chafaldete *m.* clew [clue] line.

chalana *f.* barge.
~ **para basuras** rubbish barge.

chaleco *m.:*
~ **salvavidas** life-jacket.

chalupa *f. (la mayor de las embarcaciones de a bordo)* launch.

chapa *f.* plate.
~ **de acero** steel plate.

chapaleteo *m.* ripple.

chaparrón *m.* cloud-burst, shower.

chapitel *m.* dab, boss, needle [compass card] socket, compass card cap.

charnela *f.* hinge.

chatarra *f.* scrap.

chaveta *f.* key, cotter (pin).
~ **de cuña** tightening key.
~ **de la hélice** tail key of propeller.
~ **de cepo del ancla** key of the anchor stock.
~ **de perno** forelock.

chicote *m.* rope('s) end.

chigre *m.* winch.
~ **de amante** cargo winch.
~ **de amarre** mooring [warping, docking] winch.
~ **de arrastre** trawl(ing) winch.
~ **de carga** cargo winch.
~ **de botes** boat (lowering) winch, boat hoist.
~ **de maniobra** warping winch.
~ **de mano** hand [crab] winch.
~ **de remolque** towing winch [machine].
~ **de vapor** steam winch.
~ **eléctrico** electric winch.
~ **hidráulico** hydraulic winch.
~ **para maniobra de botes** boat (lowering) winch, boat hoist.

chimenea *f.* funnel, stack.

chinchorro *m.* dinghy.

chubasco *m.* squall.
~ **de agua** rain squall.
fuerte ~ heavy squall.

chubasquero *m. (ropa de agua)* oilskin(s).

chumacera *f. (para el remo)* rowlock.

chupador *m. (tubería de achique)* strum [rose] box.

D

dado *m. (de eslabón)* stud.

dársena *f.* basin, (wet) dock.
~ **de marea** tidal basin.
~ **de reviro** turning basin.

datum *m. Hidr.* (chart) datum.

declaración *f.* **1.** *(en general)* declaration; **2.** *(aduana)* entry, entering, declaration.
~ **de abandono** notice of abandonment.
~ **de aduana** customs declaration [entry], bill of entry.
~ **de averías** average bill, maritime declaration.
~ **de carga** cargo declaration.
~ **de efectos y mercancías de la tripulación** crew's effects declaration.
~ **de entrada** *(aduana)* entry inward(s), entering in.
~ **de provisiones de a bordo** ship's stores declaration.
~ **de salida** *(aduana)* entry outward(s), entering out.
~ **general** general declaration.
~ **jurada** affidavit.
~ **marítima de sanidad** maritime declaration of health.

declarar *v.t.* to declare.

declinación *f. Astr* y *Nav.* declination.
~ **magnética** magnetic declination, variation.

defensa *f.* **1.** guard; **2.** *(para el costado)* fender.
~ **contra ratas** rat guard.
~ **de cabo** rope fender.
~ **de corcho** cork fender.
~ **de la hélice** propeller guard.
~ **de madera** wooden fender.

demora *f.* **1.** *(retraso)* delay □ **sin ~** without delay; **2.** *Náut.* bearing □ **tomar una ~** to take a bearing; **3.** *Der. mar.* demurrage.
~ **aproximada** approximate bearing.
~ **de la aguja** compass bearing.
~ **magnética** magnetic bearing.
~ **radiogoniométrica** radio bearing.
~**s simultáneas** cross bearings.
~ **verdadera** true bearing.
~ **y distancia** bearing and distance.

demorar *v.i. Náut.* to bear.

densidad *f.* density.
~ **de tráfico** traffic density.

depósito *m.* **1.** *(almacén)* store, warehouse; **2.** *(aljibe, tanque)* tank.
~ **de la aduana** customs [bonded] warehouse, bonded store.

depresión *f. Meteor.* depression, low.
~ **atmosférica** atmospheric depression.
~ **barométrica** barometric low.
~ **del horizonte** dip of the horizon.
~ **secundaria** secondary depression.

derecho, a *adj.* right, straight ‖ *m.* **1.** *(conjunto de leyes)* law; **2.** *(facultad de hacer o exigir)* right.
~ **de angaria** right of angary.
~ **de paso** right of way.
~ **de pesca** fishing right, right of fishery.
~ **de registro** right of search [visit].
~ **de retención** lien.

~ **de retención marítima** *(seguros)* maritime lien.
~ **de visita** right of search [visit].
~ **marítimo** maritime law.
~ **marítimo internacional** international maritime law.
~ **preferente** *Der. mar.* option.

derechos *m. pl.* dues, duty, fees □ **libre de ~** free from dues, duty-free; **sujeto al pago de ~** dutiable.
~ **aduaneros** customs duty [dues].
~ **arancelarios** customs duty [dues].
~ **de aduana** customs duty [dues].
~ **de almacenaje** storage.
~ **de amarre** moorage.
~ **de atraque** dockage, dock [berthing, quay] dues, quayage, berthage, berth charge.
~ **de balizamiento** buoy and beacon dues, beaconage.
~ **de exportación** export duty.
~ **de faro** light dues [duty].
~ **de fondeo** anchorage dues.
~ **de importación** import duty.
~ **del canal** canal dues.
~ **de muelle** dockage, dock [berthing, quay] dues, quayage, berthage, berth charge.
~ **de practicaje** pilotage dues [fees].
~ **de puerto** harbour [port] dues, port charges.
~ **de reconocimiento** survey fees.
~ **de salvamento** salvage.
~ **por gastos de balizamiento** buoy and beacon dues, beaconage.
~ **sobre luces** light dues [duty].

deriva *f.* drift, leeway □ **a la ~** adrift; **ir a la ~** to drift, to go adrift.

derrame *m. (líquidos)* leakage, spillage □ **rotura y ~** *(mercancías)* leakage and breakage.

derrelicto *m.* **1.** *(buque)* derelict; **2.** *(objeto)* flotsam, derelict.

derrota *f. Nav.* course, track, route, way, lane.
~ **costera** coastal route.
~ **en zigzag** zigzag course.
~ **loxodrómica** rhumb line.
~ **ortodrómica** orthodromic course.
~**s de alta mar** offshore tracks.
~**s oceánicas** ocean lanes.

derrotero *m.* sailing directions.

desamarrar *v.t.* **1.** *(cabos, etc.)* to unlash, to unfasten, to unbend, to loose(n); **2.** *(buque)* to unmoor.

desaparejar *v.t.* to unrig

desarbolar *v.t.* to dismast.

desarmar *v.t. (buque)* to lay up.

desastre *m.* disaster.

desatracar *v.t. (del muelle)* to unberth, to undock || *v.i. (de otro buque o de la costa)* to bear [sheer] off.

descalcador *m.* rave hook [iron].

descarga *f.* **1.** *(buques, bombas, mercancías, electricidad)* discharge; **2.** *(de mercancías)* unloading, discharge, discharging.
~**s sanitarias** sanitary discharges.

descargar *v.t.* **1.** *(barco, mercancía)* to unload, to discharge; **2.** *(un líquido con bomba)* to discharge; **3.** *(bracear por sotavento)* to brace up.

descolchar *v.t.* to unlay.

desconectar *v.t.* **1.** *Elect.* to switch [turn] off, to cut out, to disconnect; **2.** *Máq.* to disconnect, to uncouple.
~ **un circuito** *Elect.* to disconnect a circuit.

desembarcadero *m.* landing stage [place].

desembarcar *v.t.* **1.** *(sacar del barco)* to land, to disembark, to debark; **2.** *(desenrolar a un tripulante)* to pay off, to discharge || *v.i. (salir del barco)* to land, to disembark, to debark, to go ashore.
~ **el práctico** to drop the pilot.

desembarco o **desembarque** *m.* **1.** *(acción de sacar o salir del buque)* landing, disembarkation, debarkation, debarcation; **2.** *(desenrole de un tripulante)* paying off, discharge.

desembarrancar *v.t.* to (re)float, to get afloat.

desembocadura *f.* mouth, issue.

desembragar *v.t. Mec.* to declutch, to disengage.

desembrague *m. Mec.* declutching, disengaging.

desencallar *v.t.* to (re)float, to get afloat.

desenganchar *v.t.* to unhook.

desengrilletar *v.t.* to unshackle.

desentalingar *v.t.* to unbend.

desenvergar *v.t.* to unbend.

desfondar *v.t.* *(agujerear el casco de la nave)* to stave, to scuttle.

desgasificación *f.* gas freeing.

desgastar *v.t.* y *v.r.* to fray, to wear away.
~**se por el roce** to chafe, to wear down.

desgaste *m.* wear(ing), wastage.
~ **normal** wear and tear.
~ **por rozamiento** chafing.

desguace *m.* shipbreaking, breaking-up, scraping.

desguazar *v.t.* to break up, to scrap.

deshelar *v.t.* y *v.r.* to thaw.

deshielo *m.* thaw.

desimantar *v.t.* to demagnetize, to degauss.

deslastraje *m.* de-ballasting, unballasting.

deslastrar *v.t.* to unballast.

deslastre *m.* unballasting, de-ballasting.

desmagnetizar *v.t.* to degauss, to demagnetize.

desmantelado, a *p.p.* disabled.

desmantelar *v.t.* **1.** *(arboladura)* to dismast, to strip; **2.** *(buque)* to dismantle, to disable.

despachar *v.t.* *(de Aduanas)* to clear.

despacho *m.*:
~ **de aduana** customs clearance.

despasar *v.t.* *(cabo, tira)* to unreeve.

despejar *v.r.* *(el tiempo)* to clear up.

desplazamiento *m.* displacement.
~ **a plena carga** load(ed) displacement, full load displacement, displacement at full load.
~ **en rosca** light displacement.
~ **total** load(ed) displacement, full load displacement, displacement at full load.

desplazar *v.t.* *(tonelaje de buques)* to displace.

desratización *f.* deratisation.

destello *m.* flash, flare, scintillation.
~ **corto** short flash.
~ **largo** long flash.

destino *m.* destination □ **con ~ a** bound for.
~ **desconocido** unknown destination.

destrincar *v.t.* to unlash.

destructor *m.* destroyer.

desviación *f.* *(rodeo, separación de la derrota)* deviation.

desvío *m.* **1.** *(de la aguja)* deviation; **2.** *(rodeo, separación de la derrota)* deviation.
~ **cuadrantal** quadrantal deviation.
~ **de escora** heeling error.
~ **del compás** compass deviation.
~ **semicircular** semicircular deviation.

detección *f.* detection.
~ **radar** radar detection.

detectar *v.t.* to detect.
~ **por medio del radar** to detect by radar.

detector *m.* detector.
~ **de incendios** fire detector.

detenido, a *p.p.* bound.
~ **por el mal tiempo** weather-bound.
~ **por el viento** wind-bound.
~ **por la niebla** fog-bound.
~ **por los hielos** ice-bound.

día *m.* day □ **durante el ~** *(lo contrario de la noche)* during daylight; **todo el ~** all day.
~ **astronómico** astronomical day.
~ **civil** civil day.
~ **de fiesta** holiday.
~ **de salida** sailing day.
~ **laborable** working day.
~**s completos** clear days.
~**s corridos sin interrupción** running days.
~**s de carga** loading days.
~**s de descarga** discharging days.
~**s de favor** days of grace.
~**s de mar** sea [passage] days.
~**s de plancha** lay days.
~ **sidéreo** sideral day.
~ **solar** solar day.

diámetro *m.* diameter.
~ **de evolución** tactical diameter.
~ **de giro** final diameter.
~ **de rotación** final diameter.
~ **táctico** tactical diameter.

diario *m.*:
~ **de cronómetros** chronometer journal [record book].
~ **de máquinas** engine room log, engineer's log book.
~ **de navegación** log (book), ship's log book.
~ **de radio de a bordo** radio [wireless] log.

diferencia *f.* difference.
~ **en longitud** difference of longitude.

dinamo o **dínamo** *f.* dynamo.

dique *m.* **1.** *(de abrigo)* dike, mole; **2.** *(de carena)* dock □ **entrar en** ~ to dock.
~ **autocarenable** self-docking dock.
~ **flotante** floating dock.
~ **seco** dry [graving] dock.

disco *m.* disc, disk.
~ **de francobordo** freeboard disc [disk], load line disc [disk].
~ **de máxima carga** freeboard disc [disk], load line disc [disk].
~ **guardarratas** *(en las estachas)* ratguard.

discriminación *f.* discrimination, resolution.
~ **en alcance** *(radar)* range resolution [discrimination].
~ **en azimut** *(radar)* bearing resolution [discrimination].

disparar *v.t.* *(proyectiles)* to shot, to fire || ~**se** *v.r.* *(máquina, motor, etc.)* to race.

dispositivo *m.* device, appliance, scheme, arrangement.
~ **de achique** bilge arrangement.
~ **de alarma** alarm system.
~ **de arriado** *(botes salvavidas)* launching gear.
~ **de permutación** *Elect.* change-over arrangement.
~ **de separación de tráfico** *Nav.* traffic separation scheme.
~ **disparador** *(aparejos de botes)* disengaging gear.
~ **rociador** sprinkler system.

distancia *f.* distance □ **poner las** ~**s** *(en la carta)* to plot distances.
~ **angular** angular distance.
~ **aparente** apparent distance.
~ **cenital** zenith distance.
~ **de parada** stopping distance.
~ **polar** polar distance.
~ **recorrida** distance made [run].

documentos *m. pl.* documents, papers.
~ **de a bordo [del buque]** ship's documents [papers].

dotación *f.* crew, manning.
~ **completa** full crew.
~ **de presa** prize crew.
~ **de relevo** relief crew.

draga *f.* dredger.
dragado *m.* dredging.

dragaminas *m.* minesweeper.

dragar *v.t.* to dredge.

driza *f.* halyard, halliard □ **a media** ~ at the dip.
~ **de antena** aerial halyard [halliard].
~ **de cable** wire halyard.
~ **de pico** peak halyard [halliard].
~ **de señales** signal halyard [halliard].
~ **separadora** *(entre dos grupos de banderas)* tack line.

duna *f.* dune, down.

duque *m.*:
~ **de Alba** dolphin.

durmiente *m.* shelf (piece).

E

eco *m.* **1.** *(en general)* echo; **2.** *(radar)* echo, return.
~ **radar** radar return.
~**s de segunda traza** *(radar)* second trace echoes.

ecuador *m.* equator.
~ **celeste** celestial equator.
~ **magnético** magnetic equator.

echar *v.t.:*
~ **al agua** *(botes)* to lower.
~ **a pique** to sink.
~ **carga a la mar** to jettison.
~ **fuera** *(zallar)* to swing out.
~ **la corredera** to heave [throw] the log.

echazón *f. Der. mar.* **1.** *(acción de arrojar al mar)* jettison; **2.** *(objetos arrojados)* jetsam.

edad *f.* age.
~ **de la marea** age of tide.

efecto *m. (resultado, consecuencia)* effect || ~**s** *m. pl. (mercaderías, artículos de comercio)* stores, goods.
~ **de noche** *(radar)* night effect.
~**s navales** naval stores.

eje *m.* **1.** *Geom.* axis, centre line; **2.** *Máq.* shaft, axle.
~ **de camones** cam shaft.
~ **de cigüeñales** crank shaft.
~ **de cola** tail [propeller, tail end] shaft.
~ **de empuje** thrust shaft.
~ **de levas** cam shaft.
~ **de transmisión** transmission shaft.
~ **intermedio** intermediate shaft.
~ **longitudinal del buque** centre line.
~ **motor** driving [drive, power] shaft.
~ **neutro** zero line, neutral axis.
~ **portahélice** tail [propeller, tail end] shaft.
~ **principal** main shaft.

ejercicio *m.* drill, exercise.
~ **de botes** boat drill.
~ **de contraincendios** fire drill.
~ **de revista** practice muster.
~ **de señales** signal exercise.

electricidad *f.* electricity.
~ **estática** static electricity.

electricista *m.* electrician.

elemento *m.* **1.** *(parte integrante de un conjunto)* component, element; **2.** *Fís.* element; **3.** *(de pila o acumulador)* cell.
~**s de amarre** mooring equipment [gear, appliances, fittings].
~**s de salvamento** life saving appliances [equipment].
~**s para la boga** rowing equipment.

embalaje *m.* packing.

embalar *v.t. (empaquetar)* to pack || ~**se** *v.r. (máquinas, motor, etc.)* to race.

embarcación *f.* **1.** *(barco)* craft, boat, vessel; **2.** *(embarco)* V. **embarco, embarque.**
~ **contraincendios** fireboat, firefloat, fire boat [float].
~ **de a bordo** ship's craft [boat].
~ **de pesca** fishing craft [boat].
~ **de recreo** pleasure craft.
~ **fluvial** river craft.
~ **menor** small craft.
~ **salvavidas** survival craft.

embarcadero *m.* landing stage.

embarcar *v.t.* to embark, to ship || *v.i.* to go on board [aboard], to go on shipboard, to embark, to ship.
~ **un golpe de mar** to ship a sea.

embarco *m.* **1.** *(personas)* embarkation, embarcation, boarding; **2.** *(objetos)* embarkation, embarcation, shipment, shipping.

embargo *m.* embargo □ **levantar el** ~ to take off [remove] an embargo; **poner un** ~ to put an embargo.
~ **preventivo** (maritime) lien.

embarque *m.* **1.** *(personas)* embarkation, embarcation, boarding; **2.** *(objetos)* embarkation, embarcation, shipment, shipping.
~ **de mercancías** shipment of goods.

embarrancar *v.t.* to run aground [ashore], to ground, to strand || *v.i.* to run [go] aground, to run ashore, to ground, to strand.

embestir *v.t.* *(con la proa)* to ram.

émbolo *m.* piston.

embragar *v.t.* **1.** *(rodear con bragas)* to sling; **2.** *Mec.* to engage, to throw into gear, to couple (up), to connect.

embrague *m.* *(mecanismo)* clutch.

emergencia *f.* emergency □ **en caso de** ~ in case of emergency.

emerger *v.i.* **1.** *(en general)* to emerge; **2.** *(submarino)* to surface.

emersión *f.* *Astr.* y *Fís.* emersion.

emisor *m.* *Rad.* transmitter.
~ **de onda corta** short waves transmitter.
~ **de onda media** medium waves transmitter.
~ **de reserva** emergency transmitter.
~ **radiotelefónico** radiotelephone transmitter.
~ **radiotelegráfico** radiotelegraph transmitter.
~**-receptor** transmitter-receiver, transceiver.

empachar *v.t.* *(estorbar, obstaculizar)* to encumber.

empacho *m.* *(estorbo, obstáculo)* encumbrance.

empalmar *v.t.* *(cabos)* to splice.

empalme *m.* *(cabos)* **1.** *(acción y efecto de empalmar)* splicing; **2.** *(punto en que se empalma)* splice.

empavesar *v.t.* to dress.

empuje *m.* **1.** *(impulso, presión)* thrust; **2.** *(en el agua)* buoyancy (force), thrust.
~ **de la hélice** thrust of propeller.

empulguera *f.* eye splice.

empuñidura *f.* earing.

encalmado, a *adj.* becalmed □ **estar** ~ to be becalmed.

encalmar *v.r.* to becalm.

encallado, a *p.p.* aground, stranded.
~ **en fondo blando** aground on soft bottom.
~ **en fondo de roca** aground on rocky bottom.

encallar *v.i.* to run [go] aground, to run ashore, to ground, to strand.

encender *v.t.* **1.** *(luz eléctrica)* to switch [turn] on, to light; **2.** *(fuego)* to light, to fire (up), to flash.
~ **los fuegos** *(calderas)* to light the fires.

encerado *m.* tarpaulin.

endoso *m.* *Com.* endorsement, indorsement.

enfermería *f.* sick bay [berth].

enfermero *m.* sick berth attendant.

enfilación *f.* *Nav.* leading line, transit (bearing).

engalanar *v.t.* *(buques)* to dress.

engalgar *v.t.* to back.

enganchar *v.t.* to hook.

engranaje *m.* **1.** *(efecto de engranar)* engagement, meshing; **2.** *(mecanismo)* gear(ing).

engranar *v.t.* to engage || *v.i.* to mesh.

engrasador *m.* **1.** *(tripulante)* greaser, oiler; (EE.UU.) motorman; **2.** *(accesorio)* grease fitting [cup], oil box, lubricator.

engrasar *v.t.* to grease.

engrase *m.* lubrication, oiling, greasing.

engrilletar *v.t.* to shackle.

~ **una cadena (de ancla)** to shackle a chain cable.

enjaretado *m.* grating.
~ **de escotilla** hatch grating.
~ **de la rueda del timón** wheel grating.

enjimelgar *v.t.* to fish.

enmendar *v.t.* y *v.r.* to shift, to alter, to change.
~ **el rumbo** to alter course.
~**se de fondeadero** to shift [change] anchorage.

enrolar *v.t.* y *v.r.* to sign on, to enlist.

ensenada *f.* cove, creek, bight.

ensenar *v.t.* y *v.r.* to embay.

entalingar *v.t.* to bend.

entena *f.* lateen yard.

entrada *f.* entrance, entry, inlet, intake.
~ **de agua** *(toma, admisión)* water inlet.
~ **de aire** air inlet.
~ **del canal** entrance to the canal.
~ **del puerto** harbour entrance.
~ **de obra muerta** *Const. nav.* tumble home.
~ **de vapor** steam inlet.
~ **en dique seco** dry-docking.
~**s de agua** *Const. nav. (finos de proa)* entrance.

entrañar *v.t. (un cabo)* to worm.

entrar *v.i.* to enter.
~ **en dique seco** to dry-dock.
~ **en la dársena** to dock.
~ **en puerto** to go [come] into harbour.
~ **en vigor** to come into force [operation].

entrega *f.* delivery.
~ **al costado** alongside [overside] delivery.
~ **de la carga** delivery of cargo.

entrepuente *m.* between deck, 'tween deck, tweendeck.
~ **corrido** flush tweendeck.

entretenimiento *m.* upkeep, maintenance.

envergar *v.t.* to bend.

envergue *m.* roband.

equilibrio *m.* equilibrium.
~ **estable** stable equilibrium.
~ **inestable** unstable equilibrium.

equipado, a *p.p.* equipped □ **bien** ~ well equipped.

equipar *v.t.* to equip, to fit (out).
~ **un buque** to fit out a vessel.

equipo *m.* equipment, appliances, gear, plant; tackle.
~ **de bombas** pumping installation.
~ **de fondeo** ground tackle.
~ **detector y extintor de incendios** fire detecting and extinguishing apparatus.
~ **de salvamento** life-saving appliances [equipment, gear].
~ **eléctrico** electrical installation.
~ **frigorífico** refrigerating plant.
~ **para manejo de la carga** cargo handling gear.
~ **para maniobra de las anclas** anchor gear.
~ **radar** radar equipment.

error *m.* error.
~ **cuadrantal** quadrantal error.
~ **de cálculo** error in calculation.
~ **de colimación** collimation error.
~ **de índice** index error.
~ **de observación** error in observation.
~ **en la estima** error in (the) dead reckoning.
~ **fijo** fixed error.
~ **instrumental** index error.
~ **variable** variable error.

escafandra *f.* scaphander.

escala *f.* **1.** *(escalera)* ladder; **2.** *(graduación)* scale; **3.** *(puerto donde toca el buque)* call port, port of call.
~ **de Beaufort** Beaufort scale.
~ **de bodega** hold ladder.
~ **de calados** draught marks.
~ **de carga** deadweight scale.
~ **de desplazamientos** displacement scale.
~ **de gato** Jacob's ladder.
~ **de marea** tide [tidal] pole.
~ **de portalón** accommodation [gangway] ladder.
~ **de práctico** pilot ladder.
~ **de una carta** scale of a chart.
~ **de viento** Jacob's ladder.
~ **real** accommodation [gangway] ladder.

escálamo *m.* thole (pin).

escandallo *m.* (sounding) lead.
 ~ **de costa** deep sea lead.
 ~ **de mano** hand lead.

escantillón *m.* scantling.

escarcha *f.* hoar-frost, rime.

escasear *v.r.* *(el viento)* to veer forward, to scart.

esclusa *f.* lock.

escobén *m.* hawse hole.
 ~ **de amarre** mooring pipe.
 ~ **de popa** *(para ancla de espía)* stern pipe.

escolta *f.* escort, convoy.

escoltar *v.t.* to escort, to convoy.

escollo *m.* reef, shelf.

escora *f.* **1.** *(inclinación)* list, heel; **2.** *(puntal)* prop, shore.
 ~ **a babor** list to port.

escorar *v.t.* **1.** *(inclinar el buque)* to heel, to list, to careen; **2.** *(apuntalar con escoras)* to prop, to shore (up) || *v.i.* y *v.r.* to (take a) list, to heel over, to careen.

escota *f.* sheet.

escotilla *f.* hatch(way).
 ~ **con enjaretado** grated hatch.
 ~ **de arqueo** tonnage hatch.
 ~ **de bajada** booby hatch, companion hatch(way).
 ~ **de carboneo** coal(ing) hatch(way).
 ~ **de carga** cargo hatch(way).
 ~ **de escape** escape hatch(way).
 ~ **de estiba** trimming hatch(way).
 ~ **de la cubierta superior** upper hatch(way).
 ~ **de popa** after hatch(way).
 ~ **de tambucho** booby hatch, companion hatch(way).
 ~ **de trimado** trimming hatch(way).
 ~ **principal** main hatch(way).

escotillón *m.* scuttle (hatch).

escritura *f.*:
 ~ **de venta** bill of sale.

escuadra *f.* *(de buques)* squadron.

escucha *f.* *Rad.* listening [radio] watch.
 ~ **continua** continuous listening watch.

escudo *m.* *(de bote)* backboard.

esfuerzo *m.* stress, strain.
 ~ **de arrufo** sagging stress.
 ~ **de quebranto** hogging stress.

eslabón *m.* link.
 ~ **con contrete** stud(ded) link.
 ~ **corriente** common link.
 ~ **final** end [open] link.
 ~ **grueso** intermediate [long end, long stud] link.
 ~ **ordinario** common link.
 ~ **sin contrete** studless [open] link.

eslinga *f.* sling.
 ~ **de barril** barrel sling.
 ~ **de cabo** rope sling.
 ~ **de cadena** chain sling.
 ~ **de salvamento** rescue sling.

eslingada *f.* sling (load), draught, set, hoist, lift.

eslingar *v.t.* to sling.

eslora *f.* **1.** *(longitud del barco)* length; **2.** *(refuerzo longitudinal)* girder.
 ~ **admisible** permissible length.
 ~ **de arqueo** tonnage length.
 ~ **de compartimentado** subdivision length.
 ~ **de identificación** identification length.
 ~ **en la (línea de) flotación** length at waterline.
 ~ **entre perpendiculares** length between perpendiculars.
 ~ **inundable** floodable length.
 ~ **máxima** extreme length, length overall.
 ~ **total** extreme length, length overall.

esnordeste *m.* east-north-east.

espacio *m.* space.
 ~ **necesario para bornear** swinging space.

espadilla *f.* scull, sculling [steering] oar.

espejo *m.* **1.** *ópt.* mirror; **2.** *Arq. nav.* transom, escutcheon.
 ~ **de señales diurnas** daylight-signalling mirror.

espeque *m.* handspike.

espía *f.* *(cabo)* warp □ **dar una** ~ to run out a warp.

espiar *v.t.* y *v.r.* *Man* **1.** *(con cabo firme en un objeto fijo)* to warp; **2.** *(con ancla)* to kedge.

espiche *m. (para los fondos de un bote)* plug.

espigón *m.* pier, jetty, mole.

esponja *f.* sponge.

esprín *m.* spring (line).
~ **de popa** aft(er) [stern] spring.
~ **de proa** forward spring.

espuma *f.* foam.

estabilidad *f.* stability.
~ **de rumbo** stability of motion, directional stability.
~ **después de la avería** damage stability, stability in damaged condition.
~ **dinámica** dynamic(al) stability.
~ **durante el giro** stability at the helm circle.
~ **en caso de avería** damage stability, stability in damaged condition.
~ **estática** static(al) stability.
~ **inicial** initial stability.
~ **longitudinal** longitudinal stability.
~ **sin averías** intact stability.

establecimiento *m.*:
~ **de puerto** establishement of the port.

estación *f.* **1.** *(época)* season; **2.** *(lugar, puesto, sitio)* station.
~ **carbonera** coaling station.
~ **costera (de radio)** coast (radio) station.
~ **de cuarentena** quarantine station.
~ **de la seca** dry season.
~ **de las lluvias** wet [rainy] season.
~ **de prácticos** pilot station.
~ **de salvamento** life saving station.
~ **de señales** signal station.
~ **esclava** *(Decca)* slave station.
~ **húmeda** wet [rainy] season.
~ **lluviosa** wet [rainy] season.
~ **maestra** *(Decca)* master station.
~ **marítima** harbour station, marine terminal.
~ **meteorológica** meteorological station.
~ **naval** naval station.
~ **principal** *(Decca)* master station.
~ **radiogoniométrica** radio direction finding station.
~ **radiotelefónica** radiotelephone station.
~ **radiotelegráfica** radiotelegraph station.
~ **receptora** receiving station.
~ **seca** dry season.

estacha *f.* mooring hawser [line, rope], hawser, mooring.

estadías *f. pl. Der. mar.* lay days.

estado *m. (condición)* state, condition □ **en buen** ~ in good condition; **en mal** ~ in bad condition.
~ **absoluto del cronómetro** error of chronometer, chronometer error.
~ **de la mar** state of sea.

estampa *f. Arq. nav.* transom, escutcheon.

estancar *v.t.* to tighten.

estancia *f. (permanencia)* stay □ **durante la** ~ during the stay.
~ **en puerto** stay in port.

estanco, a *adj.* tight.
~ **al agua** watertight, sta(u)nch.

estanqueidad *f.* **1.** *(en general)* tightness; **2.** *(del buque)* sta(u)nchness, tightness.

estay *m. Man.* stay □ **asegurar con** ~**es** to stay.
~ **de alambre galvanizado** galvanized wire stay.
~ **de trinquete** fore stay.
~ **mayor** main stay.
~ **volante** shifting stay.

este *m.* east □ **(al)** ~ **clavado** due east; **al** ~ **de** east of, eastward(s) from [of]; **con destino al** ~ eastbound; **hacia el** ~ eastward(s).
~ **cuarta al nordeste** east by north.
~ **cuarta al sudeste** east by south.

estela *f.* wake □ **en la** ~ **de** in the wake of.

estero *m.* creek.

estiba *f.* **1.** stowage, stowing; **2.** *(carga a granel)* trimming.
~ **defectuosa** improper stowage.

estibador *m.* stevedore.
~ **de carga a granel** trimmer.

estibar *v.t.* **1.** to stow; **2.** *(carga a granel)* to trim.

estima *f. Nav.* (dead) reckoning □ **por** ~ by dead reckoning; **propasar la** ~ to be ahead of the reckoning.

estopa *f.* oakum.

estopar *v.t. (empaquetar con estopa)* to pack with oakum.

estopor *m.* cable [chain] stopper, stopper.

estratocúmulus *m.* stratus-cumulus.

estrecho *m. Geogr.* strait.

estrella *f.* star.
~ **polar** Pole star.

estribor *m.* starboard □ ~ **al muelle** starboard side to.

estrobo *m.* strop, strap.
~ **de remo** grommet, grummet.

estuario *m.* estuary.

evacuación *f. Máq.* exhaust.

evaporación *f.* evaporation.

evolución *f.* evolution.

exceso *m.* excess.
~ **por escotillas** *(arqueo)* excess of hatchways.

experiencia *f.* experiment.
~ **de estabilidad** inclining [stability] test, inclining [heeling] experiment.

exploración *f.* exploration, search, scanning.
~ **en espiral cuadrada** expanding square search.
~ **por radar** *(búsqueda por medio de este aparato)* radar search.
~ **por sectores** sector search.
~ **por trayectorias paralelas** parallel track search.
~ **radar** *(barrido)* scanning, sweeping.
~ **radar a gran distancia** long-range scanning.
~ **visual** visual search.

explorar *v.t.* to explore.

explosión *f.* explosion □ **hacer** ~ to explode.
~ **en calderas** explosion in boiler.

exportación *f.* export.

exportador *m.* exporter.

exportar *v.t.* to export.

extinción *f.* extinction, extinguishing.
~ **de incendio a bordo** fire extinguishing on shipboard.

extinguir *v.t. (incendios o luces)* to extinguish.

extintor *m.* extinguisher.
~ **de anhídrido carbónico** carbon dioxide [CO_2] extinguisher.
~ **de CO_2** carbon dioxide [CO_2] extinguisher.
~ **de dióxido de carbono** carbon dioxide [CO_2] extinguisher.
~ **de espuma** foam [froth] extinguisher.
~ **de incendios** fire extinguisher.
~ **de mano** hand extinguisher.
~ **de tetracloruro de carbono** carbon tetrachloride extinguisher.
~ **portátil** portable extinguisher.
~ **trasladable** semiportable [mobile] extinguisher.

extorno *m. Der. mar.* return of premium.

extracto *m.*:
~ **del Diario de Navegación** extract of [from] log, log extract.

exudación *f. (mercancías)* sweat(ing), exudation.

F

factor *m. Mat.* factor.
~ **de compartimentación** factor of subdivision.
~ **de estiba** stowage factor.
~ **de subdivisión** factor of subdivision.

factoría *f.:*
~ **ballenera** whaling station.
~ **ballenera flotante** floating whale factory.

factura *f. Com.* invoice.

facha *f.:* □ **en** ~ aback, hove to; **ponerse en** ~ to bring to.

fachear *v.i.* to heave to, to bring to, to back sails.

faja *f. (velas)* band.
~ **de rizos** reef band.

falca *f.* washboard.

falcaceadura *f.* whipping.

falcacear *v.t.* to whip.

faluchera *f.* freeing [wash] port, freeing scuttle.

falucho *m.* felucca.

fango *m.* mud.

fardo *m.* bundle.

faro *m.* lighthouse.

farol *m.* lantern.
~ **combinado** combined lantern.
~ **de alcance** stern lantern.
~ **de buque sin gobierno** not-under-command lantern.
~ **de coronamiento** stern lantern.
~ **de costado** side lantern.
~ **de fondeo** anchor [riding] lantern.
~ **de señales** signal lantern.
~ **de sin gobierno** not-under-command lantern.
~ **tricolor** tri-coloured lantern.

fatiga *f. (esfuerzo)* strain, stress.

fecha *f.* date.
~ **aproximada** approximate date.
~ **de cancelación** cancelling date.
~ **de llegada** date of arrival.
~ **de salida** date of departure.
~ **prevista** date due.
~ **probable** probable date.
~ **tope para comenzar la carga** cancelling date.

filar *v.t.* to pay out, to veer, to veer out [away], to slack away [off, out], to slacken.

filástica *f.* yarn.

filo *m.:*
~ **del viento** eye of wind, wind's eye.

fin *m. (final, conclusión)* end, termination.
~ **de riesgo** *(seguros)* termination of risk.

finos *m. pl.:*
~ **de popa** run.
~ **de proa** entrance.

firme *adj. (amarrado)* fast □ **hacer** ~ to make fast.

flechaste *m.* ratline.

fletador *m.* charterer.

fletamento *m.* affreightment, charter(ing).
~ **a tanto alzado** lump sum charter, affreightment for a lump sum.

fletante *m.* freighter.

fletar *v.t.* to freight, to charter.

flete *m.* freight □ **perder un** ~ to lose a freight.
~ **a pagar en destino** collect freight, freight at destination.
~ **a tanto alzado** lump freight.
~ **bruto** gross freight.
~ **completo** full freight.
~ **debido** collect freight, freight at destination.
~ **de ida** out(ward) freight.
~ **de ida y vuelta** out and home freight.
~ **de retorno** inbound [return, home(ward)] freight.
~ **de vuelta** inbound [return, home(ward)] freight.
~ **por adelantado** freight prepaid, advance freight.
~ **por distancia** distance freight.
falso ~ dead freight.

flor *f.:* □ **a** ~ **de agua** awash.

flota *f.* fleet.
~ **mercante** merchant fleet.
~ **pesquera** fishing fleet.

flotabilidad *f.* buoyancy.

flotación *f.* **1.** *(acción de flotar)* flo(a)tation, flo(a)tage; **2.** *(línea que separa la superficie mojada de la seca)* waterline; **3.** *(parte del costado entre las flotaciones en lastre y en carga)* boot top.
~ **en carga** load-(water)line.
~ **en lastre** light-(water)line.
~ **inclinada** heeled waterplane.

flotador *m.* float, buoyant device.
~**es interiores** *(bote, etc.)* internal buoyancy appliances.

flotante *adj.* **1.** *(que está a flote)* floating; **2.** *(que puede flotar)* floatable, buoyant.

flotar *v.i.* **1.** *(en líquido)* to float, to swim; **2.** *(en el aire)* to fly, to wave.

flote *m.* *(acción de flotar)* flo(a)tation, flo(a)tage □ **a** ~ afloat, waterborne; **estar a** ~ to lie afloat; **poner a** ~ to get afloat, to float.

flotilla *f.* flotilla.

flujo *m.* *(marea)* flood, flood [rising, effluent] tide.

fogonero *m.* fireman, stoker.

fondeadero *m.* anchorage, anchoring berth □ **asignar** ~ to allot anchoring berth; **cambiar de** ~ to change anchorage; **llegar al** ~ to arrive at the anchorage.
~ **abierto** open anchorage.
~ **de cuarentena** quarantine anchorage.
~ **exterior** outer anchorage.
~ **interior** inner anchorage.
~ **prohibido** anchoring prohibited.
buen ~ good anchorage.
mal ~ bad anchorage.

fondear *v.t.* **1.** *Hidr.* y *Nav.* *(reconocer el fondo)* to sound; **2.** *(registrar un buque)* to jerk, to jerque, to search, to rummage; **3.** *(el ancla)* to anchor, to let go (the) anchor, to drop (the) anchor, to cast anchor || *v.i.* to anchor.
~ **a barbas de gato** to moor across.
~ **con dos anclas con arrancada avante** to make a running moor.
~ **con dos anclas por la proa** to moor with anchors ahead.
~ **por la popa** to anchor by the stern.

fondeo *m.* **1.** *(registro de Aduanas)* rummage, rummaging, (custom) search; **2.** *(acción de anclar)* anchorage.

fondo *m.* **1.** *Arq. nav.* bottom; **2.** *Ocean.* bottom, ground □ **en el** ~ *(del mar)* at the bottom; **sobre el** ~ *(del mar)* on the bottom; **irse al** ~ to sink to the bottom.
~ **de arcilla** clay bottom.
~ **de arena** sandy bottom.
~ **de cascajo** pebbly bottom.
~ **de coral** coral bottom.
~ **de fango** muddy bottom.
~ **de piedra** rocky bottom.
~ **interior** inner bottom.
~ **plano** *(buque)* flat bottom.
~**s sucios** *(buque)* foul bottom.
~ **sucio** *(del mar)* foul ground.
doble ~ double bottom.

foque *m.* **1.** *(en general)* jib; **2.** *(por antonomasia)* outer jib.
~ **balón** balloon jib.
~ **cuadrilateral** double clewed jib.
~ **de escota doble** double clewed jib.

formación *f.:*
~ **de espuma** foaming.

~ **de hielo** icing.

forrar *v.t. (un cabo)* to serve.

forro *m. Const. nav.* **1.** *(costado de acero)* plating, skin; **2.** *(costado de madera)* planking.
~ **de chapa** plating.
~ **de la carena 1.** *(buque de acero)* bottom plating; **2.** *(buque de madera)* bottom planking.
~ **del costado 1.** *(buque de acero)* side plating; **2.** *(buque de madera)* side planking.
~ **de madera** planking.
~ **de tingladillo** *(botes)* clinker [clincher] planking.
~ **exterior 1.** *(buques de acero)* shell (plating), outer shell [skin]; **2.** *(buque de madera)* outside planking.
~ **interior 1.** *(buque de acero)* inner shell [skin]; **2.** *(buque de madera)* inner planking.
~ **interior del costado** side ceiling.
~ **liso** *(botes)* carvel planking.

fragata *f.* frigate.

franco, a *adj.* **1.** *(libre, desembarazado)* free, clear; **2.** *(libre de gastos)* free.
~ **a bordo** free on board.
~ **al costado (del buque)** free alongside (ship).
~ **de averías** free of damage.
~ **de gastos en carga y descarga** free in and out.
~ **ferrocarrril** free on rail [train].

francobordo *m.* freeboard.
~ **de invierno** winter freeboard.
~ **de verano** summer freeboard.
~ **en agua dulce** fresh water freeboard.

franquía *f.* offing □ **estar en** ~ to keep the offing; **ganar** ~ to gain [make] the offing; **ponerse en** ~ to gain [make] the offing.

franquicia *f. (seguros marítimos)* franchise.

frecuencia *f. Rad.* frequency.
~ **de modulación** note frequency.
~ **de socorro** distress frequency.
alta ~ high frequency.
baja ~ low frequency.

freno *m.* brake.
~ **del timón** rudder brake.

frente *m. Meteor.* front.
~ **caliente** warm front.
~ **frío** cold front.
~ **polar** polar front.

frisa *f.* gasket.

fuego *m.* fire □ **abrir** ~ *(disparar)* to open fire; **apagar los** ~**s** *Máq.* to draw [put out] the fires; **avivar los** ~**s** *Máq.* to force [urge, unbank] the fires, to spread fires; **encender los** ~**s** *Máq.* to light the fires; **hacer** ~ *(disparar)* to fire; **mantener los** ~**s** *Máq.* to bank the fires; **prender** ~ to set on fire.
~ **de San Telmo** corposant, Saint Elmo's fire.
~**s de artificio** fireworks.

fuel(-oil) *m.* fuel oil, oil fuel.

fuera *adv.* out(side) □ **hacia** ~ outward; **mantenerse** ~ *(en franquía)* to keep the offing; **por** ~ (on the) outside.

fuera borda *m. (motor)* outboard.

fuerza *f.* force.
~ **del viento** wind force.
~ **mayor** act of God.
~**s navales** naval forces.

fuga *f.* **1.** *(orificio)* leak; **2.** *(acción de fugarse)* leakage, escape; **3.** *(fluido que se fuga)* leak(age), escape.

fumigación *f.* fumigation.

fumigar *v.t.* to fumigate.

funcionar *v.i.* to function, to work, to run, to operate □ **hacer** ~ to operate.

funda *f.* cover.
~ **de bote** boat cover.
~ **de lumbrera** skylight cover.
~ **de maquinilla** winch cover.

G

gabarra *f.* lighter, barge.
~ **de río** river barge.

gabarrero *m.* lighterman, bargeman.

galápago *m. Arq. nav.* fairlead, chock.

galeota *f.* hatch beam
~ **longitudinal** fore-and-after.

galón *m.* **1.** *(medida de capacidad)* gallon; **2.** *(distintivo o divisa)* stripe, lace; **3.** *Arq. nav.* rubber, moulding, beading.

gallardete *m.* pendant, pennant.
~ **característico del código** answering pendant [pennant].
~ **de inteligencia** answering pendant [pennant].
~ **del código** code pendant [pennant].
~ **de señales** signalling pendant [pennant].
~ **numérico** numeral pendant [pennant].

gallardetón *m.* broad pendant [pennant].
~ **repetidor** substitute.

galleta *f.* **1.** *(del palo)* truck. **2.** *(pan sin levadura)* biscuit, ship's [ship, sea] biscuit, ship's [ship, sea, pilot] bread, hardtack.

gambuza *f.* provision room, food [provision] store.

gancho *m.* hook □ **abarbetar un** ~ to mouse a hook.
~ **con guardacabo** thimble hook.
~ **de aparejo** tackle hook.
~ **de boca de cangrejo** sister hook.
~ **de carga** cargo hook.
~ **de escape** slip [snap, pelican] hook.
~ **de gavilán** slip [snap, pelican] hook.
~ **de izar** lifting hook.
~ **de remolque** towing hook.
~ **de retenida** hold-back hook.
~ **de suspensión** *(bote)* sling hook.
~ **de tijera** sister hook.
~ **de velero** sail hook.
~ **doble** sister hook.
~ **giratorio** swivel hook.

gánguil *m.* hopper (barge), mud hopper [lighter, barge].
~ **de compuertas** hopper barge.

garantía *f. Der. mar.* guarantee, warranty.

garete □ **al** ~ adrift; **estar al** ~ to be drifting; **ir al** ~ to go adrift.

garrear *v.i.* to drag.

gas *m.* gas.
~ **butano** butane gas.
~ **es asfixiantes** asphyxiating gases.
~ **inerte** *(lucha contraincendios)* fire-smothering gas.
~ **libre** free gas.

gasolina *f.* petrol.

gasto *m.* charge, disbursement, expense.
~**s de bote** boatage.
~**s de explotación** *(buque)* running cost, working expense.
~**s de gabarra(s)** lighterage
~**s de salvamento** salvage charges.
~**s generales** overhead charges.

gavia *f. (vela)* **1.** *(en general)* topsail; **2.** *(por antonomasia)* main topsail.
~ **alta** upper main topsail.
~ **baja** lower main topsail.

gaviero *m.* topman.

gaza *f.* loop [eye-] splice, eye.

gemelos *m. pl. ópt.* binoculars.
~ **prismáticos** prismatic binoculars.

generador *m. Elect.* generator.
~ **de pedal** *(bote salvavidas)* geared foot-operated generator.
~ **principal** main generator.

girocompás *m.* gyro compass.

gobernar *v.t. Man.* y *Nav.* **1.** *(guiar por medio del timón)* to steer; **2.** *(dar órdenes al timonel)* to con ‖ *v.i.* *(obedecer el buque al timón)* to answer the helm, to steer.
~ **a mano** to proceed under hand.
~ **hacia fuera** to stand off the land.
~ **hacia tierra** to stand in for the land.

goleta *f.* schooner.
~ **de tres palos** three masted schooner.
~ **de velacho** topsail schooner.

golfo *m.* gulf.

gong *m.* gong.

grada *f.:*
~ **de construcción** building berth, slip(way), building slip(way), stocks.

gradiente *m.* gradient.
~ **barométrico** barometric gradient.

grado *m.* degree.
~**s centígrados** degrees centigrade.
~**s Fahrenheit** degrees Fahrenheit.

graduar *v.t.* to calibrate.

granel *m.:* □ **a** ~ in bulk.

granelero *m.* bulk carrier.

granizar *v.i.* to hail.

granizo *m.* hail.

grapa *f.* clamp.

grátil *m.* **1.** *(vela de cuchillo)* luff; **2.** *(vela redonda)* head.

greda *f.* chalk.

grifo *m.* cock.
~ **de alimentación** feed cock.
~ **de prueba** test [gauge] cock.
~ **de purga** drain [air, blow through] cock.

grillete *m.* *(pieza de unión y unidad de longitud para cadenas)* shackle.
~ **con perno roscado** (eye) screw shackle.
~ **de ancla** anchor shackle.
~ **de cuerpo muerto** rocking shackle.
~ **de entalingadura** end [bending] shackle.
~ **de unión** joining [joiner, connecting] shackle.
~ **en forma de lira** harp (shape) shackle, bow shackle.
~ **giratorio** swivel (piece).
~ **giratorio para fondear las dos anclas** mooring swivel [shackle].

grímpola *f.* vane.

groera *f.* limber [drain(age)] hole, limber, watercourse.

grúa *f.* crane.
~ **a mano** hand crane.
~ **de gran potencia** heavy weight crane.
~ **de pórtico** portal [gantry] crane.
~ **de vapor** steam crane.
~ **flotante** floating crane.
~ **giratoria** turning crane.

guardacabo *m.* thimble.

guardacalor *m.* casing, machinery casing, engine (room) casing.
~ **de la cámara de calderas** fid(d)ley.
~ **de la chimenea** funnel casing.
~ **de la máquina** engine (room) casing, machinery casing.

guardacostas *m.* *(buque)* coast guard vessel [ship], coast defence vessel.

guardainfante *m.* *(cabrestante)* whelp.

guardapesca *m.* *(buque)* fishery cruiser, fishery protection vessel.

guardia *f.* *(contingente de hombres que presta servicio y tiempo que dura éste)* watch □ **de** ~ on duty, on watch; **entrar de** ~ to take (charge of) the watch; **entregar la** ~ to pass over the watch; **hacer** ~ to stand watch; **nombrar la** ~ to set the watch.
~ **de alba** *(4 h. a 8 h.)* morning watch.
~ **de amanecida** *(4 h. a 8 h.)* morning watch.
~ **de cuartillo** dog watch.
~ **de escucha** *Rad.* listening [radio] watch.
~ **de la mañana** *(8 h. a 12 h.)* forenoon watch.
~ **de la tarde** *(12 h. a 16 h.)* afternoon watch.

~ **de mar** sea watch.
~ **de media** *(0 h. a 4 h.)* middle [graveyard] watch.
~ **de prima** *(20 h. a 24 h.)* first watch.
~ **de puerto** harbour watch.
~ **de timón** trick, turn [spell] at the wheel.
~ **diurna** day watch.
~ **estando al ancla** anchor watch.
~ **franca** spell below.
~ **nocturna** night watch.

guardián *m.* watchman.

guardín *m.* steering [tiller, wheel] chain, steering [tiller, wheel] rope.

guarnir *v.t.* **1.** *(aparejar)* to rig; **2.** *(pasar el cabo por el motón o motones de un aparejo)* to reeve.
~ **al cabrestante** to bring to the capstan.
~ **un cabo** to reeve a line.

guayacán *m.* lignum-vitae, pockwood.

guía *f.* **1.** *(para paso de cabos)* chock, mooring [cable, warping] chock, fairlead; **2.** *(para dar amarras)* heaving [hauling] line; **3.** *Máq.* guide.
~ **de amarre** chock, mooring [cable, warping] chock, fairlead.
~ **de ondas** *(radar)* wave guide.
~ **de rodillos** roller chock.

guiacabos *m.* fairlead, chock.
~ **con rolete** roller fairlead [chock].

guijarro *m.* pebble, shingle.

guindaleza *f.* hawser.

guindola *f.* **1.** *(andamio)* (hanging) stage; **2.** *(aro salvavidas)* lifebuoy.
~ **de arboladura** boatswain's chair.

guiñada *f.* yaw.

guiñar *v.i.* to yaw.

guión *m.* *(remo)* loom.

guirnalda *f.* **1.** *(botes y aros salvavidas)* lifeline, grab line; **2.** *(de defensa)* puddening, pad.

H

hacha *f.* axe.
  ~ **de bombero** fire(man's) axe.

halar *v.t.* to haul, to pull, to heave.
  ~ **a besar** to round up [in].
  ~ **a estrepadas** to veer and haul.
  ~ **a reclamar** to round up [in].
  ~ **dentro** to haul in.
  ~ **de un aparejo** to bouse, to bowse.
  ~ **hacia dentro** to haul in.

halo *m. Meteor.* halo.

helada *f.* frost.
  ~ **blanca** hoar-frost.

helar *v.t.* to freeze || *v.i.* to freeze, to frost || *v.r.* to freeze, to be frozen.

hélice *f.* **1.** *(propulsora)* propeller, screw, screw propeller □ **de dos ~s** twin screw; **de una ~** single screw; **2.** *(corredera)* rotator.
  ~ **central** mid propeller.
  ~ **de babor** port propeller.
  ~ **de corredera** rotator.
  ~ **de estribor** starboard propeller.
  ~ **de giro a la derecha** right handed propeller, right-hand (turning) propeller.
  ~ **de giro a la izquierda** left handed propeller, left-hand (turning) propeller.
  ~ **de palas fijas** solid propeller.
  ~ **de palas independientes** built up propeller.
  ~ **de paso constante** fixed [constant] pitch propeller.
  ~ **de paso controlable** controllable [variable] pitch propeller.
  ~ **de paso fijo** fixed [constant] pitch propeller.
  ~ **de paso variable** variable pitch propeller.
  ~ **de tres palas** three blade(d) propeller.
  ~ **de una sola pieza** solid propeller.
  ~ **enteriza** solid propeller.
  ~ **reversible** reversible propeller.
  ~ **reversible de paso variable** variable pitch reversing propeller.
  ~**s de giro al exterior** out-turning propellers.
  ~**s de giro al interior** in-turning propellers.
  ~**s gemelas** twin screws.

helicóptero *m.* helicopter.

hembra *f.:*
  ~ **del timón** gudgeon, rudder band [brace].

henequén *m.* henequen.

herramienta *f.* tool.

herrín *m.* rust.

herrumbre *f.* rust.

hidroavión *m.* seaplane.

hidrocarburo *m.* hydrocarbon.

hidrófugo, a *adj.* water-repellent, hydrofuge.

hidrografía *f.* hydrography.

hidrográfico, a *adj.* hydrographic(al).

hidrógrafo *m.* hydrographer, hydrographic surveyor.

hielo *m.* ice □ **bloqueado por el ~** *(buque)*

ice-bound; **cerrado por el ~** *(puerto)* ice-bound.
~ **a la deriva** drift ice.
~ **fijo** *(en el lugar de formación)* fast ice.
~ **fijo de invierno** winter fast ice.
~ **flotante** floating ice.
~ **joven** young fast ice.
~ **nuevo** new ice.
~**s de presión** pressure ice.

hierro *m.* iron.
~ **dulce** soft iron.
~ **en "U"** channel iron [bar].
~ **forjado** wrought [forged] iron.
~ **fundido** cast iron.
~ **galvanizado** galvanized iron.

higrómetro *m.* hygrometer.

hilero *m. Ocean.* tideway.

hilo *m.* **1.** *(para coser)* thread, twine; **2.** *(eléctrico)* wire.
~ **de estopa** thread of oakum.
~ **de vela** sail twine.
~ **volantín** sail twine.

hipoteca *f.* mortgage.

hombre *m.* man □ **¡~ al agua!** man overboard!
~ **rana** skin-diver, frogman.
~**s de mar** seafarers, seafaring men.

hora *f.* **1.** *(veinticuatroava parte del día)* hour; **2.** *(momento determinado del día)* time.
~ **civil de Greenwich** Greenwich civil time.
~ **de a bordo** ship's time.
~ **del huso** zone time.
~ **de llegada** time of arrival.
~ **de reunión** time of meeting.
~ **de salida** time of departure.
~ **de verano** summer time.
~ **legal** zone time.
~ **local** local time.
~ **media de Greenwich** Greenwich mean time.
~ **oficial** standard time.
~ **prevista de llegada** estimated time of arrival.
~ **prevista de salida** estimated time of departure.
~**s de oficina** office hours.
~**s extraordinarias** overtime.
~**s laborables** working hours.
~ **verdadera** apparent time.

horizonte *m.* horizon □ **bajo el ~** below the horizon; **en el ~** on the horizon; **sobre el ~** above the horizon.
~ **aparente** apparent horizon.
~ **artificial** artificial horizon.
~ **racional** rational horizon.
~ **sensible** apparent horizon.
~ **verdadero** rational horizon.

horno *m. (de calderas, etc.)* furnace.

horquilla *f.* **1.** *(remo)* boat crutch; **2.** *(para singar)* steering crutch; **3.** *(botavara)* boom crutch; **4.** *(pluma de carga)* derrick crutch.

huelgo *m.* clearance, play □ **tomar ~** to work loose.
~ **del émbolo** clearance of piston.

humedad *f.* humidity, damp(ness), wet(ness).
~ **absoluta** absolute humidity.
~ **relativa** relative humidity.

humo *m.* smoke □ **sin ~** smokeless.

hundido, a *p.p.* sunken.
~ **de popa** *(apopado)* down by the stern.
~ **de proa** *(aproado)* down by the head.

hundimiento *m.* sinking, foundering.
~ **intencionado** scuttling.

hundir *v.t.* to founder, to sink || *v.r.* to founder, to sink, to go down.
~ **intencionadamente** to scuttle.

huracán *m. (fuerza 12 en la escala de Beaufort)* hurricane.

hurto *m.* pilfering, petty theft.

huso *m.:*
~ **horario** time zone.

I

incendiar *v.t.* to set fire to, to set on fire, to burn || *v.r.* to catch [take] fire.

iceberg *m.* iceberg.

ignífugo, a *adj.* fireproof.

imán *m.* magnet.
~ **compensador** *(del compás)* compensating [corrector] magnet.

imbornal *m.* **1.** *(en el forro exterior)* scupper; **2.** *(en varengas)* limber, limber [drain(age)] hole, watercourse.
~ **al exterior** overboard scupper.
~ **con descarga al mar** overboard scupper.
~ **de varenga** limber, limber [drain(age)] hole, watercouse.

impulso *m.* **1.** *(empuje)* thrust; **2.** *Rad.* pulse.

inabordable *adj.* *(costa, puerto, etc.)* unapproachable, inaccessible.

inaccesible *adj.* inaccessible, unapproachable.

incendio *m.* fire □ **a prueba de** ~ fireproof; **en caso de** ~ in case of fire; **por** ~ by fire.

inclinación *f.* inclination, dip.
~ **de la aguja** inclination [dip] of the needle.
~ **del costado hacia dentro** *(en algunos buques)* tumble home.
~ **magnética** magnetic inclination [dip].

inclinar *v.t.* y *v.r.* to incline.

incrustación *f.* *(calderas, tubos, etc.)* scale, fur.

indicador *m.* indicator.
~ **(de ángulos) del timón** rudder [helm] angle indicator, rudder [helm] indicator, rudder [tiller] telltale.
~ **de asiento** trim indicator.
~ **de calados** draught indicator.
~ **de diferencia de calados** trim indicator.
~ **de escala de distancias** *(radar)* range scale indicator.
~ **de nivel de agua** water gauge.
~ **de número de revoluciones** revolution indicator [pointer].
~ **de presión de vapor** steam gauge.
~ **de trimado** trim indicator.
~ **de velocidad** speed indicator, speedometer.

indicativo *m.:*
~ **de llamada** call sign.

inercia *f.* inertia.

inflamable *adj.* inflammable.

infranqueable *adj.* impassable.

ingeniero *m.* engineer.
~ **hidrógrafo** hydrographic engineer.
~ **naval** naval architect.

ininflamable *adj.* uninflammable.

inmersión *f.* immersion.

inmigración *f.* immigration.

innavegable *adj.* **1.** *(buque)* unseaworthy; **2.** *(aguas)* unnavigable, innavigable.

insolación *f.* **1.** *Meteor.* insolation; **2.** *Med.* insolation, sunstroke.

inspección *f.* inspection, survey, examination.
~ **de clasificación** classification survey.
~ **de escotillas** hatch survey.
~ **de la línea de carga** loadline survey.
~ **de limpieza** cleaning eye.
~ **oficial** official inspection.

inspeccionar *v.t.* to inspect, to survey, to examine, to superintend.

inspector *m.* **1.** *(de organismo oficial)* surveyor; **2.** *(de compañía naviera)* superintendent, inspector.
~ **de buques** marine [ship] surveyor.
~ **radiotelegráfico** radio inspector.

instalación *f.* **1.** *(acción y efecto de instalar)* installation, fitting; **2.** *(conjunto de cosas instaladas)* installation, plant, arrangement, system || **instalaciones** *f. pl.* fittings, facilities.
~ **central de detección de incendios** central fire recording [detecting] equipment [system, installation].
~ **contra incendios** fire extinguishing [extinction] plant [fitting, system, arrangement, installation], fire system.
~ **de achique** bilge suction [pumping] system [arrangement].
~ **de bombas** pumping plant.
~ **de destilación** distilling plant.
~ **de pulverizadores** sprinkler system.
~ **de rociadores** sprinkler system.
~ **de purificación** separating [purification] plant, purifying arrangements.
instalaciones de cubierta deck fittings.
instalaciones sanitarias sanitary facilities [arrangements].
~ **frigorífica** refrigeration system, refrigerating plant.
~ **para bombeo del lastre** ballast pumping system.
~ **principal de contra incendios** fire main system.
~ **radiotelefónica** radiotelephone installation.
~ **radiotelegráfica** radiotelegraph installation.

instalar *v.t. (maquinaria, etc.)* to install.

Instituto *m.:*
~ **Hidrográfico de la Marina** Hydrographic Office.

instrucciones *f. pl.* instructions, directions, orders □ **dar** ~ to instruct, to direct; **recibir** ~ to receive instructions [directions].

instrumento *m.* instrument.
~**s náuticos** nautical instruments.
~**s para puntear la derrota** plotting instruments.

insumergible *adj.* unsinkable.

integridad *f. Const. nav.* completeness.

intensidad *f.* intensity, strength.
~ **de corriente en la antena** aerial current.
~ **del campo eléctrico** electric field strength.
~ **del campo magnético** magnetic field strength.

interferencia *f. Rad.* interference, jamming.
~ **radar** radar interference.

interferir *v.t. Rad.* to interfere.

interrupción *f. Elect.* break.

interruptor *m. Elect.* y *Rad.* switch.
~ **de antena** aerial [antenna] switch.

inundable *adj.* floodable.

inundación *f.* flood(ing)
~ **de carboneras** flooding of bunkers.

inundar *v.t.* to inundate, to flood, to (over)flow.

inventario *m.* inventory.
~ **del buque** inventory of ship's gear.

invernada *f.* wintering.

invernar *v.i.* to winter.

invierno *m.* winter.

inyector *m.* injector.

ir *v.i.* **1.** *(moverse hacia determinado lugar)* to go; **2.** *(extenderse entre dos límites o puntos)* to extend, to lead, to run || *v.r.* **1.** *(abandonar un lugar)* to go off [away], to leave; **2.** *(un líquido del recipiente en que está)* to leak, to run (out), to ooze; **3.** *(perder, gotear un recipiente)* to run, to leak, to ooze.
~**se a pique** to sink, to founder.
~**se a pique de proa** to founder head down [by the bows].
~**se sobre la costa** to be driven ashore, to run ashore.

isla *f.* island.

islote *m.* islet.

isobara *f.* isobar.

isoterma *f.* isotherm.

istmo *m.* isthmus.

izada *f.* **1.** *(de banderas)* hoist; **2.** *(de mercancías)* hoist, lift.

izar *v.t.* **1.** to hoist, to heave up, to trice (up); **2.** *(palos)* to rig up, to mast; **3.** *(plumas de carga)* to rig up.

~ **con andarivel** to whip.

~ **la bandera nacional** to hoist the colours.

~ **los botes** to hoist the boats.

J

jarcia *f.* rigging.
~ **de cáñamo** hemp rigging.
~ **de labor** running rigging.
~ **firme** standing rigging.
~ **metálica** steel wire rigging.
~ **muerta** standing rigging.
~ **trozada** junk.

jefe *m.* chief.
~ **de cocina** chief cook.
~ **de máquinas** chief engineer.

jeniquén *m.* henequen.

jimelga *f.* fish.

juanete *m.* *(vela)* topgallant sail.

juego *m.* **1.** *(conjunto de piezas semejantes)* set; **2.** *(huelgo)* play.
~ **de banderas** set of flags.
~ **de herramientas** set of tools

junco *m.* *(barco chino)* junk.

junta *f.* *(de tubos, maquinaria, etc.)* joint.
~ **a tope** *(chapas)* butt joint.

justificante *m.* voucher, warrant.
~ **de cuentas** statement of account.

K

kapoc *m.* kapok.
kayak *m.* kayak.
kilocaloría *f.* kilocalorie.
kilociclo *m.* kilocycle.
kilográmetro *m.* kilogrammetre.
kilogramo *m.* kilogramme.
kilómetro *m.* kilometre.
kilovatio *m.* kilowatt.

L

lago *m.* lake.

lagrimeo *m.* weeping.

laguna *f.* lagoon.

lama *f. Hidr.* ooze.

lampacear *v.t.* to mop, to swab.

lámpara *f.* **1.** *(alumbrado)* lamp; **2.** *Rad.* valve ; (EE.UU.) tube.
~ **de destellos** flashing lamp.
~ **de radio** radio valve [tube].
~ **de seguridad** safety lamp.
~ **de señales** signalling lamp.
~ **para señales diurnas** daylight signalling lamp.
~ **piloto** pilot lamp.
~ **portátil** portable lamp.

lampazo *m.* mop, swab.

lancha *f.* launch.
~ **de motor** motor launch.
~ **de vapor** stèam launch.
~ **motora** motor launch.

lanchón *m.* lighter.

langostero *m.* lobster boat.

lanilla *f.* bunting.

lantia *f.* binnacle lamp.

lanza *f. (de manguera)* V. **boquilla.**

lanzamiento *m.* **1.** *(inclinación del codaste y de la roda)* rake; **2.** *(bauprés)* steeve; **3.** *(botadura)* launching.
~ **de costado** side launching.
~ **de la roda** rake of the stem.
~ **del codaste** rake of the sternpost.
~ **de popa** end launching.

lanzar *v.t.* **1.** to throw; **2.** *(botar al agua)* to launch; **3.** *(disparar un cohete, etc.)* to fire.
~ **señales** to fire signals.

largar *v.t.* **1.** *(vela)* to unfurl, to loosen; **2.** *(un cabo o cadena, poco a poco)* to slack(en), to veer; **3.** *(un cabo, en banda)* to let go; **4.** *(amarras de tierra)* to cast off.
~ **amarras** to cast off moorings.
~ **una vela** to unfurl a sail.

largo, a *adj. (arriado, suelto)* loose □ **navegar a un** ~ to sail [run, go] free, to sail with the wind on the quarter || *m.* **1.** *(dimensión de un cuerpo)* length; **2.** *(ramal de cadena)* shot, shackle, length of (chain) cable.

lascar *v.t.* to check, to slack (away), to slacken, to ease (away).

lastraje *m.* ballasting.

lastrar *v.t.* to ballast, to take in ballast.

lastre *m.* ballast □ **en** ~ in ballast.
~ **de agua** water ballast.
~ **fijo** permanent [fixed] ballast.
~ **líquido** water ballast.
~ **permanente** permanent [fixed] ballast.
~ **seco** dry ballast.

lata *f. Const. nav.* ledge.

latitud *f.* latitude □ **ascender [ganar, (re)montar] en** ~ to rise in latitude; **calcular [obtener] la** ~ to determine [find] latitude.
~ **circunmeridiana** ex-meridian latitude.

~ **corregida** corrected latitude.
~ **de estima** latitude by account [dead reckoning].
~ **de llegada** latitude in [of] arrival.
~ **de salida** latitude of departure.
~ **es altas** high latitudes.
~ **es bajas** low latitudes.
~ **estimada** latitude by account [dead reckoning].
~ **media** mean latitude.
~ **meridiana** meridian latitude.
~ **Norte** North latitude.
~ **observada** latitude by observation.
~ **por altura circunmeridiana** ex-meridian latitude.
~ **por altura meridiana** meridian latitude.
~ **Sur** South latitude.
~ **verdadera** true latitude.

lazareto *m.* quarantine hospital [station], lazaret(to).

lectura *f.* *(barómetro, etc.)* reading.

lechada *f.*:
~ **de cemento** cement wash(ing).

légamo *m.* slime, ooze.

legislación *f.* legislation.
~ **de Marina mercante** Merchant Shipping Acts.

legua *f.*:
~ **marina** league.

lesnordeste *m.* V. **esnordeste.**

les(s)ueste *m.* east-south-east.

leste *m.* V. **este.**

levantar *v.t.* **1.** *(elevar)* to raise; **2.** *(timón)* to ease, to right; **3.** *(cartas náuticas)* to survey; **4.** *(un puntal, etc.)* to trice (up).

levante *m.* **1.** *Geogr.* Levant; **2.** *Meteor.* Levanter.

levar *v.t.* to weigh || *v.i.* to get under way, to set sail.
~ **el ancla** to weigh anchor.

libertad *f.*:
~ **de los mares** freedom of the seas.

libra *f.* pound.
~ **por pulgada cuadrada** pound per square inch.

libre *adj.* free, clear.
~ **a bordo** free on board.
~ **de avería particular** free of particular average.
~ **de todo peligro** clear of all danger.

libro *m.* book.
~ **de cargamentos** cargo book.
~ **de Faros** list of Lights, Light list.
~ **registro** register(-book).

limbo *m.* **1.** *(astro)* limb; **2.** *(sextante)* arc, limb.

limera *f.* helm port, rudder hole [port].

limo *m.* ooze , silt.

limpiar *v.t.* to clean.
~ **fondos** to clean the bottom.

limpieza *f.* **1.** *(acción y efecto de limpiar)* cleaning; **2.** *(calidad de limpio)* clean(li)ness.
~ **de fondos** cleaning of bottom.
~ **de tanques** washing of tanks.

línea *f.* line.
~ **base** *Const. nav.* base line.
~ **de agua** *Const. nav.* water line.
~ **de arrufo** sheer line.
~ **de carga de invierno** winter load line.
~ **de carga de verano** summer load line.
~ **de carga en agua dulce** fresh water load line.
~ **de carga para el Atlántico Norte** winter North Atlantic load line.
~ **de carga para madera en cubierta** timber load line.
~ **de carga tropical** tropical load line
~ **de carga tropical en agua dulce** tropical fresh water load line.
~ **de la costa** coastline.
~ **de cubierta** deck line.
~ **de ejes** *Máq.* shaft line, (propeller) shafting.
~ **de fe** *(compás)* lubber line.
~ **de flotación** waterline.
~ **de horizonte** horizon line.
~ **de las caras internas de las cuadernas** assumed frame line.
~ **de margen** *Const. nav.* margin line.
~ **de máxima carga de compartimentación** deepest subdivision load line.
~ **de nivel de profundidades** *(en cartas)* depth contour.
~ **de picaderos** blocking, stocks.
~ **de quilla** keel line.

~ **de separación de tráfico** traffic separation line.
~ **de sonda** fathom line.
~ **interior de las cuadernas** line of inside framing.
~ **isóbata** fathom line.
~ **regular** *(tráfico marítimo)* regular line.

lingada *f.* V. **eslingada.**

lingote *m.* **1.** *(bloque de metal en bruto)* ingot; **2.** *(de lastre)* kentledge, pig iron.

linterna *f.* **1.** *(eléctrica)* (electric) torch; (EE.UU.) flash light; **2.** *(farol manual)* lantern.
~ **flamenca** dark lantern.
~ **sorda** dark lantern.

liquidación *f. Com.* adjustment, statement.
~ **de averías** *Der. mar.* adjustment [statement] of average, average adjustment [statement].

liquidador *m.* adjuster.
~ **de averías** *Der. mar.* average adjuster [stater].

lista *f.* list.
~ **de pasajeros** passenger list.
~ **de tripulantes** crew list.

listo, a *adj.* *(preparado)* ready □ **¡ ~s para virar!** *(para cambiar de amura)* ready about!; **todo** ~ all ready.
~ **para cargar** ready to load.
~ **para descargar** ready to discharge.
~ **para navegar** ready for sea.
~ **para salir** *(buque)* ready to sail.

listón *m.* batten.

litera *f.* bunk, berth.

litoral *adj.* littoral || *m.* (sea)shore, seabord, littoral.

localización *f.* *(determinación de la posición)* location.

localizar *v.t.* *(averiguar la posición de algo o alguien)* to locate.

lodo *m.* mud.

lona *f.* canvas.

loneta *f.* duck.

longitud *f.* **1.** *(largo)* length; **2.** *Astr., Geogr.* y *Nav.* longitude.
~ **corregida** corrected longitude.
~ **de estima** longitude by account [dead reckoning].
~ **de llegada** longitude of arrival, arrived longitude.
~ **de onda** *Rad.* wave length.
~ **de salida** longitude of departure, departed longitude.
~ **Este** East longitude.
~ **estimada** longitude by account [dead reckoning].
~ **observada** longitude by observation.
~ **Oeste** West longitude.

loxodromia *f.* loxodrome.

loxodrómico, a *adj.* loxodromic || *f.* loxodrome.

lúa *f.:* □ **tomar por la** ~ to broach to.

lubri(fi)cación *f.* lubrication, oiling, greasing.
~ **forzada** forced lubrication.

lubri(fi)cante *adj.* lubricating, lubricant || *m.* lubricating oil, lubricant.

lubri(fi)car *v.t.* to lubricate, to oil.

lugar *m.* place.
~ **de fondeo** anchoring place.
~ **de reunión** *(de pasajeros en caso de ejercicios)* muster station.
~ **geométrico** *Mat.* locus.

lumbrera *f.* **1.** *(escotilla acristalada)* skylight; **2.** *Máq.* port.

luna *f.* moon.
~ **llena** full moon.
~ **nueva** new moon.

lunación *f.* lunation.

lupa *f.* magnifier.
~ **del compás** compass magnifier.

luz *f.* light.
~ **alternativa** *(cambio de color)* alternating light.
~ **blanca** white light.
~ **centelleante** quick flashing light.
~ **de alcance** stern [overtaking] light.
~ **de babor** port light.
~ **de bengala** bengal light.
~ **de destellos** flashing light.
~ **de enfilación** leading light.
~ **de estribor** starboard light.
~ **de fondeo** anchor [riding] light.
~ **de grupos de centelleos** interrupted quick flashing light.

~ **de grupos de destellos** group flashing light.
~ **de grupos de ocultaciones** group occulting light.
~ **de la luna** moonlight.
~ **del día** daylight.
~ **de maniobra** *(para completar señales fónicas)* manoeuvring light.
~ **de ocultaciones** occulting light.
~ **de popa** stern light.
~ **de remolque** towing light.
~ **de señales** signal light.
~ **de tope** masthead [steaming] light.
~ **de tope de popa** range [after (masthead)] light.
~ **de tope de proa** forward masthead light.
~ **eléctrica** electric light.
~ **fija** fixed light.
~ **giratoria** *(faro)* revolving light.
~ **natural** daylight.
~ **provisional** temporary light.
~ **roja** red light.
~ **todo horizonte** all round light.
~ **verde** green light.

luces de costado side lights.

luces del puerto *(del interior del puerto)* harbour lights.

luces de navegación navigation [running] lights.

luces de sin gobierno not under command lights.

luces de tierra *(población, muelle, etc.)* shore lights.

LL

llama *f.* **1.** *(fuego)* flame □ **en ~s** on fire, in flames; ablaze, aflame; **2.** *Const. nav.* scarf.

llamada *f.* call.
 ~ **de socorro** *Rad.* distress call.
 ~ **general** *Señ.* general call.

llamar *v.t.* to call || *v.i.* *(el viento)* to shift, to haul around.
 ~ **la atención** *(atraerla)* to attract attention.
 ~ **por radio** to call by radio.

llamarada *f.* flame.

llave *f.* **1.** *(cerradura)* key; **2.** *(cuña de madera)* dowel; **3.** *(grifo)* cock; **4.** *(herramienta)* spanner, wrench.
 ~ **de lanzamiento** *Const. nav.* dog shore.
 ~ **del timón** rudder lock.
 ~ **inglesa** adjustable spanner [wrench], monkey wrench [spanner].
 ~ **para tubos** pipe wrench.

llegada *f.* arrival □ **a la ~ a puerto** on arrival in harbour.
 ~ **sin novedad** safe arrival.

llegar *v.i.* to arrive.
 ~ **a bordo** to arrive on board.
 ~ **al fondeadero** to arrive at the anchorage.
 ~ **a tiempo** to arrive in time.
 ~ **delante de** *(cabo, puerto, etc.)* to arrive off.

lleno, a *adj.* **1.** *(ocupado, repleto)* full; **2.** *(ancho, redondeado, como la proa de un barco, etc.)* bluff.

llovizna *f.* drizzle.

lloviznar *v.i.* to drizzle, to mizzle.

lluvia *f.* rain.
 ~ **intensa** heavy rain.
 ~ **ligera** slight rain.
 ~ **moderada** moderate rain.
 ~ **orográfica** orographic rain.

M

machina *f.* sheer(leg)s, shears.

macho *m.:*
~ **de timón** (rudder) pintle.

madera *f.* wood; timber □ **de** ~ wooden.
~ **de construcción** lumber, timber.
~ **de estiba** dunnage (wood).

madre *f.* **1.** *(palo)* spindle, heart; **2.** *(timón)* head, stock.

magnetismo *m.* magnetism.
~ **inducido** induced magnetism.
~ **remanente** retentive [remanent] magnetism.
~ **terrestre** terrestrial magnetism.

magnetrón *m.* magnetron.

malecón *m.* jetty, mole, dike.

mamparo *m.* bulkhead.
~ **cortafuegos** fire(-retarding) bulkhead.
~ **de abordaje** collision bulkhead.
~ **de balance** **1.** *(en bodega)* grain bulkhead; **2.** *(en tanque)* wash bulkhead [plate].
~ **de bayoneta** step(ped) bulkhead.
~ **de cierre** boundary [enclosure] bulkhead.
~ **de colisión** collision bulkhead.
~ **de la cámara de máquinas** machinery [engine room] bulkhead.
~ **del rasel de popa** afterpeak bulkhead.
~ **de nicho** recess(ed) bulkhead.
~ **divisorio** partition [divisional] bulkhead.
~ **estanco** watertight bulkhead.
~ **inclinado** sloping bulkhead.
~ **ondulado** corrugated [fluted] bulkhead.
~ **resistente al fuego** fire-resisting [-proof] bulkhead.
~ **transversal principal** main transverse bulkhead.

manejable *adj.* handy.

manejar *v.t.* to handle, to operate.

manejo *m.* handling.
~ **de la carga** cargo handling.

manga *f. Const. nav.* breadth, beam.
~ **de arqueo** tonnage breadth.
~ **de la popa** aftermost breadth.
~ **de trazado** moulded breadth.
~ **en el fuerte** extreme breadth.
~ **fuera de miembros** moulded breadth.
~ **máxima** extreme breadth.

manguera *f.* **1.** *(para baldeo, etc.)* hose; **2.** *Meteor.* waterspout.
~ **de baldeo** deck washing hose.
~ **de contraincendios** fire hose.
~ **de lona** canvas hose.
~ **de ventilación** windsail.

manguerote *m.:*
~ **de ventilación** ventilator, ventilating shaft.

manifiesto *m. Der. mar.* manifest.
~ **de entrada** inward manifest.
~ **del buque** ship's manifest.
~ **de salida** outward manifest.

maniobra *f.* **1.** *(evolución o movimiento de un buque)* manoeuvre; **2.** *(conjunto de cabos y aparejos)* rigging.
~ **corriente** running rigging.
~ **de cambiar de rumbo** action to alter course.

~ **de firme** standing rigging.
~ **de labor** running rigging.
~ **movible** running rigging.
~ **para evitar un abordaje** action to avoid collision.
~ **volante** running rigging.

maniobrabilidad *f.* manoeuvrability.

maniobrable *adj. (buque)* manageable.

maniobrar *v.t.* y *v.i.* to manoeuvre.

manipulador *m. Rad.* key.

manipular *v.t. Rad.* to key.

mano *f. (de pintura, barniz, etc.)* coat(ing).

manómetro *m.* **1.** *(para gases)* pressure gauge, manometer; **2.** *(para líquidos)* pressure gauge.
~ **de vapor** steam gauge.

mantener *v.t.* **1.** *(conservar, sostener)* to keep, to hold; **2.** *(entretener)* to maintain, to service || *v.r.* to keep.
~ **el rumbo** to hold course.
~**se alejado de** to stand off.
~**se cerca de** to remain near, to stand by [close to].

mantenimiento *m.* upkeep, maintenance.

mapa *m.* **1.** *(de ancla)* palm; **2.** *Geogr.* map.

máquina *f.* engine, machine.
~ **alternativa** reciprocating engine.
~ **auxiliar** auxiliary engine.
~ **de babor** port engine.
~ **de doble efecto** double acting engine.
~ **de estribor** starboard engine.
~ **de simple efecto** single acting engine.
~ **de vapor** steam engine.
~ **eléctrica** electric engine.
~ **hidráulica** hydraulic machine.
~ **principal** main engine.

maquinaria *f.* machinery.
~ **auxiliar** auxiliary machinery.
~ **frigorífica** refrigerating machinery.
~ **propulsora** propelling machinery, propulsion [propelling] plant.

maquinilla *f.* V. **chigre.**

maquinillero *m.* winchman.

maquinista *m.* engineer.
~ **de guardia** watch engineer.
~ **Jefe** chief engineer.

mar *m.* o *f.* sea □ **a la** ~ *(por la borda)* overboard; **caer a la** ~ to fall overboard; **en la** ~ at sea; **hacerse a la** ~ to put [proceed, go] to sea; **por** ~ by sea; **salir a la** ~ to put [proceed, go] to sea; **un golpe de** ~ a sea.
~ **arbolada** *(7 en la escala)* high sea.
~ **de fondo** ground swell.
~ **de leva tendida** ground swell.
~ **de los Sargazos** Sargasso Sea.
~ **de popa** following sea.
~ **de proa** head sea.
~ **de través** beam sea.
~ **enorme** *(9 en la escala)* phenomenal sea.
~ **fuerte** *(4 en la escala)* moderate sea.
~ **gruesa** *(5 en la escala)* rough sea.
~ **libre** open sea.
~ **llana** *(0 en la escala)* calm sea.
~ **montañosa** *(8 en la escala)* very high sea.
~ **muy gruesa** *(6 en la escala)* very rough sea.
~ **picada** choppy sea.
~ **rizada** *(1 en la escala)* rippled sea.
~ **territorial** territorial sea [waters].
alta ~ high seas, open sea.

marca *f.* mark.
~ **de fábrica** trade mark.
~ **de la bajamar** low-water mark.
~ **de la carga** *(para identificación de los bultos)* cargo mark.
~ **de la pleamar** high-water mark.
~ **de proa** *(radar)* heading flash [marker, line].
~ **de reconocimiento** *Nav.* landmark, seamark.
~ **de tope** *(baliza)* topmark.
~ **para la navegación** navigation mark.
~**s de calados** draught marks.
~**s de enfilación** leading marks.
~**s de francobordo** freeboard [load-line] marks.

marcación *f. Náut.* relative bearing.
~ **radiogoniométrica** relative radio (direction finder) bearing.

marcar *v.t.* **1.** *(poner marcas, contraseñas)* to mark; **2.** *Náut.* to take a bearing.

marco *m.:*
~ **de la hélice** propeller frame, propeller [screw] aperture, propeller [screw] well.

marea *f.* tide □ **sin** ~**s** tideless.
~ **alta** high water [tide].

~ **baja** low water [tide].
~ **barométrica** diurnal range of the barometer.
~ **creciente** flood [rising, effluent] tide.
~ **de cuadratura** neap tide.
~ **de sicigias** spring tide.
~ **entrante** flood [rising, effluent] tide.
~ **menguante** ebb [falling] tide.
~ **muerta** neap tide.
~ **vaciante** ebb [falling] tide.
~ **viva** spring tide.

marejada *f.* **1.** *(oleaje)* swell; **2.** *(3 en la escala)* slight sea.

marejadilla *f.* *(2 en la escala)* smooth sea.

mareo *m.* sea sickness.

margarita *f.* *(nudo)* sheepshank.

marina *f.*:
~ **de guerra** navy.
~ **mercante** mercantile [merchant] marine, merchant service [navy].

marinero, a *adj.* *(buque)* seaworthy || *m.* seaman, sailor.
~ **de cubierta** deck-hand.
~ **de primera** able(-bodied) seaman.
~ **de segunda** ordinary seaman.
~ **ordinario** ordinary seaman.
~ **preferente** able(-bodied) seaman.

marítimo, a *adj.* maritime.

martillo *m.* hammer.

masa *f.* *Elect.* earth, (EE.UU.) ground □ **poner [unir] a** ~ to earth, (EE.UU.) to ground.

mascaret *m.* (tidal) bore.

mascarón *m.*:
~ **de proa** figurehead.

mastelero *m.* topmast.
~ **de gavia** main topmast.
~ **de juanete de proa** fore topgallant mast.
~ **de juanete mayor** main topgallant mast.
~ **de perico** miz(z)en topgallant mast.
~ **de proa** fore topmast.
~ **de sobremesana** miz(z)en topmast.
~ **de sobreperico** miz(z)en royal mast.
~ **de trinquete** fore topmast.
~ **de velacho** fore topmast.
~ **mayor** main topmast.

matafión *m.* gasket.

matalote *m.* *(buque)*:
~ **de popa** ship next astern.
~ **de proa** ship next ahead.

material *m.* appliances, outfit.
~ **contra incendios** fire-extinguishing appliances [equipment].
~ **de salvamento** life-saving appliances [equipment, gear].
~ **náutico** navigating [navigation(al)] equipment, navigating [navigation(al)] instruments, navigating [navigation(al)] outfit.

matrícula *f.* register, registry.
~ **de buques** ship's register.

matricular *v.t.* to register.
~ **un buque** to register a ship.

mecánico, a *adj.* mechanic(al) || *m.* mechanic(ian).

mecanismo *m.* gear, mechanism.
~ **auxiliar de gobierno** auxiliar [emergency] steering gear.
~ **de gobierno** steering gear.
~ **de puesta en marcha** starting gear.
~ **de seguridad** safety gear.

mecha *f.* **1.** *(alma de un palo)* spindle; **2.** *(espiga del palo)* heel tenon; **3.** *(lámpara, engrasador)* wick; **4.** *(timón)* head, stock.
~ **del timón** rudder stock [head].

medición *f.* measurement.
~ **de arqueo** tonnage measurement.
~ **exterior** *(buque)* external measurement.
~ **interior** *(buque)* internal measurement.

médico *m.* doctor.
~ **de a bordo** ship's doctor, surgeon.
~ **de Sanidad del Puerto** Port Health Officer.

medida *f.* measure.
~**s de seguridad** safety measures.

mediodía *m.* noon, midday.
~ **verdadero** true noon.

medios *m. pl.* means.
~ **de transporte** means of transport.

megáfono *m.* megaphone, speaking trumpet.

mensaje *m.* message.
~ **cifrado por código** code(d) message, message in code.

~ **de socorro** distress message.
~ **en claro** message in plain language.
~ **por radio** message by radio.
~ **por teléfono** message by telephone.
~**s de libre plática** pratique messages.
~ **urgente** urgent message.

meollar *m.* spunyard.

mercancías *f. pl.* goods, merchandise, cargo.
~ **de contrabando** contraband goods.
~ **depositadas en la Aduana** bonded goods.
~ **de volumen** *(que paga flete por su volumen)* measurement goods.
~ **en cubierta** deck cargo.
~ **inflamables** inflammable goods [cargo].
~ **peligrosas** dangerous cargo [merchandise].
~ **perecederas** perishable cargo.
~ **prohibidas** prohibited cargo.

mercante *adj.* merchant, mercantile || *m.* merchant.

meridiano *m.* meridian.
~ **geográfico** geographical meridian.
~ **magnético** magnetic meridian.
primer ~ prime meridian.

merlín *m.* marline.

mesana *f. (vela)* miz(z)en (sail).

metacentro *m.* metacentre.
~ **longitudinal** longitudinal metacentre.
~ **transversal** transverse metacentre.

meteorología *f.* meteorology.

meteorológico, a *adj.* meteorological.

metro *m.* metre.
~ **cuadrado** square metre.
~ **cúbico** cubic metre.

milibar *m.* millibar.

milímetro *m.* millimetre.

milla *f.* mile.
~ **marina** nautical [sea] mile.
~ **medida** measured mile.
~ **terrestre inglesa** statute mile.

mina *f. Arm.* mine □ **bloqueado por ~s** blocked by mines.
~ **a la deriva** drifting mine.
~ **flotante** floating mine.
~ **magnética** magnetic mine.
~ **submarina** submarine mine.

minador *m.* minelayer.

minar *v.t. (colocar minas)* to mine.

mineralero *m.* ore carrier [ship, vessel], bulk ore carrier [ship, vessel].

minio *m.* minium, red lead.

miraguano *m.* kapok.

moderar *v.t.* to moderate, to reduce, to ease, to slack(en).
~ **la velocidad** to slack(en) [ease, reduce] speed.

modulación *f. Rad.* modulation.
~ **de amplitud** amplitude modulation.
~ **de frecuencia** frequency modulation.

molinete *m.* windlass.
~ **a mano** hand windlass.
~ **a vapor** steam windlass.
~ **eléctrico** electric windlass.

momento *m. Fís.* moment.
~ **adrizante** righting moment.
~ **de adrizamiento** righting moment.
~ **de arrufo** sagging moment.
~ **de escora** heeling [listing] moment.
~ **de flexión** bending moment.
~ **de inercia** moment of inertia.
~ **de una fuerza** moment of a force.
~ **de vuelco** upsetting [capsizing] moment.
~ **escorante** heeling [listing] moment.
~ **flector** bending moment.
~ **magnético** magnetic moment.
~ **(necesario) para variar el asiento una pulgada** moment to alter trim one inch, inch trim moment.

montante *m. (pie derecho)* upright.

montaña *f.* mount(ain).

monte *m.* mount(ain).

monzón *m.* o *f.* monsoon.
~ **del nordeste** north-east [dry] monsoon.
~ **del sudoeste** south-west [wet] monsoon.

morder *v.t. (el ancla)* to bite, to grip, to hold || *v.r. (cabo)* to jam, to ride.

mordido, a *p.p. (cabo atochado)* jammed.

morro *m.* pier-head, jetty head.

mortero *m. (de la aguja)* bowl.

motín *m.* mutiny.

motón *m.* block, single block, single-sheave(d) block.
~ **con arraigada** becket block, block with becket.
~ **de briol** sister block.
~ **de gancho** hook block, block with hook.
~ **de gaza de cabo** rope-strapped block.
~ **de rabiza** tail block.
~ **de retorno** lead(ing) block.
~ **fijo** standing block.
~ **giratorio** swivel [monkey] block.
~ **herrado** iron-strapped [-bound] block.
~ **movible** running [moving] block.

motor *m.* motor, engine.
~ **auxiliar** auxiliary engine.
~ **de combustión interna** internal combustion engine.
~ **de cuatro tiempos** four-stroke (cycle) engine.
~ **de dos tiempos** two-stroke (cycle) engine.
~ **de encendido por compresión** compression ignition engine.
~ **de explosión** explosion engine.
~ **de propulsión** propelling [propulsion] engine.
~ **diesel** diesel engine.
~ **eléctrico** electrical motor.
~ **fuera (de) borda** outboard motor [engine].
~ **marino** marine engine.
~ **principal** main engine.
~ **síncrono** synchronous motor.
~ **sobrealimentado** supercharged engine.

movimiento *m.* **1.** movement, motion □ **en ~** *(buques, según el Reglamento de Abordajes)* under way; **2.** *(cronómetro)* rate.
~ **acelerado** accelerated motion.
~ **alternativo** alternative motion.
~ **de rotación** rotary motion.
~ **diario** *(cronómetro)* daily rate.
~ **en adelanto** *(cronómetro)* gaining rate.
~ **en atraso** *(cronómetro)* losing rate.
~ **orbital** orbital motion.

muellaje *m.* quayage.

muelle *m.* **1.** *(resorte)* spring; **2.** *(obra portuaria)* quay, wharf, pier, jetty.
~ **amortiguador de la caña del timón** rudder buffer spring.
~ **de carboneo** coaling wharf.
~ **para embarque de combustible** bunkering jetty.

muerto *m.* *(de amarre)* mooring buoy.

N

nadador *m.* swimmer.

nadar *v.i.* to swim.

nadir *m.* nadir.

nasa *f. (arte de pesca)* fish-pot, creel.

natación *f.* swimming, natation.

naufragar *v.i.* to shipwreck, to (suffer) wreck.

naufragio *m.* (ship)wreck.

náufrago *adj* y *m.* (ship)wrecked, castaway.

náutica *f. (ciencia o arte)* navigation, seamanship.

náutico, a *adj.* nautical.

naval *adj.* naval.

navegabilidad *f.* **1.** *(de un río, canal, etc.)* navigability; **2.** *(buque)* seaworthiness, navigability.

navegable *adj.* navigable.

navegación *f.* navigation, sailing.
~ **astronómica** celestial navigation.
~ **a vapor** steam navigation.
~ **cost(an)era** coastal navigation [trade].
~ **de altura** deep sea navigation, distant trade.
~ **de recreo** yachting.
~ **durante el día** navigation by day.
~ **durante la noche** navigation by night.
~ **electrónica** electronic navigation.
~ **en convoy** navigation in convoy, sailing under convoy.
~ **exterior** foreign trade.
~ **fluvial** river navigation.
~ **interior** inland navigation.
~ **loxodrómica** plane [Mercator's] sailing.
~ **ortodrómica** great circle sailing.
~ **por estima** dead reckoning navigation.
~ **por paralelo** parallel sailing.
~ **por radar** radar monitored navigation.
~ **radioeléctrica** radio navigation.

navegar *v.i.* to navigate; to run.
~ **a un largo** to sail [run] free, to sail with the wind on the quarter.
~ **a vela** to sail.
~ **con el viento en popa** to sail before the wind.
~ **contra** *(corriente, viento o marea)* to stem.
~ **de bolina** to sail by the wind.
~ **de vuelta y vuelta** to beat.
~ **en conserva** to sail [navigate] in company.
~ **en popa** to sail before the wind.

naviero *m. (gestor que explota el buque)* ship operator, managing owner.

neblina *f.* mist.

nevada *f.* snowfall, snowstorm.
~ **continua** continuous snow.
~ **copiosa** heavy snow.

nevar *v.i.* to snow.

nicho *m. Const. nav.* recess.
~ **del túnel** tunnel recess.
~ **para ancla** anchor recess [pocket].

niebla *f.* fog.
~ **con claros** fog in patches.

~ **densa** thick fog.
~ **espesa** thick fog.
~ **moderada** moderate fog.

nieve *f.* snow.

nimbus *m.* nimbus.

nivel *m.* level □ **sobre el ~ del mar** above sea level.
~ **bajo** low level.
~ **de baja frecuencia a la salida del receptor** audio frequency output level of receiver.
~ **del agua** water level.
~ **del mar** sea level.
~ **de referencia** *(en las cartas)* chart datum, datum.
~ **medio del mar** mean sea level.

noche *f.* night □ **durante la ~** during night; **toda la ~** all night.

nombramiento *m. (de oficiales, etc.)* appointment.

nomenclátor *m.:*
~ **de las estaciones de barco** list of Ship Stations.

noray *m.* bollard.

nordeste *m.* north-east.
~ **cuarta al este** north-east by east.
~ **cuarta al norte** north-east by north.

nornordeste *m.* north-north-east.

nornoroeste *m.* north-north-west.

noroeste *m.* north-west.
~ **cuarta al norte** north-west by north.
~ **cuarta al oeste** north-west by west.

norte *m.* north □ **(al) ~ clavado** due north; **al ~ de** north of, northward(s) from [of]; **con destino al ~** northbound; **hacia el ~** northward(s).
~ **cuarta al nordeste** north by east.
~ **cuarta al noroeste** north by west.
~ **de la aguja** compass north.
~ **geográfico** geographic north.
~ **magnético** magnetic north.
~ **verdadero** true north.

novedad *f.:* □ **sin ~** all correct, all's well.

nube *f.* cloud.
~**s altas** high clouds.
~**s bajas** low clouds.
~**s de agua** rain clouds.
~**s de chubasco** squall clouds.
~**s de tormenta** thunder clouds.

nuboso, a *adj.* cloudy.

núcleo *m.:*
~ **de la hélice** propeller boss [hub].

nudo *m.* **1.** *(en un cabo)* knot, hitch; **2.** *(unidad de velocidad)* knot.
~ **de rizo** reef knot.
~ **doble** figure of eight knot.
~ **llano** square knot.
medio ~ overhand knot.

numeral *m. (en el Código de Señales)* ship's number, signal letters.

O

obedecer *v.t.:*
~ **al timón** to answer the helm.

obencadura *f.* shrouds.

obenque *m.* shroud □ **tesar los ~s** to set the shrouds.
~ **del mastelero** topmast shroud.
~ **del palo macho** lower shroud.

obra *f.:*
~ **muerta** deadworks, upper works.
~ **viva** bottom, hull bottom, immersed [submerged, underwater] hull.

obrero *m.:*
~ **portuario** docker, lumper, longshoreman; (EE.UU.) roustabout.

observación *f.* **1.** *Astr., Nav.* observation, sight; **2.** *Meteor.* observation.
~ **astronómica** astronomical [celestial] observation.
observaciones meteorológicas meteorological observations.

observar *v.t. Astr., Nav.* to sight, to take a sight.

observatorio *m.* observatory.
~ **astronómico** astronomical observatory.
~ **meteorológico** meteorological observatory.

obstrucción *f.* obstruction.
~ **flotante** floating obstruction.
~ **sumergida** sunken obstruction.

ocaso *m.* set(ting).
~ **del sol** sunset.

occidental *adj.* occidental, western.

occidente *m.* occident, west.

océano *m.* ocean.

oesnoroeste *m.* west-north-west.

oessudoeste o **oessuroeste** *m.* west-south-west.

oeste *m.* west □ **(al) ~ clavado** due west; **al ~ de** west of, westward(s) from [of]; **con destino al ~** westbound; **hacia el ~** westward(s).
~ **cuarta al noroeste** west by north.
~ **cuarta al sudoeste** west by south.

oficial *m.* officer.
~ **de Aduanas** Custom officer.
~ **de cubierta** deck officer, mate.
~ **de derrota** navigator, navigating officer.
~ **de guardia** officer of the watch.
~ **de la Armada** Naval officer.
~ **de máquinas** engineer officer.
~ **de Sanidad** health officer.
~ **radio** radio officer.
primer ~ first officer [mate], chief officer [mate].
segundo ~ second officer [mate].
tercer ~ third officer [mate].

oficina *f.* office.
~ **Meteorológica** Meteorological Office.

ojo *m.:*
~ **de buey** *(lumbrera de patente)* deck light.
~ **de la cuña** *(mastelero)* fid hole.
~ **del ancla** eye of the anchor.
~ **de la tormenta** eye of the storm.

ola *f.* wave.

~ **de proa** bow wave, wave of displacement.

oleaje *m.* swell.

ollao *m.* eyelet, eyelet [lacing] hole.
~ **metálico** (metal) grummet, (metal) grommet.

onda *f.* wave.
~ **amortiguada** absorved wave.
~ **corta** short wave.
~ **de marea** tidal wave.
~ **entretenida** undamped wave.
~ **larga** long wave.
~ **media** medium wave.
~ **portadora** carrier wave.

operación *f.* operation.
operaciones de salvamento 1. *(de personas)* rescue operations; 2. *(buque, mercancías)* salvage operations.

operador *m.:*
~ **de radio** radio operator.

orden *f.* order, command □ **cumplimentar las órdenes** to carry out orders; **esperar órdenes** to wait for orders; **recibir órdenes** to receive orders.
~ **de entrega** delivery order.
~ **de expedición** shipping order.
órdenes a la máquina engine orders [commands].
órdenes al timón [timonel] steering [helm, rudder] orders, steering [helm, rudder] commands, orders to helmsman.
nuevas órdenes further orders.

oriental *adj.* oriental, eastern.

orientar *v.t.* *(velas)* to trim || *v.r.* to find one's bearings.

oriente *m.* Orient, east.

orificio *m.* hole, orifice.
~ **de desagüe** drain(age) hole.
~ **de descarga** discharge (opening).
~ **de lubri(fi)cación** oil-hole.
~ **para paso de aire** air hole.
~ **para sonda** *(buques tanques)* ullage hole.

orilla *f.* **1.** *(costa)* strand, waterside; **2.** *(río)* bank, strand, waterside.

orín *m.* rust.

orinque *m.* buoy line [rope] □ **pasar un** ~ to fasten a tripping line.
~ **de ancla** anchor buoy rope, tripping [weighing] line.

orto *m.* rise, rising.
~ **de la luna** moonrise.
~ **del sol** sunrise.

ortodromia *f.* orthodrome.

ortodrómico, a *adj.* orthodromic.

orza *f.* **1.** *(orzada)* luff(ing); **2.** *(quilla)* centre board [plate].

orzada *f.* luff(ing).

orzar *v.i.* ro luff, to round to □ **¡orza a la banda!** luff alee [round]!

otoño *m.* autumn, fall.

óxido *m.* rust.

P

paga *f.* wages, pay.

pagaya *f.* paddle.

pala *f.* **1.** *(remo)* blade, wash; **2.** *(hélice)* blade; **3.** *(timón)* blade; **4.** *(utensilio)* shovel.
~ **de la hélice** propeller [screw] blade.
~ **del timón** rudder blade.
~ **de remo** oar blade.

palanca *f.* lever.

palangre *m.* paternoster [bottom, ground] line, paternoster.

palero *m.* coal passer, trimmer.

paleta *f.* **1.** *(turbina)* blade; **2.** *(hélice)* blade; **3.** *(ruedas)* paddle.

palmejar *m.* *(buque metálico)* (side) stringer.
~ **de bodega** hold stringer.

palo *m.* mast □ **a ~ seco** under bare poles.
~ **abatible** collapsible [strike, hinged, lowering] mast.
~ **bípode** bipod [sheer] mast.
~ **de fortuna** jury mast.
~ **de la telegrafía** aerial mast.
~ **de luces** Christmas tree, signal mast.
~ **de popa** after mast.
~ **de pórtico** goal-post mast, pair masts.
~ **de señales** Christmas tree, signal mast.
~ **enterizo** pole [single-tree] mast.
~ **macho** lower mast.
~ **mayor** mainmast.
~ **mesana** miz(z)en-mast, miz(z)enmast.
~ **tiple** pole [single-tree] mast.
~ **trinquete** foremast.
~ **trípode** tripod mast.

pallete *m.* mat.
~ **de colisión** collision mat.
~ **Makaroff** Makaroff mat.

pantalán *m.* pier, jetty.

pantalla *f.* screen.
~ **de radar** radar screen.
~**s para las luces de costado** screens for sidelights.

pantoque *m.* bilge.

pañol *m.* store(room), locker.
~ **de equipajes** luggage room; (EE.UU.) baggage room.
~ **de luces** lamp locker [store(room), room].
~ **de maquinistas** engineer's store(room) [locker].
~ **de pólvora** gunpowder-room, (gun)powder-magazine, magazine.
~ **de velas** sail locker [room].

pañolero *m.* storekeeper.

papeles *m.pl.* *(documentos)* papers.

paquebot(e) *m.* packet, packet-boat [-ship].

paquete *m.* **1.** *(bulto)* parcel, packet; **2.** *(buque)* packet, packet-boat [-ship].

par *m.* *Fís.* couple, torque.
~ **de adrizamiento** righting couple.
~ **de arranque** starting torque.

paralaje *f.* parallax.

paralelo, a *adj.* parallel □ **~ a la costa** parallel to the shore || *m. Astr., Geogr* y *Nav.* parallel.
~ **de altura** parallel of altitude, almacantar, almucantar.
~ **de latitud** parallel of latitude.

parar *v.t., v.i.* y *v.r.* to stop.
~ **la arrancada** *(dando atrás con las máquinas)* to bring ship to rest, to bring ship to a stop.
~ **y dar atrás** to stop and reverse.

paraván *m.* paravane.

parihuela *f.* stretcher, litter.

parte *m.* report || *f.* **1.** *(porción de un todo)* part, portion; **2.** *(lote)* part, lot; **3.** *(sitio o lugar)* side, part.
~ **de averías** damage report.
~ **de presa** prize-bounty.
~ **meteorológico** weather report.
~ **saliente** *Const. nav.* projecting part, projection.
~**s expuestas a la intemperie** *(buque)* weather portions.

pasador *m.* **1.** *(clavija de fijación)* pin; **2.** *(para abrir los cordones de los cabos)* marlin spike.

pasaje *m.* **1.** *(acción de pasar)* passage; **2.** *Hidr.* pass, passage, fairway; **3.** *(pasillo, corredor)* alleyway, passage(way); **4.** *(lo que se paga por viajar)* fare, passage(-money); **5.** *(conjunto de pasajeros)* passengers.

pasajero *m.* passenger.
~ **de clase turística** tourist class passenger.
~ **de cubierta** deck passenger.
~ **de entrepuente** steerage passenger.
~ **de la clase económica** steerage passenger.
~ **de primera clase** first class passenger.
~ **de segunda clase** second class passenger.
~ **de tercera clase** third class passenger.
~ **en tránsito** passenger in transit.

pasamano(s) *m.* **1.** *(en la borda)* rail; **2.** *(de mamparo)* grab [storm hand] rail; **3.** *(entre los candeleros)* grab line, manrope.

pasaporte *m.* passport.

pasar *v.t.* *(adelantar a otro buque)* to overtake || *v.i.* to pass.
~ **cerca de** to pass close aboard to.
~ **lejos** *(dar resguardo)* to give a wide berth.
~ **por la popa (de)** to pass astern (of).
~ **por la proa (de)** to pass ahead (of).
~ **por ojo** to run down.

pasillo *m.* alleyway, passage(way).

paso *m.* **1.** *Hidr.* passage, fairway; **2.** *(listón para evitar resbalones)* cleat; **3.** *(de escala)* rung, step, tread, round; **4.** *(de escalera)* step; **5.** *(de tornillo o hélice)* pitch.
~ **de la Línea** crossing of the Line.
~ **estrecho** *Hidr.* narrow fairway, narrows.
~ **por el meridiano** *Astr.* transit, meridian passage.

pasteca *f.* snatch block.

patente *f.* *(documento)* (letters) patent.
~ **de corso** letter(s) of marque.
~ **de navegación** certificate of registry.
~ **de sanidad** bill of health.
~ **limpia de sanidad** clean bill of health.
~ **sucia de sanidad** foul bill of health.

patrón *m.* skipper.
~ **de bote** coxswain.
~ **de bote salvavidas** lifeboatman.
~ **titulado de bote salvavidas** certificated lifeboatman.

patrulla *f.* patrol, rounds.
~ **contraincendios** fire patrol.

pecio *m.* wreck(age).

pedido *m.* *Com.* order □ **hacer un** ~ to order, to place an order.

peldaño *m.* **1.** *(de escala)* tread, step, rung, round; **2.** *(de escalera)* step.
~ **metálico** metal step.

peligro *m.* danger □ **correr el** ~ **de** to run a danger of; **en** ~ in danger; **estar en** ~ to be in danger; **fuera de** ~ out of danger; **poner en** ~ to endanger; **situación de** ~ distress.
~ **de explosión** danger of explosion.
~ **para la navegación** danger to navigation.

peligroso, a *adj.* dangerous.
~ **para la navegación** dangerous to navigation.

península *f.* peninsula.

percha *f.* spar.

perder *v.t.* to lose || *v.i.* *(un recipiente)* to leak || *v.r.* **1.** *(naufragar)* to go to wreck, to get wrecked; **2.** *(extraviarse)* to miss one's way.

pérdida *f.* **1.** loss; **2.** *(orificio por donde*

derrama un recipiente) leak; **3.** *(acción de derramar, fluído que se derrama)* leakage.
~ **de ancla** loss of anchor.
~ **de estabilidad** loss of stability.
~ **de estiba** broken stowage.
~ **de tiempo** loss of time.
~ **de vida** loss of life.
~ **por falta de noticias** *Der. mar.* presumed (total) loss, presumptive loss.
~ **total** *Der. mar.* total loss.
~ **total constructiva** *Der. mar.* constructive total loss.

perilla *f.* (mast) truck.

período *m.* period.
~ **de balance** rolling period, period of roll.
~ **de la ola** period of wave.

periscopio *m.* periscope.

peritaje *m.* survey □ **hacer un** ~ to survey.

perito *m.* surveyor.

permeabilidad *f.* permeability.
~ **media uniforme** mean [uniform] average permeability.

permiso *m.* **1.** *(por escrito)* permit; **2.** *(licencia)* leave.
~ **de Aduanas** Customs permit.
~ **de descarga** discharging permit.
~ **de desembarque** landing permit.
~ **de embarque** shipping permit.
~ **de tierra** shore leave.

perno *m.* bolt.
~ **con argolla** ring bolt.
~ **de gancho** hook bolt.
~ **de grillete** shackle bolt.
~ **no pasante** blunt [dump] bolt.
~ **pasante** through [in-and-out] bolt.

perpendicular *adj.* y *f.* perpendicular □ **entre** ~**es** between perpendiculars.

personal *m.* personnel, staff.
~ **de máquinas** engine room staff.
~ **de mar** sea-going [ship's] personnel.
~ **de tierra** *(al servicio de una naviera)* land [shore] staff.
~ **subalterno de cubierta** deck-hands.

pertrechos *m.pl.* stores.
~ **de bote salvavidas** lifeboat's equipment.
~ **de cubierta** deck stores.
~ **del buque** ship's stores.
~ **de máquinas** engineer's stores.

perturbación *f.* disturbance.
~ **atmosférica** atmospheric disturbance.
~ **magnética** magnetic disturbance.

pesca *f.* fishing, fishery.
~ **a la cacea** trolling.
~ **al curricán** trolling.
~ **de altura** deep-sea [offshore] fishery.
~ **de arrastre** trawling.
~ **de bajura** inshore [coast] fishery.
~ **de la ballena** whale fishing, whaling.

pescador *m.* fisherman.

pescante *m.* davit.
~ **basculante** luffing davit.
~ **de ancla** anchor davit.
~ **de bote** boat davit.
~ **de cuadrante** quadrant davit.
~ **de gata** cat davit, cathead.
~ **de gravedad** gravity davit.
~ **de sector** quadrant davit.
~ **giratorio** radial davit.
~ **ordinario** radial davit.

pescar *v.t.* to fish.
~ **con aparejo de arrastre** to trawl.

peso *m.* weight.
~ **aproximado** approximate weight.
~ **bruto** gross weight.
~ **muerto** deadweight.
~ **neto** net weight.
~ **total** total weight.

pesquería *f.* **1.** *(acción de pescar)* fishing, fishery; **2.** *(lugar donde se pesca)* fishery, fishing-ground.

pesquero *m.* fishing ship [vessel, boat].

petrolear *v.i.* to oil, to (re)fuel.

petróleo *m.* petroleum oil □ **tomar** ~ to (re)fuel, to oil.
~ **crudo** crude oil.

petrolero *m.* oil tanker.

pez *m.* *Zool.* fish.

picadero *m.* building block.
~ **del pantoque** bilge block.
~ **de quilla** keel block.
~ **lateral** bilge block.

picar *v.t.* **1.** *(con bomba)* to pump; **2.** *(cortar por cualquier medio)* to cut; **3.** *(con*

hacha) to chop; **4.** *(con piqueta)* to chip, to pick; **5.** *(campana)* to strike; **6.** *(los peces)* to bite || *v.i.* *(el viento)* to spring up || *v.r.* *(la mar)* to become [get] choppy.
~ **la campana** to strike the bell.
~ **la herrumbre** to chip [pick] the rust.

pico *m.* *(verga cangreja)* gaff.
~ **cangrejo** gaff.
~ **de bandera** monkey gaff.
~ **de loro** *(ancla)* pea, bill.
~ **de papagayo** *(ancla)* pea, bill.

pie *m.* **1.** *(medida)* foot; **2.** *(de mamparo)* bottom; **3.** *(de puntal, etc.)* heel.
~ **cuadrado** square foot.
~ **cúbico** cubic foot.
~ **de amigo** *(amurada, brazola, etc.)* stay.
~ **de cabra** pinch bar.
~ **de gallo** *(soporte de pluma, tangón, etc.)* crowfoot.
~ **derecho** upright.

pieza *f.* **1.** *(trozo)* piece; **2.** *Máq.* part.
~ **de repuesto [respeto]** spare (part).

pila *f.* *Elect.* battery.
~ **seca** dry battery.

pilotaje *m.* **1.** *Nav.* pilotage; **2.** *(conjunto de pilotes)* pilework.

pilotar *v.t.* to pilot.

pilote *m.* (s)pile, stake.

pintar *v.t.* to paint.

pintura *f.* paint.
~ **anti-corrosiva** anticorrosive paint.
~ **anti-incrustante** antifouling paint.
~ **anti-oxidante** anti-rust [rust-preventive] paint.
~ **ignífuga** fire-proof paint.
~ **para fondos** bottom composition.

pinzote *m.* **1.** *(en general)* pivot, pintle, spindle; **2.** *(del timón)* pintle; **3.** *(de tangón o botavara)* goose neck.
~ **del timón** rudder pintle.

piola *f.* houseline.

pique *m.* **1.** *(varenga de los raseles)* crotch; **2.** *(tanques extremos)* peak tank; **3.** □ **a** ~ *(anclas)* apeak, up and down, *(acantilado)* bluff; **irse a** ~ to sink, to founder, to go down, to go to the bottom; **irse a** ~ **de proa** to founder by the bows [head down], to go by the head; **virar (hasta quedar) a** ~ *(ancla)* to heave apeak [short].
~ **de popa** afterpeak tank.
~ **de proa** forepeak tank.

piqueta *f.* chipping hammer.

piragua *f.* pirogue, piragua.

pirata *m.* pirate.

piratería *f.* piracy.

pistola *f.* pistol.
~ **de pintar** paint sprayer, spray gun.
~ **de señales** signal pistol.
~ **de señales luminosas** flare [rocket] pistol.

pistón *m.* *Mec.* piston.

pitada *f.* blast.
~ **corta** short blast.
~ **larga** prolonged blast.

pitar *v.t.* y *v.i.* to whistle, to blow the whistle.

pito *m.* whistle.
~ **de aire comprimido** air whistle.
~ **de señales** signal whistle.
~ **de vapor** steam whistle.

plan *m.:*
~ **de bodega** hold deck [flat].
~ **del dique** **1.** *(seco)* dock floor; **2.** *(flotante)* pontoon deck.

plancha *f.* **1.** *(chapa)* plate; **2.** *(de portalón)* gangway, gang-plank [-board], brow.
~ **de acero** steel plate.
~ **de viento** *(andamio)* (hanging) stage.

plano *m.* **1.** *Dib.* plan; **2.** *(superficie plana)* plane.
~ **de capacidades** capacity plan.
~ **de carga** cargo plan.
~ **de estiba** stowage plan.
~ **de líneas de agua** half breadth plan.
~ **de formas** sheer plan, drawing lines.
~ **longitudinal** profile.
~ **longitudinal medio** middle longitudinal plane.
~**s del buque** ship's plans.
~ **transversal** body plan.

plantilla *f.* *(de personal)* staff.

plataforma *f.* **1.** platform, flat; **2.** *Geogr.* shelf.
~ **continental** continental shelf.

~ **de la cámara de máquinas** engine room flat.
~ **de mandos [maniobras]** *(cámara de máquinas)* control flat, control [operating, manoeuvring] platform.
~ **insular** *Geogr.* island [insular] shelf.

platanero *m.* banana carrier [ship, vessel].

plática *f.* pratique □ **dar libre** ~ to give pratique; **obtener libre** ~ to get pratique; **pedir libre** ~ to request free pratique; **ser admitido a libre** ~ to get pratique.
libre ~ (free) pratique.

playa *f.* beach.
~ **de pesca** fishing ground.

pleamar *f.* high water [tide].

plomo *m.* lead.

pluma *f.* **1.** *(puntal de carga)* boom, derrick (boom), cargo derrick [boom]; **2.** *(de grúa)* jib(-boom), boom, derrick.
~ **de carga** boom, derrick (boom), carga derrick [boom].
~ **de grandes pesos** jumbo boom, jumbo [heavy] derrick, heavy-lift boom [derrick].
~ **real** jumbo boom, jumbo [heavy] derrick, heavy-lift boom [derrick].

poder *m.:*
~ **separador [de resolución]** *(radar)* resolution, discrimination.

póliza *f.* policy.
~ **de cargamento** *(seguro)* cargo (insurance) policy.
~ **de fletamento** charter-party.
~ **de seguro marítimo** marine (insurance) policy.
~ **de seguros** insurance policy.
~ **flotante** floating [open] policy.

polizón *m.* stowaway.

polución *f.* pollution.
~ **de las aguas** pollution of waters.

poner *v.t.* to put, to place.
~ **a tierra** *Elect.* to earth, to ground.
~ **las distancias** *(en la carta)* to plot distances.
~ **proa a** to head for [toward(s)].
~**se al abrigo** *(un buque)* to run under the lee.
~**se a [al alcance de] la voz** *(de otro buque)* to go [come] within hail.

pontón *m.* **1.** *(casco viejo desmantelado)* hulk; **2.** *(barco chato)* pontoon.
~ **carbonero** coal hulk.
~ **de machina** sheer-hulk, pontoon crane.
~ **grúa** sheer-hulk, pontoon crane.

popa *f.* stern □ **a** ~ **1.** *(situación, movimiento dentro del buque)* aft; **2.** *(objeto o posición fuera del buque)* astern; **a** ~ **de 1.** *(en el mismo buque)* abaft, aft of; **2.** *(de otro buque)* astern of; **a** ~ **del través** abaft the beam; **justo por la** ~ right [dead] astern; **por la cara de** ~ **de** abaft, aft of; **por la misma** ~ right [dead] astern; **por la** ~ **de** astern of.
~ **cuadrada** square stern.
~ **de crucero** cruiser stern.
~ **de falucho** pink stern.

porta *f.* port.
~ **de carboneo** coal(ing) port.
~ **de carga** cargo port [door].
~ **de desagüe** freeing port.

portaaviones *m.* aircraft-carrier.

portalón *m.* gangway, gangway [entrance] port.
~ **de babor** port gangway.
~ **de estribor** starboard gangway.

porte *m.* **1.** *(capacidad de carga)* burden, burthen, cargo carrying capacity, cargo deadweight; **2.** *(gasto de transporte)* carriage.
~ **pagado** carriage prepaid.

portilla *f.* V. **portillo.**

portillo *m.* (side-)scuttle, porthole, port light.
~ **fijo** non-opening [fixed] scuttle, non-opening [fixed] side-scuttle.

portulano *m.* harbour plan.

posición *f.* position □ **en** ~ in position.

postelero *m.* king [samson] post.

potencia *f.* power; *(en HP)* horsepower.
~ **al freno** brake horsepower.
~ **efectiva** effective horsepower.
~ **en caballos** horsepower.
~ **en el eje** shaft horsepower.
~ **en la antena** aerial power.
~ **indicada** indicated horsepower.
~ **nominal** nominal horsepower.
~ **normal** service horsepower.

pozo *m.* well.
~ **de arqueo** tonnage well.
~ **de deriva** centre board well [trunk, case].
~ **de escotilla** hatch opening, hatchway.
~ **de sentina** (bilge) well, pocket [drain(age)] well.

practicable *adj. (transitable)* navigable, passable.
~ **en pleamar** navigable [passable] at high water.

practicaje *m.* pilotage.
~ **obligatorio** compulsory pilotage.
~ **por radar** radar pilotage.

prácticas *f.pl.:*
~ **marineras** seamanship.

práctico *m.* pilot.
~ **de costa** coasting pilot.
~ **de mar** sea pilot.
~ **de puerto** harbour [dock] pilot.
~ **local** local pilot.

precintar *v.t. (un cabo)* to parcel.

premio *m.:*
~ **del salvamento** salvage (money).

prensaestopas *m.* stuffing [packing]-box, sealing [stuffing, packing] gland, gland.
~ **de la bocina** stern gland, stern-tube stuffing-box.
~ **de la mecha del timón** rudder(-head) bearing, rudder stuffing-box.
~ **del codaste** stern gland, stern-tube stuffing-box.

preparado, a *adj.* ready.

presa *f. (botín)* prize, capture.

presión *f.* pressure □ **levantar** ~ *(calderas)* to raise steam.
~ **absoluta** absolute pressure.
~ **atmosférica** atmospheric pressure.
~ **barométrica** barometric pressure.
~ **constante** constant pressure.
~ **de régimen [trabajo]** *(calderas)* working pressure.
~ **de vapor** steam pressure.
~ **en una caldera** boiler pressure
~ **específica del viento** rated wind pressure.
~ **hidráulica** hydraulic pressure.
~ **inicial** initial pressure.
~ **media** intermediate pressure.
~ **total** total pressure.
alta ~ *Meteor.* high pressure.
baja ~ *Meteor.* low pressure.

préstamo *m.* loan.
~ **a la gruesa** bottomry (loan), gross adventure, respondentia.

previsión *f. Meteor.* forecast.
~ **del estado del [de la] mar** wave forecast.
~ **del tiempo** weather forecast.

prima *f.* **1.** *(seguro)* premium; **2.** *(subvención)* subsidy, bounty, subvention.
~ **de carga** primage.
~ **de exportación** bounty on exportation.
~ **del seguro** insurance premium.
~ **por tiempo ganado** *(en la carga o descarga)* dispatch [despatch] money.

primavera *f.* spring.

proa *f.* head, bow, fore □ **a** ~ **1.** *(situación, movimiento dentro del buque)* (a)fore, forward; **2.** *(objeto o posición fuera del buque)* ahead; **a** ~ **del través** before the beam; **de** ~ **a popa** fore and aft, from stem to stern; **por la** ~ ahead; ~ **a la mar** head-on to the sea; ~ **contra** ~ bow to bow, end on.
~ **de abanico** flare-out bow.
~ **del bulbo** bulbous bow.
~ **fina** lean bow.
~ **llena** bluff bow.

probar *v.t. (ensayar, experimentar)* to test, to try (out).
~ **las máquinas** to try out engines.

profundidad *f.* depth □ **aumentar de** ~ to deepen; **disminuir de** ~ to shoal.
~ **de la mar** depth of the sea.
~ **de modulación** *Rad.* depth of modulation.
~ **en la pleamar** depth at high water.

promontorio *m.* foreland, head(land), promontory.
~ **acantilado** bluff.

propulsar *v.t.* to propel.

propulsión *f.* propulsion.

propulsor *m.* propeller.

protesta *f.* protest.
~ **de mar** maritime [sea] protest, maritime declaration.

proveedor *m.:*
~ **de buques** ship('s)-chandler.

proveer *v.t.* to provide, fo furnish, to supply.

provisiones *f.pl.:*
~ **de a bordo** ship's stores.

proyección *f.* projection.
~ **Mercator** Mercator's projection.

prueba *f.* test(ing), trial, experiment □ **a ~ de explosión** explosion-proof; **hacer ~s** to run [carry out] trials.
~ **con chorro de manguera** hose test(ing).
~ **de anclas** testing of anchors.
~ **de boga** rowing test.
~ **de cadenas** testing of chain-cables.
~ **de consumo** (fuel) consumption test.
~ **de estabilidad** inclining [stability] test, inclining [heeling] experiment.
~ **de estanqueidad** watertight testing.
~ **de manguera** hose test(ing).
~ **de resistencia al choque** drop [bump] test.
~ **con chorro de manguera** hose test(ing).
~ **hidráulica** hydraulic [water] test.
~**s de banco** test bed trials, bench tests [testing].
~**s de las máquinas sobre amarras** trials at moorings, dock trials.
~**s de mar** sea trials.
~**s de velocidad** speed trials.
~**s sobre amarras** trials at moorings, dock trials.

psicrómetro *m.* psychrometer.

puente *m. Arq. nav.* bridge.
~ **de navegación** navigation bridge.

puerta *f.* door; gate □ **cerrar las ~s estancas** to close watertight doors.
~ **de bisagra** hinged door.
~ **de corredera** sliding door.
~ **de esclusa** lock gate.
~ **estanca** watertight door.
~ **estanca de cierre automático** self closing watertight door.
~ **estanca de mando a distancia** geared watertight door.

puerto *m.* harbour, port □ **entrar en ~** to enter [go into] harbour; **llegar a ~** to make [reach] port, to make [reach] harbour; **regresar a ~** to come back to port, to return to harbour; **salir de ~** to leave harbour.
~ **autónomo** autonomous port.
~ **bloqueado por los hielos** ice-bound harbour.
~ **comercial** commercial [trading] port.
~ **de aprovisionamiento de combustible** bunkering [fuelling] port.
~ **de carboneo** coaling port.
~ **de carga** port of loading, loading port.
~ **de cuarentena** quarantine port [harbour].
~ **de descarga** port of discharge, discharging port.
~ **de destino** port of destination.
~ **de escala** port of call, call port.
~ **de invernada** wintering port [harbour].
~ **de mar** seaport.
~ **de mareas** tidal harbour.
~ **de matrícula** port of registry, home port.
~ **de partida** port of departure [sailing].
~ **de refugio** harbour [port] of refuge.
~ **de salida** port of departure [sailing].
~ **exterior** outer harbour [port].
~ **fluvial** river port.
~ **franco** free port.
~ **interior** inner harbour.
~ **militar** naval port.
~ **natural** natural harbour.
~ **peligroso** unsafe port.
~ **pesquero** fishery [fishing] harbour, fishing port.

puesta *f.* **1.** *(acción y efecto de poner)* laying; **2.** *Astr.* set(ing).
~ **de quilla** keel-laying, laying of the keel.
~ **del sol** sunset.

puesto *m.* station, post.
~ **de control** control station.
~ **de embarque** *(en bote salvavidas)* boat station.
~ **de gobierno** steering station.
~ **(para caso) de incendio** fire station.

pujamen *m.* foot.

pulgada *f.* inch.

punta *f. Geogr.* point.

puntal *m.* **1.** *(altura desde la quilla)* depth; **2.** *(soporte de cubierta)* pillar, stanchion;

3. *(soporte del buque en dique)* shore.
~ **de arqueo** tonnage depth.
~ **de carga** boom, cargo boom [derrick], derrick (boom).
~ **de identificación** identification depth.
~ **de la bodega** depth of hold.
~ **de trazado** moulded depth.

punteo *m.:*
~ **radar** radar plotting.

punto *m.* **1.** point; **2.** *(Morse)* dot.
~ **de condensación** dew point.
~ **de congelación** freezing point.
~ **de ebullición** boiling point.
~ **de fusión** melting point.
~ **de giro** *(del buque en sus movimientos de rotación)* pivoting point.
~ **de inflamación** flash point.
~ **de reunión** rendezvous.
~ **de rocío** dew point.
~ **de salida** point of departure.
~ **giratorio** *(del buque en sus movimientos de rotación)* pivoting point.
~ **muerto** *Mec.* dead point [centre].
~**s cardinales** *(compás)* cardinal points.
~ **vernal** *Astr.* first point of Aries.

puño *m. Man.:*
~ **de amura** tack.
~ **de boca** throat.
~ **de driza** head.
~ **de driza de cangreja** throat.
~ **de escota** clew, clue.
~ **del pico** peak.
~ **de pena** head.

Q

quebranto *m. Arq. nav.* hog(ging).

quedarse *v.r.:*
~ **atrás** *(dejarse caer hacia popa)* to drop astern.

quemar *v.t.* to burn, to fire, to set on fire, to set fire to || *v.r.* to burn.

quijada *f. (motón o cuadernal)* cheek.

quilla *f.* keel □ **dar de** ~ *(escorar adrede)* to heave down; **de** ~ **a perilla** from truck to keel; **poner [colocar, plantar] la** ~ to lay the keel; ~ **al sol** bottom [keel] up(wards).
~ **de balance** bilge keel, (anti-)rolling chock.
~ **de cajón** duct keel.
~ **de seguridad** safety keel.
~ **de una pieza** bar keel.
~ **hueca** duct keel.
~ **maciza** centre bar keel.
~ **túnel** duct keel.
~ **vertical** vertical keel, centre girder, centre [middle line] keelson.
falsa ~ false keel.

quinal *m.* preventer shroud.

quintal *m.* quintal.
~ **métrico** metric quintal.

R

racel *m. Arq. nav. (espacios a proa y popa del buque)* peak.
~ **de popa** afterpeak.
~ **de proa** forepeak.

ración *f.* ration.
raciones alimenticias food rations.

racor *m.* coupling.

racha *f.* gust.

racheado, a *adj.* gusty.

rada *f.* road(s), roadstead □ **en** ~ in the roads(tead).
~ **abierta** open road(stead).
~ **abrigada** sheltered road(stead).
~ **segura** safe road(stead).

radar *m.* radar.
~ **anticolisión** anti-collision radar.
~ **de a bordo** shipborne radar.
~ **de alta [gran] definición** high resolution radar.
~ **de modulación de frecuencia** frequency modulation radar.
~ **de modulación por impulsos** pulse radar.
~ **de navegación** navigational radar.

radarista *m.* radar observer, radar operator.

radiar *v.t. (transmitir por radio)* to wireless, to radio, to broadcast.

radio *m. Geom.* radius || *f. Rad.* radio □ **transmitir por** ~ to radio.
~ **de acción** radius of action.
~ **de borneo** swinging radius.
~ **metacéntrico** metacentric radius.

radiobaliza *f.* radio beacon.
~ **de localización de siniestros** emergency position-indicating radio beacon.

radiofaro *m.* radio beacon.
~ **direccional** directional radio beacon.
~ **giratorio** rotating radio beacon.
~ **marítimo** maritime radio beacon.

radiogoniómetro *m.* (radio) direction-finder, radiogoniometer.
~ **de cuadro giratorio** rotating direction-finder.

radiotelefonía *f.* radiotelephony.

radiotelefonista *m.* radiotelephone operator.

radioteléfono *m.* radiotelephone.

radiotelegrafía *f.* radiotelegraphy, wireless telegraphy, wireless.

radiotelegrafista *m.* wireless operator [officer].

radiotelegrama *m.* radiotelegram.

rasel *m.* V. **racel.**

rasqueta *f.* scraper.

rastra *f.* **1.** *Arm.* sweep; **2.** *Pesc.* trawl(-net).

rastrear *v.t.* **1.** *(buscar en el fondo)* to drag; **2.** *Pesc.* to trawl.

rastreo *m.* **1.** *(búsqueda de objetos sumergidos)* dragging; **2.** *Pesc.* trawl.
~ **de minas** minesweeping.

rata *f. Zool.* rat.

ratera *f. (disco metálico en las amarras)* rat guard.

ratería *f.* pilfering, petty theft.

raya *f. (Morse)* dash.

rayo *m. Meteor.* lightning.

reaseguro *m. Der. mar.* reinsurance.

recalada *f.* landfall.

recalar *v.i.* to make [approach, raise] the land.

recalmón *m.* lull.

receptor *m.* **1.** *Der. mar.* receiver. consignee; **2.** *Rad.* receiver.
~ **de autoalarma** auto-alarm receiver.
~ **de la carga** consignee of the shipment.
~ **de radar** radar receiver.
~ **de radio** radio receiver.
~ **monofrecuencia** single frequency receiver.

recibo *m.* receipt.

recogimiento *m.:*
~ **de bocas [costados]** *Const. nav.* tumble home.

reconocer *v.t.* to survey, to inspect, to examine.
~ **la tierra** to make [sight] (the) land.
~ **una luz** to make out a light.
~ **un buque 1.** *(examinar su documentación)* to board [visit] a ship; **2.** *(comprobar su estado de conservación)* to survey.

reconocimiento *m.* survey, inspection, examination.
~ **anual** annual survey.
~ **anual de calderas y máquinas** annual survey of boilers and machinery.
~ **de calderas** boilers survey.
~ **de los fondos en dique** bottom survey in drydock.
~ **especial** especial survey.
~ **médico** medical examination.
~ **periódico** periodical survey.

recorrer *v.t.* **1.** *(reparar)* to overhaul, to refit; **2.** *(efectuar un trayecto)* to run.

recorrido *m.* **1.** *(reparación)* overhaul; **2.** *(trayecto)* run.

recta *f.* straight line.
~ **de altura** *Nav.* (astronomical) position line, line of position.

rectificación *f.* adjustment.
~ **del sextante** adjustment of sextant, sextant adjustment.

red *f.* **1.** *(tejido de malla)* net □ **calar la** ~ to shoot the net; **cobrar la** ~ to haul the net; **2.** *(conjunto de tuberías, etc.)* system.
~ **de alumbrado** lighting system.
~ **de arrastre** trawl(-net).
~ **de carga** cargo net.
~ **de cerco** seine net.
~ **de deriva** drift net.
~ **de pesca** fishing net.
~ **de salvamento** rescue net.
~ **de seguridad** *(bajo la escala)* safety net.
~ **fija** fixed net.

redoso *m.* lee □ **al** ~ **de** under the lee of, on the leeward of, sheltered from.

reducción *f.* reduction.
~ **de las sondas por las mareas** tidal reduction for soundings.

reembarcar *v.t.* y *v.i.* to re-embark, to reship.

reembarque *m.* re-embarkation, reshipment.

reflector *m.* reflector.
~ **radar** radar reflector.

reflotar *v.t.* to refloat.

reflujo *m.* ebb [falling, refluent] tide, ebb, reflux.

reforzar *v.t. (amarras)* to double up.

refrescar *v.i. (el viento)* to freshen.

refuerzo *m. Const. nav.* stiffener.

regala *f.* gunwale, gunnel.

regata *f.* **1.** *(pugna entre embarcaciones)* race; **2.** *(reunión para celebrarla)* regatta.
~ **a [de] remo** pulling [rowing] race.
~ **a [de] vela** sailing race.

registro *m.* **1.** *(válvula de mariposa)* damper; **2.** *(agujero de hombre)* manhole; **3.** *(libro donde se anota)* register(-book); **4.** *(anotación en un libro)* entry.

regla *f.* **1.** *(precepto)* rule; **2.** *(instrumento)* rule(r).
~ **de cálculo** slide rule.
~**s de La Haya** The Hague rules.

~s **de rumbo y gobierno** rule of the road.
~s **de York y Amberes** York and Antwerp rules.
~s **paralelas** parallel rule(r)s.

reglamento *m.* regulation.
~ **de Abordajes** Rule of the Road.
~ **de radiocomunicaciones** Radio Regulations.
~ **internacional para prevenir los abordajes** International Regulations for Preventing Collisions at sea.
~s **de inmigración** immigration regulations.
~s **de navegación** navigation laws.

regresar *v.i.* to return, to come back.
~ **a puerto** *(de arribada)* to put back.

regulación *f.* regulation, adjustment.
~ **de velocidad** speed regulation.

regular *v.t.* to regulate, to adjust.

reinante *adj. (viento, temporal, etc.)* prevailing.

relámpago *m.* lightning.

relevar *v.t.* to relieve, to spell.

relevo *m.* relief.

relinga *f.* bolt-rope.
~ **de grátil** head-rope.
~ **de pujamen** foot-rope.

relingar *v.t.* **1.** *(coser las relingas)* to rope; **2.** *(tesar las relingas)* to hoist home || *v.i. (flamear las velas)* to shiver.

reloj *m.* clock, timepiece.
~ **de a bordo** ship's clock.
~ **de bitácora** ship's timepiece.

rellenar *v.t.* **1.** *(volver a llenar)* to replenish; **2.** *(llenar enteramente)* to fill up.
~ **de agua** to take in water.
~ **de combustible** to refuel, to complete bunkers.

remachado *m.* riveting.

remachar *v.t.* to rivet.

remache *m.* rivet.

remar *v.i.* to row, to oar, to pull (oars).

remero *m.* oarsman, rower.

remo *m.* oar □ **¡arbola** ~**s!** toss oars!; **¡arma** ~**s!** out oars!; **¡dentro** ~**s!** boat oars!.

remolcador *m.* tug(boat).
~ **de alta mar** sea [ocean]-going tug, ocean tug.
~ **de altura** sea [ocean]-going tug, ocean tug.
~ **de paletas** paddle tug.
~ **de puerto** harbour tug.
~ **de salvamento** salvage tug.
~ **fluvial** river tug, towboat.
~ **para empujar** *(a un conjunto de gabarras)* pusher towboat.

remolcar *v.t.* to tow, to tug.
~ **abarloado** to tow alongside [abreast].
~ **en flecha** to tow ahead.

remolino *m.* **1.** *(de agua)* eddy, swirl, whirlpool; **2.** *(aire)* eddy, swirl, whirlwind.
~ **de corriente** eddy water.
~ **de la hélice** overfall, (back)wash.

remolque *m.* **1.** *(cabo, cable o estacha)* tow(ing)-line [-rope, -hawser] □ **dar el** ~ to pass [give] a tow-line [-rope]; **tomar el** ~ to haul a tow-line [-rope] aboard, to connect up a tow-line [-rope]; **2.** *(acción de remolcar)* towage □ **dar** ~ to (take in) tow; **estar a** ~ to be in tow; **tomar a** ~ to take in tow; **3.** *(lo que se remolca)* tow.

remontar *v.t. (una corriente)* to stem || *v.i. (ganar barlovento)* to fetch to windward.
~ **el río** to go up river.
~ **la corriente** to stem the stream.

rempujo *m.* palm.

remuneración *f.:*
~ **por el salvamento** salvage (money).

rendimiento *m.* **1.** *(máquina, etc.)* efficiency, output; **2.** *(caudal de una bomba)* flow.
~ **aparente** apparent efficiency.
~ **de la hélice** propeller efficiency.
~ **de una caldera** boiler efficiency.
~ **de la máquina** engine efficiency.

reparación *f.* repair(ing), refit(ting) □ **en** ~ under repair.
reparaciones de calderas boilers repairs.
reparaciones de casco repairs of the hull.
reparaciones de máquinas engines repairs.

reparar *v.t.* to repair, to refit.

repetidor *m.* **1.** *(bandera del código)*

substitute, repeater; **2.** *(girocompás)* repeater.
~ **de la (aguja) giroscópica** gyro (compass) repeater.

repetir *v.t.* to repeat.
~ **una señal** to repeat a signal.

repuesto *m.* spare □ **de** ~ spare.

repunte *m.* slack water.
~ **de la bajamar** low tide slack water.
~ **de la marea** slack water.
~ **de la pleamar** high tide slack water.

resaca *f.* surf.

resbalamiento *m.* *(hélice)* slip.

reserva *f.* reserve □ **en** ~ in reserve.
~ **de flotabilidad** reserve buoyancy.
~ **de velocidad** margin of speed.
~ **Naval** Naval Reserve.

resguardo *m.* **1.** *(documento de garantía)* voucher; **2.** *(distancia prudencial)* sea-room, wide berth □ **dar [hacer]** ~ *Nav.* to give a wide berth.

residuo *m.* residue, rest.
~**s de petróleo** oil residues.

resistencia *f.* **1.** *(capacidad para soportar esfuerzos)* resistance, strength; **2.** *(dificultad al paso de la corriente)* resistance; **3.** *(elemento eléctrico)* resistor, resistance.
~ **a la escora** heeling resistance.
~ **de antena** aerial resistance.
~ **de fricción** frictional resistance.
~ **de la estructura** structural strength
~ **del aire** air resistance.

respeto *m.* spare □ **de** ~ spare.

responsabilidad *f.* responsability, liability.
~ **del armador** (ship)owner's liability, liability of (ship)owner.

restinga *f.* ledge.

resto *m.* rest, remainder.
~**s de naufragio** wreckage.
~**s flotantes 1.** *(mercancías)* flotsam; **2.** *(del buque)* floating wreckage.

retardo *m.* retard, lag.
~ **de la marea** retard [lag] of tide.

retenida *f.* guy.

retirar *v.t.:*
~ **los fuegos** *(calderas)* to back the fires.

retorno *m.* return.
~ **por el casco** *Elect.* hull return.

retrasado, a *p.p.* delayed.
~ **por el mal tiempo** delayed by bad weather.
~ **por la niebla** delayed by fog.

retraso *m.* delay, retard, lag □ **con** ~ overdue; **sin** ~ without delay.
~ **del cronómetro** losing rate.

retroceso *m.* *(hélice)* slip.

revirar *v.t.* y *v.i.* *Man.* to swing (round), to turn, to turn about [round], to slew, to slue.
~ **con la marea** to swing with the tide.

revista *f.* *(inspección de personas)* muster □ **pasar** ~ to muster.
~ **de pasajeros** muster of passengers.

revolución *f.* *(giro)* revolution.
revoluciones por minuto revolutions per minute.

rezagado *m.* straggler.

rezón *m.* grapnel.

riach(uel)o *m.* rivulet.

riesgo *m.* risk, peril □ **a** ~ **del armador** at owner's risk; **a todo** ~ at all risks; **contra todo** ~ against all risks; **correr el** ~ to run the risk.
~ **de abordaje** risk of collision.
~ **de incendio** fire risk.
~**s de guerra** war risks.
~**s de mar** sea risks, perils of the sea.

río *m.* river □ **bajar un** ~ to fall [go] down a river; **remontar un** ~ to go [sail] up a river.
~ **abajo** down river.
~ **arriba** up river.

rizo *m.* **1.** *Man.* reef □ **largar los** ~**s** to unreef, to take [shake] out the reefs; **tomar** ~**s** to reef, to take in reefs; **2.** *Ocean.* ripple.

robín *m.* rust.

roca *f.* rock.
~ **que vela** lurking rock.
~ **sumergida** sunken rock.

rociador *m.* *(contra incendios)* sprinkler.

roción *m.* spoondrift.

roda *f.* stem.
~ **de vuelta** clipper [raking] stem.
~ **recta** straight stem.

rol *m.* (ship's) articles.

rolar *v.i.* *(viento)* to shift.
~ **en sentido contrario a las manecillas de un reloj** to back.
~ **en sentido de las manecillas de un reloj** to veer.

roldana *f.* sheave.

rompehielos *m.* ice-breaker.

rompeolas *m.* breakwater.

romper *v.t.* to break.
~ **amarras** to break adrift.

rompientes *f.pl.* breakers.

ronda *f.* rounds, patrol □ **hacer una** ~ to go the rounds.
~ **contraincendios** fire patrol.

ronza *f.*: □ **a la** ~ adrift; **irse a la** ~ to go adrift.

ropa *f.*:
~ **de agua** oilskins.

rosa *f.* rose, compass card.
~ **de la aguja** compass card [rose].
~ **de los vientos** wind rose, compass card [rose].
~ **náutica** compass card [rose], wind rose.
~ **para punteo radar** plotting sheet [chart].

rotura *f.* break, breakage, breaking □ ~ **y derrame** *(mercancías)* leakage and breakage.
~ **de máquinas** engine breakdown.
~ **de un eje** breaking of a shaft.

rozar *v.t.* to graze.
~ **el fondo** to graze the bottom.

rueda *f.* wheel.
~ **de gobierno** steering wheel, helm.
~ **del timón** steering wheel, helm.
~ **dentada** spur [toothed] wheel, cog-wheel.
~ **de paletas** paddle wheel.
~ **motriz** driving [drive] wheel.

rumbo *m.* course, heading □ **cambiar el** ~ to alter [change] course; **continuar a** ~ to stand on; **mantener el** ~ to keep course.
~ **actual** present course.
~ **aparente** steered course.
~ **de la aguja** compass course [heading].
~ **magnético** magnetic course [heading].
~ **opuesto** opposite course.
~ **paralelo** parallel course.
~ **verdadero** true course [heading].

S

saco *m. (receptáculo)* bag, sack □ **en ~s** in bags, in sacks.
~ **de aceite** *(para calmar la mar)* oil bag.
~ **de banderas** flag bag.
~ **de marinero** duffel [sea] bag.

sala *f.* room.
~ **de gálibos** mould loft.
~ **de máquinas** engine room.
~ **de recreo** recreation room.

salario *m.* wages, pay.

salida *f.* **1.** *(acción de partir)* departure, sailing □ **a la ~** on departure; **2.** *(espacio para salir)* outlet, exit; **3.** *(velocidad, arrancada)* (sea)way; **4.** *(orto)* rise, rising.
~ **de emergencia** emergency exit.

salina *f.* salt-pan.

salinómetro *m.* salinometer.

salir *v.i.* **1.** *(ir fuera)* to (go) out, to come out; **2.** *(partir, emprender viaje)* to leave, to depart; **3.** *(astro)* to rise ‖ **~se** *v.r. (un líquido del recipiente en que está)* lo leak, to run (out), to ooze.
~ **a la mar** to go [put, proceed] to sea, to sail.
~ **a tierra** *(saltar)* to go ashore.
~ **de puerto** to leave harbour.
~ **en lastre** to sail in ballast.

salitre *m.* saltpetre.

salmuera *f.* **1.** *(agua cargada de sal)* brine; **2.** *(líquido para conservar alimentos)* pickling brine, pickle, brine pickle [liquor].

salobre *adj.* brackish.

saltar *v.t. Man. (un cabo)* to surge ‖ *v.i. (el viento)* to shift suddenly.
~ **a tierra** to go ashore.

saltillo *m. Const. nav.* break.
~ **de popa** raised quarter-deck.

saludar *v.t.* to salute.
~ **al cañón** to fire a salute.
~ **con la bandera** to dip the ensign [flag].

saludo *m.* **1.** *(señal de cortesía)* salute □ **devolver el ~** to return the salute; **2.** *(en la botadura)* dip(ping), lifting, pivoting.
~ **al cañón** gun salute.
~ **con la bandera** flag salute.

salvador *m.* rescuer.

salvamento *m.* **1.** *(de personas)* rescue; **2.** *(buque, mercancías)* salvage.

salvar *v.t.* **1.** *(a personas)* to rescue, to save; **2.** *(buque, mercancías)* to salvage, to sa(l)ve.

salvavidas *m.* life-preserver.

sanidad *f.* health.

santabárbara *f.* gunpowder-room, (gun)powder-magazine, magazine.

sardineta *f. (cabo delgado)* knittle.

sargazo *m.* sargasso, gulf-weed.

sebo *m.* tallow.

sección *f.* section.
~ **en el bao maestro** midship section.
~ **longitudinal** *Const. nav.* longitudinal section, buttock line.
~ **transversal** *Const. nav.* cross [transverse] section.

~ **transversal media** *Const. nav.* middle cross section, middle transverse section.

seco, a *adj.* dry □ **en** ~ *(buques varados)* high and dry.

sector *m.* sector.
~ **de gobierno [del timón]** steering quadrant, quadrant tiller.
~ **de visibilidad** *(de una luz)* arc of visibility.

sedal *m.* fishing-line.

seguridad *f.* safety, security □ **con** ~ with safety; **falta de** ~ insecurity.
~ **de la navegación** safety of navigation.
~ **de la vida humana en el mar** safety of life at sea.

seguro *m. Der. mar.* insurance.
~ **contra incendios** insurance against fire.
~ **contra los riesgos de guerra** insurance against war risk.
~ **contra los riesgos de mar** insurance against sea risk.
~ **de la tripulación** crew's insurance.
~ **del flete** freight insurance.
~ **doble** double insurance.
~ **marítimo** marine insurance.
~ **por el viaje** insurance for the voyage.
~ **sobre casco y armamento** insurance on hull and equipment.
~ **sobre el casco** hull insurance.
~ **sobre la carga** insurance on cargo, cargo insurance.

semáforo *m.* signal station, semaphore.

semicírculo *m.* semicircle.
~ **manejable** *Meteor.* navigable semicircle.
~ **peligroso** *Meteor.* dangerous semicircle.

seno *m.* **1.** *(ola)* trough, hollow; **2.** *(vela)* bunt, belly; **3.** *Man. (curvatura de un cabo)* slack; **4.** *Man. (parte de un cabo distinta de sus extremos)* bight; **5.** *Geogr.* bight.
~ **de la ola** trough of the sea, hollow of the wave.

sentina *f.* bilge.

señal *f.* signal.
~ **a brazo** hand signal.
~ **acústica** sound signal.
~ **acústica submarina** submarine sound signal.
~ **de alarma** alarm signal.
~ **de alarma radiotelefónica** radiotelephone alarm signal.
~ **de alarma radiotelegráfica** radiotelegraph alarm signal.
~ **de auxilio** distress signal.
~ **de campana** bell signal.
~ **de destellos** flashing light signal.
~ **de gran distancia** distant signal.
~ **de humo** smoke signal.
~ **de humo flotante** buoyant smoke signal.
~ **de mal tiempo** storm signal.
~ **de marea** tide signal.
~ **de niebla** fog signal.
~ **de peligro** distress signal.
~ **de seguridad** safety signal.
~ **de socorro** distress signal.
~ **de temporal** storm signal.
~ **de urgencia** urgent signal.
~**es de advertencia** warning signals.
~**es de maniobra** manoeuvring signals.
~**es para llamar la atención** signals to attract attention.
~ **horaria** time signal.
~ **(por) Morse** Morse signal.
~ **por radio** radio signal.
~ **submarina** submarine signal.
~ **visual** visual signal.

señalero *m.* signalman.

separación *f. (espacio entre dos cosas)* space, spacing.
~ **entre cuadernas 1.** *(distancia entre cuadernas)* frame spacing, room [berth] and space; **2.** *(espacio entre dos cuadernas)* frame space.

serreta *f.* cargo [hold] batten.

servicio *m.* service, duty □ **de** ~ *(guardia)* on duty; **franco de** ~ off duty; **fuera de** ~ off duty; **poner en** ~ to put into service.
~ **de escucha** *Rad.* radio [listening, wireless] watch.
~ **de practicaje** pilotage service.
~ **de vigilancia de hielos** ice patrol.
~ **limitado de escucha** *Rad.* period watch keeping.
~ **meteorológico** weather [meteorological] service.

~ **permanente de escucha** *Rad.* continuous watch.
~ **regular** regular service.
~**s costeros de salvamento** *(de personas)* shore-based life-saving facilities.

serviola *m. (vigía)* look-out (man) || *f. (pescante)* cathead.

servomotor *m. (motor auxiliar)* servo-motor.
~ **del timón** steering gear [engine, machinery].

sextante *m.* sextant.

sicigia *f.* syzygy.

silbato *m.* whistle.

singar *v.i. (bogar con espadilla)* to scull.

siniestro *m.* casualty.
~ **marítimo** marine casualty.

sintonía *f. Rad.* tuning.
~ **de antena** aerial [antenna] tuning.

sirena *f.* siren, syren.
~ **de aire comprimido** air siren [syren].
~ **de niebla** fog-horn, fog trumpet.
~ **de vapor** steam siren [syren].

siroco *m.* sirocco.

sisal *m.* sisal hemp.

sistema *m.* system.
~ **de alarma** alarm system.
~ **de alarma de incendio** fire alarm system.
~ **de calefacción** heating system.
~ **de circulación** circulating system.
~ **de detección** detection system.
~ **de distribución** distribution system.
~ **de engrase [lubri(fi)cación]** lubricating [oiling] system.
~ **de radionavegación** radio-navigation system.
~ **de rociadores contra incendios** sprinkler system.
~ **Isherwood** Isherwood system.
~ **longitudinal** longitudinal system.
~ **solar** solar system.
~ **transversal** transverse system.

sitio *m. (lugar determinado)* place.
~ **de amarre [fondeo]** berth.

situación *f. Nav.* **1.** position; **2.** *(obtenida por corte de líneas de posición)* fix.
~ **a mediodía** noon fix, noon position.
~ **aproximada** aproximate position.
~ **astronómica** position by observation.
~ **de peligro** distress.
~ **estimada** dead reckoning position.
~ **marcada** position by bearings.
~ **observada** position by observation.
~ **por demoras** position by bearings.
~ **por dos demoras, rumbo y distancia navegada en el intervalo** running fix.
~ **por radiogoniómetro** position by radio direction finder.
~ **verdadera** true position.

sobrecarga *f.* overload.

sobrecargar *v.t.* to overload

sobrecargo *m.* **1.** *(oficial de un buque de pasaje)* purser; **2.** *(representante del fletador en un buque de carga)* supercargo.

sobrestadía *f.* demurrage.

sobrejuanete *m.* **1.** *(vela)* royal sail; **2.** *(verga)* royal yard; **3.** *(mastelero)* royal mast.
~ **de proa** *(vela)* fore royal sail.
~ **mayor** *(vela)* main royal sail.

sobrequilla *f.* **1.** *(buque de madera)* upper false keel; **2.** *(buque de construcción metálica)* keelson.
~ **central** (centre) girder, centre keelson, centre [middle] line keelson.
~ **lateral** side [sister] keelson.

socaire *m.* lee □ **al** ~ **de** under the lee of, on the leeward of, sheltered from.

sociedad *f.:*
~ **de clasificación** classification society.

socollada *f.* jerk.

socorro *m.* assitance, help □ **pedir** ~ to call for assistance.
~ **inmediato** immediate assistance.

sofocación *f. (incendio)* smothering.

sofocar *v.t. (un incendio)* to smother.

sol *m.* sun.

soldadura *f.* weld(ing).
~ **autógena** autogenous welding.
~ **eléctrica** electric welding.

soldar *v.t.* to weld.

solera *f. (para protección de la carga)* dunnage.

sonda *f.* **1.** *(acción y efecto de sondar)*

sounding; **2.** *(profundidad del agua)* sounding; **3.** *(plomo para sondar)* (sounding) lead; **4.** *(varilla para sondar un tanque o sentina)* sounding-rod.
~ **de mano** hand lead.
~ **dudosa** doubtful sounding.
~ **en alta mar** oceanic sounding.
~**s irregulares** irregular soundings.

sondador *m.* sounder, sounding machine [apparatus].
~ **acústico** acoustic sounder.
~ **de eco** echo-sounder, fathometer.
~ **mecánico** (patent) sounding machine, mechanical sounding apparatus.
~ **sonoro** sound wave fathometer.
~ **ultrasonoro** supersonic echo-sounder, high frequency fathometer.

sondaleza *f.* leadline.

sondar *v.t.* to sound, to take a sounding, to fathom.

sondeo *m.* sounding.
~ **por eco** echo sounding.

sonido *m.* sound.
~ **continuo** continuous sounding.

soplar *v.i.* to blow.
~ **con fuerza** *(el viento)* to blow hard.

sotavento *m.* lee □ **a** ~ (to) leeward; **caer a** ~ to sag; **estar a** ~ to be to leeward.

subfletamento *m.* subletting.

subfletar *v.t.* to subcharter.

subida *f.* rising.
~ **del barómetro** rising of the barometer.

subir *v.t.* to raise, to bring [take, lift] up || *v.i.* **1.** to rise, to come [go] up; **2.** *(termómetro, barómetro)* to rise; **3.** *(marea)* to flow, to rise.
~ **a la superficie** to rise to surface.
~**se a un bote salvavidas** to climb into a lifeboat.

submarinista *m. (buceador)* skin-diver, frogman.

submarino, a *adj.* y *m.* submarine.
~ **atómico** atomic [nuclear] submarine.
~ **hostil** hostile submarine.

suciedad *f.:*
~ **de fondos** bottom fouling.

sudeste *m.* **1.** *(punto, rumbo, marcación)* south-east; **2.** *(viento)* southeaster, south-east wind.
~ **cuarta al este** south-east by east.
~ **cuarta al sur** south-east by south.

sudoeste *m.* south-west.
~ **cuarta al oeste** south-west by west.
~ **cuarta al sur** south-west by south.

sueste *m.* **1.** *(rumbo, marcación, viento)* V. **sudeste**; **2.** *(sombrero)* southwester, sou'wester.

sumergible *adj.* sinkable, submersible || *m* submersible, submarine.

sumergir *v.t.* to submerge, to immerse, to immerge || *v.r.* to dive, to submerge, to immerge.

suministrar *v.t.* to supply, to furnish.

suministro *m.* supply.

superestructura *f.* superstructure, erection, deck erection [house], deckhouse.
~ **lateral** side [wing] house.

superficie *f.* surface, area □ **en la** ~ on the surface.
~ **de calefacción** heating surface.
~ **de flotación** waterplane.
~ **de la mar** surface of the sea.
~ **de parrilla** grate area.
~ **de refrigeración** cooling surface.
~ **de rozamiento** friction area, rubbing surface.
~ **de velamen** sail area.

superviviente *m.* survivor.

sur *m.* 1. *(punto, rumbo, marcación)* south □ **(al)** ~ **clavado** due south; **al** ~ **de** south of, southward(s) from [of]; **con destino al** ~ southbound; **hacia el** ~ southward(s); **2.** *(viento)* south(erly) wind, souther.
~ **cuarta al sudeste** south by east.
~ **cuarta al sudoeste** south by west.

surcar *v.t.* to plough, to plow.
~ **los mares** to plough [plow] the seas.

sursu(d)este *m.* south-south-east.

sursudoeste *m.* south-south-west.

T

tabla *f.* **1.** *(pieza de madera)* board; **2.** *(cuadro o lista de números, etc.)* table.
~ **de estima** traverse table.
~ **de señales de salvamento** table of life-saving signals.
~**s de azimutes** azimuth tables.
~**s de corrientes** current tables.
~**s de mareas** tide tables.
~**s náuticas** nautical tables.
~**s para la navegación astronómica** astronomical navigation tables.

tablazón *f.* planking.
~ **de amurada** bulwark planking.
~ **de costado** side planking.
~ **del fondo** bottom planking.
~ **del pantoque** bilge planking.
~ **de obra muerta** topside planking.
~ **de popa** stern planking.
~ **exterior** outside planking.
~ **interior** inside planking.

tablero *m.* board, panel.
~ **de control** control panel.
~ **de distribución** *Elect.* switchboard.

tablilla *f. (cuadro o lista de números, etc.)* table.
~ **de desvíos** deviation table.

tacómetro *m.* tachometer.

tajamar *m.* cutwater.

tajuelo *m.:*
~ **del timón** dumb-chalder.

talón *m.* **1.** *(extremidad de popa de la quilla)* heel; **2.** *(pieza que une la quilla a la roda)* stem [forefoot] knee.
~ **del codaste** skeg, heel [shoe, sole] piece.
~ **del timón** sole of the rudder, rudder heel.

taller *m.* (work)shop.
~ **de maquinaria** engineering-shop.
~ **de velas** sail loft.

tambucho *m.* booby hatch, companion hatch.

tangón *m.* boom.
~ **de vela rastrera** lower studding sail boom, swinging boom.
~ **para botes** swinging boom.

tanque *m.* tank.
~ **de aceite lubrificante** lubricating oil tank.
~ **de agua** water tank.
~ **de agua dulce** fresh water tank.
~ **de agua potable** *(para botes salvavidas)* (water) breaker.
~ **de aire** *(bote)* air [buoyancy, boat] tank.
~ **de asiento** trimming tank.
~ **de carga** cargo tank.
~ **de carga en verano** *(petrolero)* summer tank.
~ **de combustible** bunker [fuel] tank.
~ **de decantación** (oil) settling tank.
~ **de doble fondo** double bottom tank.
~ **de expansión** expansion tank.
~ **de lastre** ballast tank.
~ **del rasel de popa** after peak tank.
~ **del rasel de proa** fore peak tank.
~ **de petróleo** fuel [bunker] tank.
~ **de pruebas** *(canal de ensayo)* trial tank.
~ **de reserva** reserve tank.
~ **de trimado** trimming tank.

~ **de verano** *(petrolero)* summer tank.
~ **para corrección de asiento** trimming tank.
~ **profundo** deep tank.
~**s estabilizadores** anti-rolling [stabilization] tanks.
~ **vertical** deep tank.

tapa *f.* cover, lid.
~ **ciega** *(portillo)* deadlight, port lid.
~ **de cierre de escotilla** hatch cover.
~ **de cilindro** cylinder cover.
~ **de escobén** hawse plug [block], buckler.
~ **de escotilla** hatch cover.
~ **de escotillón** scuttle (hatch) cover.
~ **de lumbrera** skylight cover [shutter].
~ **de portillo de bisagras** hinged inside [temporary] deadlight.
~ **de portillo desmontable** portable (temporary) deadlight.
~ **de regala 1.** *(amurada)* (bulwark) rail; **2.** *(buque de madera)* plank sheer, covering board.
~ **de regala de coronamiento** taffrail.
~ **de registro** manhole cover.
~ **de tanque** *(techo, cielo)* tank top.
~ **superior del doble fondo** tank top plating, top of double bottom.

tapón *m.* plug, stopper.
~ **de escobén** hawse plug [block], buckler.
~ **de imbornal** scupper plug.

taponar *v.t.* to plug, to stop.
~ **una vía de agua** to stop a leak.

taraza *f.* shipworm, marine borer.

tarifa *f.* rate, tariff.
~ **aduanera** Customs tariff.
~ **de carga** rate of load.
~ **de fletamento** charter rate.
~ **de fletes** freight rate [tariff], rate of freight.
~ **de practicaje** pilotage rates.

tarquín *m.* silt.

taxímetro *m. Náut.* pelorus.

teca *f.* teak.

teléfono *m.* telephone.

telégrafo *m.* telegraph.
~ **de maniobras** docking telegraph.
~ **de (órdenes a) máquinas** engine telegraph.
~ **de órdenes de gobierno** steering telegraph.

telémetro *m.* range-finder.

temperatura *f.* temperature.
~ **absoluta** absolute temperature.
~ **de ebullición** boiling temperature.
~ **del aire** air temperature.
~ **de la mar** sea temperature.
~ **reducida** reduced temperature.
~ **uniforme** uniform temperature.

tempestad *f.* storm.
~ **de arena** sandstorm.
~ **de nieve** snowstorm.
~ **de polvo** duststorm.

templado, a *adj.* *(teso)* tight, taut, taught.

templar *v.t.* *(tesar)* to haul taut, to tauten.
~ **el seno** to haul [take] in the slack.

temporal *m.* *(fuerza 10 en la escala de Beaufort)* whole gale.

tendencia *f.*:
~ **barométrica [del barómetro]** barometric tendency, tendency of the barometer.

tender *v.t.* *(un ancla)* to bring out.

tenedero *m.* holding ground.
buen ~ good holding ground.
mal ~ bad holding ground.

tensión *f.* **1.** *Mec.* tension, strain, stretch; **2.** *Elect.* tension, voltage.
~ **de entrada** input voltage.
alta ~ high tension [voltage].
baja ~ low tension [voltage].

tensor *m. Man.* rigging screw, turn-buckle.

teredo *m.* marine borer, shipworm.

terminal *m.* **1.** *Elect.* terminal, connector; **2.** *(puerto, muelle)* terminal.
~ **de carga de petróleo** oil-loading terminal.

termógrafo *m.* thermograph.

termómetro *m.* thermometer.
~ **húmedo** wet bulb thermometer.
~ **seco** dry bulb thermometer.

tesar *v.t.* *(un cabo, etc.)* to haul taut, to tauten.

teso, a *adj.* *(un cabo, etc.)* tight, taut, taught.

tiempo *m.* **1.** *Astr.* time; **2.** *Meteor.* weather

□ **si el ~ no lo impide** weather permitting.
~ **amenazador** threatening weather.
~ **aparente** apparent time.
~ **bochornoso** sultry weather.
~ **borrascoso** rough weather.
~ **calimoso** hazy weather.
~ **caluroso** hot weather.
~ **cerrado** thick weather.
~ **civil de Greenwich** Greenwich civil time.
~ **claro** clear weather.
~ **chubascoso** squally weather.
~ **duro** heavy weather.
~ **frío** cold weather.
~ **hermoso** fine weather.
~ **húmedo** wet weather.
~ **inseguro** unsettled weather.
~ **medio de Greenwich** Greenwich mean time.
~ **regular** fair weather.
~ **seco** dry weather.
~ **sidéreo** sideral time.
~ **verdadero** true time.
buen ~ good weather.
mal ~ bad weather.

tierra *f.* **1.** *(país, terreno)* land, earth, ground; **2.** *(costa)* shore □ **acercarse a ~** to near [raise] the land; **ir a ~** to go ashore; **marcar la ~** to set the land; **pegado a ~** close inshore; **perder de vista la ~** to lose sight of the land; **rascar la ~** *(navegar pegado a ella)* to hug the land; **~ a la vista** land in sight; **venir de ~** to come from the shore; **3.** *Elect.* earth, ground □ **poner [unir] a ~** to earth.
~ **alta** high land.
~ **baja** low land.
~ **firme** mainland.
~ **mantecosa** cape-fly-away.

tifón *m. Meteor.* typhoon.

timón *m.* rudder □ **levantar ~** to ease [right] the helm.
~ **compensado** balanced rudder.
~ **de fortuna** jury rudder.
~ **de línea currentiforme** streamlined rudder.
~ **equilibrado** balanced rudder.
~ **popel** stern rudder.
~ **proel** bow rudder.

timonel *m.* helmsman, steersman, wheelman.

tingladillo *m.* clinker [clincher] planking, clinker [clincher] built, clinker [clincher] work.

tinglado *m.* shed.

tintero *m.* socket.
~ **del pescante** davit socket.

tira *f. (aparejo)* fall.

tirar *v.t.* to throw || *v.i.* **1.** *(corriente o marea)* to set; **2.** *(chimenea, etc.)* to draw.
~ **a la mar 1.** to throw overboard; **2.** *(carga para aligerar un buque)* to jettison.

tiravira *f.* parbuckle.

tocar *v.t.* **1.** *(en el fondo con la quilla)* to strike, to touch; **2.** *(la sirena, etc.)* to sound || *v.i. (llegar de paso, hacer escala)* to call, to touch.

toldilla *f.* poop.

toldo *m.* awning.
~ **de la toldilla** poop awning.
~ **del castillo** forecastle awning.

tolete *m.* thole(-pin).

toma *f.* **1.** *(orificio de entrada, en general)* inlet, intake; **2.** *(orificio de entrada en el buque)* outboard [overboard] connection; **3.** *Elect.* tap.
~ **de agua de la mar** sea connection [inlet, suction].
~ **de corriente** *Elect.* tap.
~ **de tierra** *Elect.* earth(ing), earth(ing) connection, ground(ing), ground(ing) connection.

tonel *m.* cask.

tonelada *f.* **1.** *(peso)* ton; **2.** *(arqueo)* (register) ton.
~ **de arqueo bruto** gross register ton.
~ **de arqueo neto** net register ton.
~ **métrica** metric ton.

tonelaje *m.* tonnage.
~ **bajo cubierta** tonnage under deck.
~ **bruto** gross (registered) tonnage.
~ **de arqueo bajo cubierta** tonnage under deck.
~ **de registro** register(ed) tonnage.
~ **de registro bruto** gross (registered) tonnage.

~ **de registro neto** net (registered) tonnage.
~ **neto** net (registered) tonnage.
~ **total** *(de una flota)* aggregate tonnage.

tope *m.* **1.** *(de un palo)* mast-head □ **a ~** *(banderas)* close up; **en el ~ del palo** at mast-head; **2.** *(cabeza de tablón o chapa)* butt(-end) □ **a ~** *(tablones o chapas)* butt and butt; **3.** *(para limitar el movimiento)* stop.
~ **del timón** rudder stop.

tormenta *f.* storm, tempest.
~ **con aparato eléctrico** thunderstorm.
~ **de granizo** hail-storm.
~ **de nieve** snowstorm.

tormentoso, a *adj.* stormy, tempestuous.

tornado *m.* tornado.

tornillo *m.* screw.
~ **sin fin** endless screw, worm.

torno *m.* *(río, canal)* bend, turn.

torrero *m.* light(house) keeper.

traca *f.* strake.
~ **de aparadura** garboard strake.
~ **de cinta** sheer strake.
~ **de pantoque** bilge strake.
~ **de ventilación** *(buques de madera)* air strake [course].
~ **fraccionada** drop strake, stealer.
~ **perdida** drop strake, stealer.

tráfico *m.* traffic.
~ **de socorro** *Rad.* distress traffic.
~ **marítimo** maritime [sea] traffic.
~ **marítimo internacional** international maritime [sea] traffic.
~ **río abajo** down river traffic.
~ **río arriba** up river traffic.

trancanil *m.* waterway, gutter.

transatlántico, a *adj.* V. **trasatlántico**

transbordar *v.t.* to tranship, to trans-ship.

transbordo *m.* trans-shipment.

transmisor *m.* *Rad* V. **emisor.**

transmitir *v.t.* *(señales)* to transmit.
~ **por radio** to wireless, to broadcast, to radio.

transportador *m.* *Nav., Dib.* protractor.

transportar *v.t.* to transport, to carry, to convey.

transporte *m.* **1.** *(acción de transportar)* transport, carriage, conveyance; **2.** *(buque)* transport.
~ **de tropas** *(buque)* trooper, troop ship.
~ **marítimo** sea-borne trade, carriage by sea, shipping (traffic), marine transport.
~ **por gabarras** lighterage.

trasatlántico, a *adj.* transatlantic.

trasbordar *v.t.* V. **transbordar.**

trasbordo *m.* V. **transbordo.**

trasportar *v.t.* V. **transportar.**

trasporte *m.* V. **transporte.**

través *m.* **1.** *(dirección)* beam □ **a popa del ~** abaft the beam; **a proa del ~** before the beam; **de ~** *(de banda a banda) adv.* athwart(ship); **por el ~** abeam, on the beam; **por el ~ de babor** on the port beam; **2.** *(amarra)* breast line [fast, rope].
~ **de popa** *(amarra)* aft breast line.
~ **de proa** *(amarra)* forward breast line.

travesía *f.* *(viaje)* passage, crossing □ **en la ~ hacia** on passage to.

trazar *v.t.:*
~ **un rumbo** to lay off [shape] a course.

triángulo *m.* triangle.
~ **de posición** *Astr.* y *Nav.* astronomical triangle.

tribunal *m.* court.
~ **de presas** prize Court.
~ **marítimo** maritime [Admiralty] Court.

trinca *f.* **1.** *(cabo, ligadura)* lashing, seizing; **2.** *(puerta estanca, etc.)* dog, dogging device.
~ **de ancla** anchor lashing.

trincar *v.t.* **1.** *(con cabo)* to lash, to seize, to fasten, to secure, to make secure [fast]; **2.** *(puerta estanca, etc.)* to dog.

trinquete *m.* **1.** *(palo)* foremast; **2.** *(verga)* foreyard; **3.** *(vela)* foresail.

tripulación *f.* crew, manning.
~ **completa** full crew.
~ **de presa** prize crew.
~ **de relevo** relief crew.
~ **de un bote** boat's crew.
~ **reducida** skeleton crew.

tripulante *m.* crewman, crew member, member of the crew, hand.

tripular *v.t. (dotar de personal)* to man.

tromba *f.* waterspout.

tronada *f.* thunderstorm.

tronco *m.* **1.** *(de árbol)* log; **2.** *Const. nav.* trunk, casing.
~ **cerrado** closed-in trunk.
~ **de escape** escape trunk [shaft], (emergency) escape.
~ **de expansión** expansion trunk.
~ **de iluminación** light casing.
~ **de ventilación** air trunk [casing, shaft], ventilation trunk.

trópico *m.* tropic.
~ **de Cáncer** Tropic of Cancer.
~ **de Capricornio** Tropic of Capricorn.

tubería *f.* piping, pipe(line), line.
~ **de aspiración** suction piping.
~ **de extracción** blow off piping [pipe].
~ **de lastre** ballast piping.
~ **de sentina** bilge piping [pipes].
~ **de vapor** steam piping.
~ **principal de alimentación** main feed pipe [piping].
~ **principal de vapor** main steam pipe.
~ **secundaria** branch pipe.

tubo *m.* tube, pipe.
~ **de aireación 1.** *(tanques)* air [vent] pipe; **2.** *(petroleros)* vapour line [pipe].
~ **acústico** speaking-tube.
~ **de aletas** finned tube.
~ **de aspiración** suction pipe.
~ **de caldera** boiler tube.
~ **de desagüe de imbornal** scupper pipe.
~ **de descarga** discharge pipe.
~ **de exhaustación** exhaust pipe.
~ **de guía de ondas** waveguide.
~ **de humo** smoke tube.
~ **de imbornal** scupper pipe.
~ **del condensador** condenser tube.
~ **de nivel de agua** water-gauge glass.
~ **de purga** blow through pipe.
~ **de rayos catódicos** cathode-ray tube.
~ **de sonda** sounding pipe.
~ **de vapor** steam pipe.
~ **de ventilación 1.** *(tanques)* air [vent] pipe; **2.** *(petroleros)* vapour line [pipe].
~ **lanzatorpedos** torpedo tube.

tuerca *f.* nut.
~ **autoblocante** check [lock]-nut.
~ **de seguridad** check [lock]-nut.

túnel *m.* tunnel, alley.
~ **del eje** shaft tunnel [alley, trunk].

turbiña *f.* turbine.
~ **con engranajes de reducción** geared turbine.
~ **con reductor de velocidad** geared turbine.
~ **de acción** impulse turbine.
~ **de baja presión** low pressure turbine.
~ **de ciar** astern turbine.
~ **de gas** gas turbine.
~ **de marcha atrás** astern turbine.
~ **de marcha avante** ahead turbine.
~ **de reacción** reaction turbine.
~ **de vapor** steam turbine.
~ **engranada** geared turbine.

turbogenerador *m.* turbo-generator.

turno *m.* spell, turn.
~ **al timón** trick, turn [spell] at the wheel.

U

ultramar *m.* oversea(s).

ultramarino, a *adj.* oversea(s), ultramarine, transmarine.

umbral *m. (de dique)* sill.

unidad *f.* unit.
~ **de medida** unit of measurement.
~ **de tiempo** unit of time.
~ **de velocidad** unit of velocity.

uniforme *m.* uniform.
~ **de gala** full dress [uniform].

unión *f.* union, joint.
~ **a tope** *(chapas)* butt joint.

unir *v.t.* y *v.r.* to join, to connect.
~ **a masa** *Elect.* to earth, to ground.

uña *f. (ancla)* fluke.

uso *m. (costumbre)* use.
~**s y costumbres de la mar** uses and customs of the sea.

utensilio *m.* implement, utensil.

V

vagra *f.* (side) girder.
~ **de pantoque** bilge keelson.
~**s al aire** cargo [hold] battens.
~**s de carga** cargo [hold] battens.
~**s del plan** floor ceiling.

válvula *f.* **1.** *Rad.* valve; (EE.UU.) tube; **2.** *Mec.* valve.
~ **de arranque** starting valve.
~ **de aspiración** suction valve.
~ **de cierre** stop [screw-down] valve.
~ **de comunicación con el mar** sea (suction) valve, sea cock.
~ **de incomunicar** stop valve.
~ **de mar** sea (suction) valve, sea cock.
~ **de retención** non-return valve.
~ **de seguridad** safety valve.
~ **de toma de mar** sea (suction) valve, sea cock.
~ **electrónica** electronic valve.

vano *m.:*
~ **de la hélice** propeller [screw] aperture, propeller [screw] well, propeller frame.

vapor *m.* **1.** *(de agua)* steam; **2.** *(de cualquier otra substancia)* vapour; **3.** *(buque)* steamship, steamboat, steam vessel, steamer.
~ **a alta presión** high pressure steam.
~ **condensado** condensed steam.
~ **recalentado** superheated steam.
~ **saturado** satured steam.
~ **saturado húmedo** wet steam.
~ **saturado seco** dry steam.

varada *f.* grounding, stranding.
~ **en dique seco** dry-docking.

varadero *m.* *(para buques)* slip(way), patent slip, marine slipway.
~ **(de la uña) del ancla 1.** *(de madera)* billboard; **2.** *(de hierro)* anchor lining, bow doubling.
~ **de reparaciones** slip dock.

varado, a *p.p.* aground.

varadura *f.* grounding, stranding.

varar *v.t.* **1.** *(en varadero)* to haul up; **2.** *(encallar)* to run aground [ashore], to ground, to strand, to beach || *v.i.* to run [go, come] aground, to run [come] ashore, to ground, to strand, to touch [take] the ground.

varenga *f.* **1.** *(buque de acero)* floor (plate); **2.** *(buque de madera)* floor (timber).
~ **alta** deep floor.
~ **armada** bracket [open, skeleton] floor.
~ **de la bovedilla** transom floor.
~ **estanca** watertight floor.
~ **intercostal** intercostal floor.
~ **levantada** rising floor.
~ **llena** solid floor.
~ **maestra** main floor.
falsa ~ bracket [open, skeleton] floor.

variación *f.* *Nav.* variation.
~ **de la aguja** compass variation, variation of the compass.
~ **magnética** magnetic variation.

varilla *f.* rod, spindle.
~ **de guardín** steering rod.
~ **de sonda** measuring [sounding]-rod.

vaso *m. (para beber)* drinking vessel.
~ **graduado inoxidable** stainless graduated drinking vessel.

vela *f. Man.* sail □ **acortar de** ~ to shorten sail; **aferrar una** ~ to furl [take (in)] a sail; **a la** ~ under sail; **arriar ~s** to lower [haul down] the sails; **a toda** ~ full sail, ataunto; **a ~s tendidas** full sail, ataunto; **dar la** ~ *(ponerse a navegar)* to (set) sail; **dar [hacer]** ~ *(aumentar el número de las que se llevan largas)* to crowd [drive, make] sail; **hacerse a la** ~ to (set) sail; **izar una** ~ to hoist a sail; **largar [marear]** ~ to crowd [drive, make] sail; **meter [quitar, recoger]** ~ to shorten sail.
~ **al tercio** lug(sail).
~ **cangreja** gaff sail, spanker.
~ **cuadra(da)** square sail.
~ **de abanico** spritsail.
~ **de bote** boat sail.
~ **de cangrejo** trysail.
~ **de capa [capeo]** storm sail.
~ **de correr** storm sail.
~ **de cruz** square sail.
~ **de cuchillo** fore-and-aft sail.
~ **de estay** staysail.
~ **de gavia** topsail.
~ **de juanete** topgallant sail.
~ **de sobrejuanete** royal sail.
~ **guaira** sliding gunter sail.
~ **latina** lateen sail.
~ **mayor** main sail.
~ **mesana** miz(z)en (sail).
~ **redonda** square sail.
~**s altas** upper sails.
~**s bajas** lower sails.
~**s mayores** courses.
~ **tarquina** spritsail.

velacho *m.* fore topsail.

velamen *m.* canvas, sail □ **disminuir** ~ to shorten sail.

velar *v.i. (sobresalir del agua)* to uncover, to appear above water, to be well out of the water.

velero, a *adj.* good [fast, fine] sailer || *m.* **1.** *(buque)* sailing-ship [vessel], sailer; **2.** *(obrero)* sailmaker.

velocidad *f.* speed, velocity □ **aumentar la** ~ to increase speed; **mantener la** ~ to keep the speed; **reducir la** ~ to reduce [slacken] speed; **regular la** ~ to regulate speed.
~ **angular** angular velocity.
~ **a través del agua** speed through water.
~ **de crucero** cruising speed.
~ **de la corriente** speed of the current.
~ **de régimen** normal running speed.
~ **de seguridad** safe speed.
~ **económica** economic speed.
~ **en nudos** speed in knots.
~ **en pruebas** trial speed, speed on trials.
~ **horaria** hourly speed, speed per hour.
~ **inicial** initial velocity.
~ **máxima** maximum speed.
~ **media** average speed.
~ **moderada** moderate speed.
~ **sobre el fondo** speed over the ground [bottom].
~ **uniforme** uniform velocity.

ventilación *f.* ventilation.
~ **artificial** mechanical [power] ventilation.
~ **mecánica** mechanical [power] ventilation.
~ **natural** natural ventilation.

ventilador *m.* **1.** *(aparato)* fan, blower, ventilating [ventilation] fan, ventilating [ventilation] blower; **2.** *(manguerote)* ventilator, ventilating shaft.
~ **de aspiración** draught blower.

ventilar *v.t.* to ventilate.

ventolina *f.* **1.** *(fuerza 1 en la escala de Beaufort)* light air; **2.** *(viento suave de dirección variable)* variable breeze, baffling wind.

ventoso, a *adj.* windy.

verano *m.* summer.

verduguillo *m.* rubbing strake [piece, strip].

verga *f.* yard.
~ **de gavia** main topsail yard.
~ **de juanete mayor** main topgallant yard.
~ **de mesana** mizzen yard.
~ **de perico** mizzen topgallant yard.
~ **de respeto** spare yard.
~ **de señales** signal yard.
~ **de sobrejuanete** royal yard.
~ **de trinquete** fore yard.
~ **de velacho** fore topsail yard.
~ **mayor** main yard.
~ **seca** crossjack yard.

veril *m.* **1.** *(orilla o extremo de un bajo)*

edge; **2.** *(isobata)* fathom line, depth contour.

vertello *m.* parrel truck.

vía *f.* way □ **abrirse una ~ de agua** to spring a leak; **¡a la ~!** (a)midships!; **por ~ marítima** by sea; **por ~ terrestre** overland; **taponar una ~ de agua** to stop a leak.
~ **de agua** *(entrada indebida de agua)* leak.
~ **de circulación** *(tráfico marítimo)* traffic lane.

viada *f.* (head)way.

viaje *m.* voyage, trip, passage □ **en el ~ de regreso** on the return voyage.
~ **de ida** outward voyage [passage, trip].
~ **de placer** pleasure trip.
~ **de pruebas** trial trip, testing voyage.
~ **de regreso** homeward [return] voyage.
~ **directo** through voyage.
~ **inaugural** maiden trip [voyage].
~ **redondo** round trip [voyage].
buen ~ good voyage.
primer ~ maiden trip [voyage].

vibración *f.* vibration.

vicio *m.* vice.
~ **propio** *(mercancías)* inherent vice.

viento *m.* **1.** *Meteor.* wind; **2.** *(cabo o aparejo)* guy, stay.
~ **a fil de roda** wind ahead.
~ **aparente** apparent wind.
~ **a popa del través** wind abaft the beam.
~ **a un largo** wind on the quarter, quartering wind.
~ **bonancible** *(fuerza 4)* moderate breeze.
~ **de bandas opuestas** wind on different sides.
~ **de la mar** onshore wind.
~ **de la misma banda** wind on the same side.
~ **de popa** wind astern.
~ **de proa** dead [head] wind, wind ahead.
~ **de tierra** land [offshore] wind.
~ **de través** wind abeam, wind on the beam.
~ **duro** *(fuerza 8)* fresh gale.
~ **en popa cerrada** wind right aft.
~ **favorable** fair wind.
~ **flojito** *(fuerza 2)* light breeze.
~ **flojo** *(fuerza 3)* gentle breeze.
~ **frescachón** *(fuerza 7)* moderate gale.
~ **fresco** *(fuerza 6)* strong breeze.
~ **fresquito** *(fuerza 5)* fresh breeze.
~ **manejable** moderate wind.
~ **muy duro** *(fuerza 9)* strong gale.
~ **muy fuerte de proa** muzzler.
~ **por la aleta** quartering wind, wind on the quarter.
~ **por la amura** wind on the bow.
~**s alisios** trade winds.
~**s de chimenea** funnel guys [stays].
~**s dominantes** prevailing winds.
~ **periódicos** periodical winds.
~ **verdadero** true wind.

vigía *m.* **1.** *(lugar desde donde se vigila)* look-out; **2.** *(persona que vigila)* look-out (man).

vigilancia *f.* watch(ing), look-out □ **sin ~** unwatched.
~ **auditiva** look-out by hearing.
~ **de costas** coast watching.
~ **visual** look-out by sight.

vigota *f.* deadeye.
~ **ciega** heart.

vinatera *f.* lizard, becket.

virada *f.* *(cambio de bordo)* tacking □ **faltar [perder] la ~** to miss stays.
~ **por avante** tacking, going about.
~ **por redondo** wearing.

virador *m.* **1.** *(de mastelero)* top [mast] rope; **2.** *(cabo delgado para virar otro de más mena)* messenger; **3.** *Mec.* turning wheel [gear].

virar *v.t.* **1.** *(cambiar de amura)* to tack; **2.** *(cobrar con cabrestante)* to heave, to heave in [around].
~ **por avante** to stay (about), to tack (about), to go about.
~ **por redondo** to wear (round).

virazón *f.* sea breeze.

visibilidad *f.* visibility.
~ **nula** zero visibility.
~ **reducida** restricted visibility.
buena ~ good visibility.
mala ~ poor visibility.
poca ~ low visibility.

visible *adj.* visible.

visita *f.* *(inspección)* survey, inspection, examination.
~ **anual** annual survey.
~ **de la aduana** customs examination.
~ **periódica** periodical survey.

visitar *v.t.* *(inspeccionar)* to survey, to inspect.

vista *f.* sight, view □ **mantenerse a la ~ (de)** to keep in sight (of); **perder de ~ la tierra** to lose sight of the land.

vituallas *f.pl.* victuals, provisions.

víveres *m.pl.* victuals, provisions.
~ **de bote** (life)boat provisions.

vocabulario *m.:*
~ **normalizado de navegación marítima** standard Marine Navigational Vocabulary.

voltaje *m. Elect.* voltage.

volumen *m.* volume, cubic capacity, cubic content.
~ **de carena** volumen of displacement, immersed [under-water] volume.
~ **de la reserva de flotabilidad** volume of effective buoyancy.
~ **específico** *Fís.* specific volume.

vuelta *f.* **1.** *(nudo)* bend; **2.** □ **dar la ~** *(zozobrar)* to capsize.
~ **doble de escota** double sheet bend.
~ **sencilla de escota** sheet bend, swab hitch.

Y

yarda *f.* yard.

yate *m.* yacht.

yola *f.* yawl.

yugo *m.* transom.

yute *m.* jute.

Z

zafar *v.t.* to clear, to take off [out], to unbend, to unfasten.
~ **un cabo** to clear a rope.
~ **un cable de una bita** to take off a hawser from a bitt.
~ **vueltas** *(en una bita)* to unbitt.

zafo, a *adj.* free, clear.
~ **de todo peligro** clear of all danger.

zaga *f.* log line.

zagual *m.* paddle.

zahorra *f.* gravel, shingle.

zallar *v.t.* to swing out.

zancadilla *f.* *(en las cadenas)* elbow.

zapata *f.* **1.** *(falsa quilla)* false keel; **2.** *(pie del codaste)* shoe [sole] piece.
~ **del ancla** anchor shoe.
~ **del freno** brake shoe.

zarpar *v.i.* **1.** *(el ancla)* to trip, to break ground □ **¡zarpó!** anchor aweigh!; **2.** *(hacerse a la mar)* to sail, to leave, to get under way.

zenit *m.* zenith.

zodiacal *adj.* zodiacal.

zodíaco *m.* zodiac.

zona *f.* zone, area.
~ **de búsqueda** search area.
~ **de incendio** *(en un buque)* fire zone.
~ **del accidente** area of accident.
~ **del siniestro** area of the distress.
~ **de navegación costera** inshore traffic zone.
~ **de peligro** danger zone.
~ **de pesca** fishing-ground.
~ **de practicaje** pilotage waters.
~ **de separación de tráfico** traffic separation zone.
~ **despejada** clear area.
~ **de visibilidad reducida** zone of restricted visibility.
~ **glacial** frigid zone.
~ **periódica** *(líneas de carga)* seasonal area.
~ **reservada a los hidroaviones** reserved seaplane area.
~ **tórrida** torrid zone.

zozobrar *v.i.* to capsize, to upset, to upturn.

zuncho *m.* hoop.

TERCERA PARTE

Diálogos entre Capitán y Práctico

TOMANDO PRACTICO

¿Necesita usted práctico?	Do you require a pilot?
Necesito práctico.	I require a pilot.
¿Estoy obligado a tomar práctico?	Am I compelled to take pilot?
¿Es obligatorio el practicaje?	Is pilotage compulsory?
Sí, el practicaje es obligatorio.	Yes, pilotage is compulsory.
No, el practicaje no es obligatorio.	No, pilotage is not compulsory.
No es necesario práctico.	Pilot is not necessary.
Puede usted fondear solo o esperar al práctico en ...	You may anchor by yourself or wait for pilot at ...
¿Dónde puedo tomar práctico?	Where can I take pilot?
Puede usted tomar práctico en ...	You can take pilot at ...
¿Hay práctico disponible?	Is there a pilot available?
No hay ningún práctico disponible.	No pilot is available.
¿A qué hora estará el práctico disponible?	At what time will the pilot be available?
¿Tiene usted práctico a bordo?	Have you a pilot on board?
Sí, tengo práctico a bordo.	Yes, I have a pilot on board.
No tengo práctico.	I have no pilot.
No entre usted sin práctico.	You should not enter without a pilot.
Manténgase sobre la máquina hasta que llegue el práctico.	You should heave to until pilot arrives.
Fondee hasta que llegue el práctico.	You should anchor until pilot arrives.
Haga usted señales pidiendo práctico.	You should make signal for a pilot.
¿A qué hora llegará el práctico?	At what time will pilot arrive?
El práctido llegará a las ...	Pilot will arrive at ...
Le enviaré a usted un práctico.	I will send you a pilot.
El práctico saldrá para usted dentro de *- un cuarto de hora.* *- media hora.*	Pilot will come out to you in - quarter of an hour. - half an hour.

El práctico sale para usted ahora.	Pilot is coming out to you now.
El práctico va hacia usted.	Pilot is coming to you.
El bote del práctico va hacia usted.	Pilot boat is proceeding to you.
La embarcación del práctico se aproxima a su barco.	Pilot boat is approaching your vessel.
El práctico no puede ir a bordo de usted.	Pilot cannot come off to you.
Hay mucha mar; el práctico no puede ir a bordo.	Sea is too rough; pilot cannot get off to you.
El bote del práctico no puede salir hacia usted a causa del mal tiempo.	Pilot boat cannot get off to you owing to bad weather.
Siga al bote del práctico.	You should follow pilot boat.
El practicaje ha quedado suspendido para toda clase de buques.	Pilotage is suspended for all vessels.
El practicaje ha quedado suspendido para los buques pequeños.	Pilotage is suspended for small vessels.
El practicaje ha sido reanudado.	Pilotage is resumed.
Coloque la escala de práctico por babor [estribor].	You must rig pilot ladder on port [starboard] side.
La escala de práctico está colocada en el costado de babor.	Pilot ladder is rigged on port side.
Debe usted colocar la escala real combinada con la de práctico.	You must rig gangway combined with pilot ladder.
Haga un socaire por babor [estribor] para el bote del práctico.	Make a port [starboard] lee for the pilot boat.

AL LLEGAR AL PUENTE

¿Cuál es el nombre de su buque?	What is the name of your vessel?
¿De dónde viene usted?	Where do you come from?
Vengo de ...	I come from ...
¿Quiénes son sus agentes?	Who are your agents?
Mis agentes son ...	My agents are ...
Voy a conducir el buque a ...	I will take the ship to ...
Será usted atracado al muelle inmediatamente.	You will be berthed alongside immediately.
Por favor, mande que den una amarra a mi embarcación.	Please, give a line to my boat.
No puede usted entrar hoy.	You cannot enter today.
No podemos entrar ahora en *- el puerto.* *- la rada.*	We cannot go now into - the harbour. - the roads.
¿Cuándo puedo entrar?	When can I enter?

Debe usted fondear y esperar hasta *- la pleamar.* *- mañana.*	You must drop anchor to wait till - high water. - tomorrow.
¿Cómo está la máquina ahora?	How is the engine now?
La máquina está parada.	Engine is stopped.
Mis máquinas están paradas.	My engines are stopped.
¿Cuántas hélices tiene el barco?	How many propellers has your ship?
El barco tiene una hélice de paso a la derecha.	The ship has one right handed propeller.
El barco tiene dos hélices.	The ship has twin screws.
El barco tiene una hélice de paso variable.	The ship has one variable pitch propeller.
¿Qué equipo propulsor tiene el barco?	What propelling machinery is installed on your ship?
Tenemos un motor diesel.	We have a diesel engine.
Tenemos una *- máquina alternativa de vapor.* *- instalación de turbinas.* *- instalación turboeléctrica.*	We have a - reciprocating steam engine. - turbine drive installation. - turbo electric drive installation.
¿Gobierna bien el barco?	Does the ship steer well?
¿Obedece bien el buque al timón?	Does the ship answer the helm well?
¿Cómo obedece el barco al timón?	How does the ship answer the helm?
Responde bien [mal] al timón.	She answers the helm well [badly].
El barco guiña un poco.	The ship yaws a little.
¿Qué velocidad puede usted dar?	What speed can you go?
Puedo ir a la velocidad de ... nudos.	I can go at ... knots.
Aumente la velocidad.	Increase your speed.
Reduzca la velocidad.	Reduce your speed.
Vaya usted a poca velocidad.	Go at easy speed.
No es prudente ir a tanta velocidad; pare la máquina.	It is not safe to go so fast; stop engine.
El buque tiene mucha arrancada.	The ship has too much headway.
Pare usted la arrancada de su buque.	Take the way off your vessel.
El barco ha perdido la arrancada.	The ship has lost her way.
El viento nos quita la arrancada.	Wind stops the ship's way.
No le quite la arrancada al barco.	Do not stop the ship's headway.
Tenemos arrancada suficiente para gobernar.	We have steerage way.
No tenemos aún arrancada suficiente para gobernar.	We have not yet steerage way.

CALADOS Y DIMENSIONES DEL BUQUE

Calados

¿Cuál es su calado?	What is your draught?
¿Cuánto cala el barco?	How much water does the ship draw?
¿Cuál es su calado a popa?	What is your draught aft?
¿Cuál es su calado a proa?	What is your draught forward?
Mi calado es de ... metros a proa y ... metros a popa.	My draught is ... metres forward and ... metres aft.
El buque es de gran calado.	Vessel is of deep draught.
¿Cuál es su diferencia de calados?	What is your difference in draught?
Mi diferencia de calados es ...	My difference in draught is ...
El barco está apopado.	The ship is trimmed by the stern.
El barco está aproado.	The ship is trimmed by the head.
El barco tiene calados iguales.	The ship is on an even keel.
El máximo calado permitido es ...	Maximum permitted draught is ...
Su calado no debe pasar de ... metros.	Your draught must not exceed ... metres.
¿Hasta qué calado podría usted aligerar?	To what draught could you lighten?
Podría aligerar hasta ... pies de calado.	I could lighten to ... feet draught.

Dimensiones principales

¿Cuál es la eslora del barco?	What is the length of the ship?
La eslora total del barco es ... pies.	The length overall of the ship is ... feet.
¿Cuál es la manga del buque?	What is the breadth of the ship?
La manga del buque es ... metros.	The breadth of the ship is ... metres.
¿Cuál es el tonelaje bruto del barco?	What is the gross tonnage of the ship?
El tonelaje bruto del barco es ... toneladas.	The gross tonnage of the ship is ... tons.
¿Cuál es su altura?	What is your height?
Mi altura es ... metros.	My height is ... metres.
¿Qué altura tienen los palos?	What is the height of the masts?
La altura de los palos es de ... metros.	The height of the masts is ... metres.

ORDENES AL TIMONEL

¡Timón a babor!	Port the helm! [Helm a port!]; en EE.UU.: Left rudder.
¡A babor!	Port!; en EE.UU.: Left!

¡A babor cinco [diez, veinte]!	Port five [ten, twenty]!; en EE.UU.: Left five [ten, twenty]!
¡Todo a babor!	Hard a port! [All port!]; en EE.UU.: Hard left!
¡Timón a estribor!	Starboard the helm! [Helm a starboard!]; en EE.UU.: Right rudder!
¡A estribor!	Starboard!; en EE.UU.: Right!
¡A estribor cinco [diez, veinte]!	Starboard five [ten, twenty]!; en EE.UU.: Right five [ten, twenty]!
¡Todo a estribor!	Hard a starboard! [All starboard!]; en EE.UU.: Hard right!
¡Al medio! [¡A la vía!]	Midships!
¡Al medio el timón!	Helm amidships!
¡Levanta el timón!	Right the helm!
¡Aguanta!	Meet her! [Meet the helm!; Check her!; Check the helm!]
¡Cambia el timón!	Shift the helm!
¡Derecho!	Steady! [Steady so!; Keep her steady!; Straight so!; Right so!]
¡Derecho como va!	Steady as she goes!
¡Un poco a babor!	Port a little!
¡Un poco a estribor!	Starboard a little!
¡Más a babor!	Better port! [More to port!]
¡Más a estribor!	Better starboard! [More to starboard!]
¡A babor poco a poco!	Port gently! [Port easy!]
¡A estribor poco a poco!	Starboard gently! [Starboard easy!]
¡No caiga a babor!	Don't come to port!
¡No caiga a estribor!	Don't come to starboard!
¡Cuidado con el timón! [¡Gobierne bien!]	Mind the helm! [Watch your steering!]
Gobierne usted hacia el ...	Steer towards the ...
Gobierna usted demasiado a babor [estribor].	You are steering too much to port [starboard].
Gobierne con poco timón.	Use small helm. [Steer small].
Gobierne con mucho timón.	Steer large.
Meta todo el timón a la banda para virar.	Use full helm to turn.
El buque no responde al timón.	Vessel does not answer her helm.

MANIOBRAS CON LA MAQUINA

¡Atención a la máquina!	Stand by the engine!
¡Avante!	Ahead!

¡Atrás!	Astern!
Avante muy poca.	Dead slow ahead.
Atrás poca.	Slow astern. [Easy astern].
Avante media.	Half ahead.
Atrás toda.	Full astern.
Avante a toda máquina.	Full speed ahead.
¡Listos para parar!	Ready to stop her!
¡Para!	Stop her!
¡Para la máquina!	Stop the engine!
Déle un golpe de máquina avante.	Give her a kick ahead.
Una palada avante.	One turn ahead.
Una palada atrás.	One turn astern.
Media palada avante [atrás].	Half a turn ahead [astern].
¡Para y atrás!	Stop and reverse!
¡Más despacio!	Slower [Slow down!]
¡Más máquina!	Faster!
Avante la máquina de babor, atrás la de estribor.	Port engine ahead, starboard astern.
Avante poca estribor, atrás media babor.	Slow ahead starboard, half astern port.
¡Atrás toda las dos!	Full astern on both! [Full astern two!]
¡Para babor!	Stop port!
¡Para las dos!	Stop both engines! [Stop two!]
¡Terminados con la máquina!	Finish with the engine!

AYUDAS A LA NAVEGACION

Boyas, balizas y faros

¿Hay algún cambio en las boyas [en las balizas]?	Are there any alterations in the buoys [in the beacons]?
No, no hay cambio en las boyas.	No, there is no change in the buoys.
Sí, la boya marcada con el número ... se ha ido al garete.	Yes, buoy number ... has broken adrift.
Se ha fondeado una boya en latitud ... longitud ...	A buoy has been established in latitude ... longitude ...
Se ha retirado la baliza que estaba en latitud ... longitud ...	Beacon in latitude ... longitude ... has been removed.
¿Puede usted ver la boya?	Can you see the buoy?
No puedo ver la boya.	I cannot see the buoy.
Debe usted navegar con precaución, la	You must navigate with caution, buoy

boya a la que se acerca no está en su debido sitio.	which you are approaching is not in its proper position.
Tenga cuidado, la boya ... ha desaparecido.	Be careful, buoy ... has disappeared.
La luz de la boya se ha apagado.	Light buoy is extinguished.
¿Por qué banda de la boya debemos pasar?	On which side must we to pass the buoy?
Podemos pasar por ambas bandas de la boya.	We can pass the buoy on either side.
Deje usted la boya por babor [estribor].	Keep the buoy on your port [starboard] side.
Gobierne directamente en demanda de la baliza.	Steer directly for the beacon.
¿En qué demora debo llevar la baliza?	How must I bring the beacon to bear?
Lleve usted la baliza en demora ...	Bring the beacon to the bearing ...
¿Cómo le demora a usted el faro ...?	What is your bearing of light ...?
El faro ... me demora al ...	Light ... bears from me on ...
No lleve usted el faro ... en la demora ...	Do not bring the lighthouse ... to the bearing ...
¿En qué demora debo mantener la luz?	On what bearing shall I keep the light?
Mantenga la luz en demora ...	Keep the light on bearing ...
No puedo ver el faro ...	I cannot see the light ...
El faro ... está apagado.	Light ... is extinguished.
¿Cuál es el nombre del faro a la vista?	What is the name of lighthouse in sight?
¿Qué faro es ese que se ve por la amura de estribor?	What is the light we see on the starboard bow?
¿Qué faro es ese que se ve por la aleta de babor?	What is the light we see on the port quarter?
El faro que se ve por la aleta de babor es....	Light we see on the port quarter is ...
¿Qué faro es ese que se ve por el través de estribor?	What is the light we see on the starboard beam?
El buque-faro ... está fuera de su situación.	Lightship ... is out of her position.
El buque-faro ... ha sido quitado de su situación.	Lightship ... has been removed from her station.

Radar

¿Tiene usted equipo de radar?	Are you equipped with radar?
No tengo radar.	I have no radar.
Mi radar está averiado.	My radar is broken down.
¿Está su radar en función?	Is your radar in operation?

Sí, mi radar está trabajando.	Yes, my radar is working.
Mi radar no está trabajando.	My radar is not working.
Por favor, conecte su radar.	Please, switch on your radar.
¿Qué escala de distancia está usted usando?	What range scale are you using?
Estoy usando la escala de ... millas.	I am using ... miles range scale.
Cambie a una escala mayor.	Change to larger range scale.
Cambie a una escala menor.	Change to smaller range scale.
¿Cuál es la distancia por radar al buque que tenemos por la proa?	What is the distance by radar to vessel on the bow?
La distancia por radar al buque que tenemos por la proa es de ... cables.	Distance by radar to vessel on the bow is ... cables.

FONDEADEROS, FONDEOS Y MANIOBRAS CON LAS ANCLAS

Fondeaderos

¿Puede usted indicarme un buen fondeadero?	Can you indicate a good anchorage for me?
El mejor fondeadero está a ... grados ... millas de ...	The best anchorage is ... degrees ... miles from ...
¿Quiere usted conducirme a un buen fondeadero?	Will you lead me into a safe anchorage?
Sí, le conduciré al fondeadero más cercano.	Yes, I will lead you to the nearest anchorage.
Le llevaré al fondeadero.	I will take you to the anchorage.
¿A qué hora llegaremos al fondeadero?	At what time will we arrive to the anchorage?
Llegaremos al fondeadero dentro de *- un cuarto de hora.* *- media hora.* *- una hora.*	We will arrive to the anchorage in - a quarter of an hour. - half an hour. - an hour.
¿Piensa usted estar mucho tiempo en este fondeadero?	Do you intend to remain a long time at this anchorage?
Pienso estar en este fondeadero hasta ...	I intend to remain at this anchorage until ...
¿Se encuentra usted bien en este fondeadero?	Do you think your ship anchored in a good place?
¿Estoy en un buen fondeadero?	Am I in a good anchorage?
¿Es mi fondeadero seguro y adecuado?	Is my anchorage safe and suitable?
No se está seguro donde ha fondeado usted.	It is not safe where you are anchored.
Sí, está usted en un buen fondeadero.	Yes, you are in a very fair berth.

No está usted en un buen fondeadero.	You are not in a good berth.
En su actual fondeadero no tendrá usted espacio suficiente para levar si el viento cambia.	In your present berth you will have not room for weighing if the wind shifts.
Este fondeadero no le conviene, le acercaré más a tierra.	This anchorage is not safe, I will get the ship closer to shore.
Le alejaré de tierra.	I will get the ship farther off shore.
No estamos bien fondeados, debemos cambiar de fondeadero.	We are not well anchored, we must change our berth.
Enmiéndese de fondeadero.	You should shift berth.
Pienso cambiar de fondeadero.	I intend to change my anchorage.
Voy a cambiar de fondeadero.	I shall shift my berth.
No es prudente permanecer en el fondeadero, prepárese usted a levar.	It is unsafe to remain at anchorage, you should prepare to weigh.
¿No sería mejor volver al fondeadero?	Would it not be better to go back to the anchorage?
¿Quiere usted volver al fondeadero?	Do you want to come back to the anchorage?
Sí, quiero volver al fondeadero.	Yes, I want to go back to the anchorage.

Fondeos

El puerto está abarrotado, tendremos que fondear en la bahía.	The harbour is overcrowded, we shall have to anchor in the bay.
Es necesario ir a fondear en ...	We must go and anchor at ...
Debemos fondear fuera del puerto a esperar *- la pleamar.* *- que se le asigne atraque.*	We must anchor outside the harbour pending - high water. - the allotment of a berth.
Fondee usted en la rada hasta *- el amanecer.* *- esta tarde.*	You should anchor in roads until - daylight. - the evening.
No puedo fondear, mi molinete está averiado.	I cannot anchor, my windlass is out of order.
Tengo que fondear lo más pronto posible.	I must anchor as soon as possible.
Lléveme a fondear lo más pronto posible.	Bring me to an anchorage as soon as possible.
¿Va usted a fondear?	Are you going to anchor?
Voy a fondear.	I will anchor.
No voy a fondear.	I shall not anchor.
Solicito permiso para fondear.	I request permission to anchor.
Deseo fondear inmediatamente.	I wish to anchor at once.
Puede usted fondear.	You have permission to anchor.
¿Dónde piensa usted fondear?	Where do you intend anchoring?

¿Puedo fondear aquí?	May I anchor here?
Sí, puede usted fondear aquí.	Yes, you may anchor here.
No, está prohibido fondear donde usted se encuentra.	No, anchoring is prohibited where you are.
¿Dónde debo fondear?	Where shall I anchor?
Fondee usted donde se encuentra.	You should anchor where you are.
Fondee usted delante de ...	You should anchor off ...
Fondee usted en cuanto alcance fondo.	You should anchor immediately you get bottom.
Envíe usted un bote al sitio donde debo fondear.	Send a boat to place where I am to anchor.
Enviaré un bote al sitio donde debe usted fondear.	I will send a boat to place where you are to anchor.
¿Qué clase de fondo hay aquí?	What is the quality of bottom here?
El fondo es de arena.	Bottom is sandy.
¿Hay buen tenedero en ...?	Is there a good holding ground in ...?
Sí, hay buen tenedero.	Yes, there is a good holding ground.
No, hay mal tenedero.	No, there is bad holding ground.
El mejor sitio para fondear es en ... metros.	The best berth for anchoring is in ... metres.
Hay demasiada agua para fondear.	Water is too deep to anchor.
Estamos fondeados en *- doce metros.* *- diez brazas.*	We are anchored in - twelve metres. - ten fathoms.

Ordenes para fondear

Tenga usted sus anclas listas para fondear.	Have your anchors ready for letting go.
Tenga listas las dos anclas.	Keep both anchors ready.
¿Están las anclas listas?	Are the anchors ready?
Sí, las anclas están listas para fondear.	Yes, anchors are ready for letting go.
¿Qué ancla debo fondear?	Which anchor should I let go?
Aliste usted el ancla de estribor.	Get the starboard anchor ready.
¿Qué ancla vamos a fondear?	Which anchor are we going to let go?
Una cualquiera.	Any one.
Fondearemos la de babor.	We will drop the port one.
Tenemos que usar el ancla de estribor.	We have to use starboard anchor.
Arríe el ancla hasta el agua.	Veer out the anchor to the water's edge.
Engrane el molinete y desvire un grillete.	Couple windlass and veer away one shackle.
Es necesario fondear con dos anclas.	It is necessary to moor.
Fondearemos primero la de babor.	We will drop port anchor first.

¡Listos para fondear!	Stand by for letting go!
¡Esté listo para fondear!	Get ready to let go the anchor!
¡Lista el ancla de estribor!	Stand by the starboard anchor!
¡Fondo!	Let go!
¡Deje caer el ancla!	Drop the anchor!
¡Fondo el ancla de babor!	Port anchor, let go!
¡Fila cadena!	Pay out the cable! [Veer cable!]
¿Cuánta cadena debemos filar?	How much cable should we veer?
Debemos filar ... grilletes.	We must pay out [pay away] ... shackles.
Tres grilletes al agua.	Three shackles in the water.
¡Fila dos grilletes!	Pay away two shackles!
¡Cadena en banda!	Keep the chain cable slackened!
¡Fila cadena poco a poco!	Pay out the cable easy!
¡Bueno filar!	Avast paying out!
¡Fila lo que pida!	Slack away handsomely!
¿Cómo llama la cadena?	How is the cable leading?
La cadena está en banda.	Chain cable is slack.
La cadena está tesa.	Chain cable is taut.
¡Fila un poco más de cadena!	Pay out some more chain!
¡Aguanta la cadena!	Hold on the cable!
El ancla ha agarrado.	Anchor has bitten.
El ancla no ha agarrado.	Anchor has not bitten.
Parece que el ancla está garreando.	It seems the anchor is dragging.
Sí, el ancla está garreando.	Yes, the anchor is dragging.
Fondee otra ancla.	Let go another anchor.

Ordenes para levar

Prepárese usted a levar.	You should prepare to weigh anchor.
¿Está usted listo para levar el ancla?	Are you ready to weigh anchor?
Sí, estoy listo para levar.	Yes, I am ready to weigh.
¡Listos para levar el ancla!	Stand by to weigh anchor!
¡Esté preparado para virar!	Be ready to heave in!
¡Vira cadena!	Heave on the chain!
¡Vira la cadena de babor!	Heave in the port anchor cable!
¡Templa la cadena!	Haul taut the cable!
¡Vira el ancla!	Heave up the anchor!
¡Vira a pique!	Heave apeak! [Heave short!]
¡Bueno virar cadena!	Avast heaving on the chain cable!
¡Zarpó!	Anchor aweigh! [Anchor atrip!]

El ancla ha zarpado.	Anchor is aweigh. [Anchor is atrip].
El ancla está a pique.	Anchor is apeak. [Anchor is up and down].
El ancla está a flor de agua.	Anchor is awash.
El ancla está arriba.	Anchor is up.
El ancla está enredada.	Anchor is foul.
El ancla está clara.	Anchor is clear.
Hemos enganchado un ancla ajena.	We have picked up a strange anchor.
Nos vemos precisados a largar la cadena por chicote.	We are obliged to slip the cable.
Esté usted listo para arriar su cadena por chicote.	Be ready to slip your cable.
Arríe usted su cadena por chicote.	Slip your cable.
He arriado por chicote mi ancla y la cadena.	I have slipped my anchor and cable.

MANIOBRAS DE CABOS

Para atracar

Daremos los cabos a tierra con mi bote.	We will send the lines ashore by my boat.
Prepare usted un bote para dar los cabos a tierra.	Get a boat ready to take the lines ashore.
Arríe el largo de proa hasta el nivel del agua.	Pay out the headline to the water's edge.
¡Darle el cabo al bote!	Give the line to the boat!
Tenga preparada las guías para dar los cabos a tierra.	Get the heaving lines ready to send the ropes ashore.
¡Dar la guía a tierra!	Give on shore the heaving line!
¡Dar a tierra el spring de proa!	Give on shore the forward spring!
¡Dar a tierra el través!	Give on shore the breast line!
Dar el spring de popa, pero que mantengan la hélice clara.	Run out the aft spring but keep clear the propeller.
¡Vira!	Heave away!
¡Vira despacio! [¡Vira poco a poco!]	Heave gently! [Heave easy!]
¡Bueno virar!	Avast heaving!
¡Vira el cabo de proa!	Heave in the headline!
¡Vira el spring de popa!	Heave in the aft spring!
¡Vira a popa!	Heave in aft!
¡Vira a proa!	Heave in fore!

Que no trabaje el cabo de proa, vira sólo lo que quede en banda.	Keep lose the headline, heave only the slack.
¡Cobra el seno!	Haul in the slack!
¡Cobra el largo de proa!	Haul in the headline!
¡Cobra el spring!	Haul in the spring!
¡Aguanta!	Hold on!
¡Aguanta el spring de proa!	Hold on the forward spring!
¡Tesa!	Haul taut!
¡Tesa el través!	Haul taut the breast line!
Atraca la popa con un través.	Heave the stern alongside with a breast line.
¡Lasca!	Slack away!
Lasca sobre vuelta. [Lasca lo que pida].	Slack away handsomely. [Veer out handsomely].
¡Lasca a proa!	Slack away fore!
¡Lasca el spring de proa!	Check the forward spring!
El cabo tiene seno.	The rope is slack.
El cabo está teso.	The line is taut.
¡Lasca un poco más de cabo!	Pay some more line!
¡Amarra!	Make fast!
¡Amarra el spring de proa!	Make fast the forward spring!
¡Amarra en la bita el largo de popa!	Belay on bitts the sternline!
¿Estamos en el sitio?	Are we in position?
Aún no. Hay que ir ... metros hacia adelante.	Not yet. It is necessary to move ... metres ahead.
Hay que ir ... pies hacia atrás.	It is necessary to move ... feet astern.
El barco está en el sitio.	Vessel is in position.
¡Amarra todo!	Make all fast!
¡Amarra todo, tal como está!	Make fast everything as she is!
¡Doblar amarras a proa y a popa!	Double up fore and aft!

Para desatracar

¡Deja en sencillo!	Single up!
¡Deja en sencillo la proa y la popa!	Single up fore and aft!
¡Larga todo de proa y popa!	Let go everything fore and aft!
¡Larga el spring de popa!	Let go [cast off] the aft spring!
¡Quédese sobre un cabo de popa para ir arriando!	Keep a check rope aft!
¡Larga todo a popa!	Let go all aft!
Que den vueltas al spring sobre la bita y que guarnan el largo al molinete.	Belay on bitts the spring and bring the headline to the windlass.

¡Vira el largo de proa; aguanta el spring!	Heave away the headline; hold on the spring!
¿Está clara la hélice?	Is the propeller clear?
¡Aún no!	Not yet!
La hélice está clara.	Propeller is clear.

REMOLCADORES Y MANIOBRAS DE REMOLQUES

Generalidades

¿Necesita usted remolcador?	Do you require a tug?
No necesito remolcador.	I do not require a tug.
Sí, necesito un remolcador.	Yes, I require a tug.
Necesito ... remolcadores.	I require ... tugs.
¿Qué hay que hacer para pedir un remolcador?	What is to be done in orden to ask a tug?
¿Es posible obtener un remolcador?	Can we get a tug?
No hay remolcadores disponibles.	There are no tugs available.
Los remolcadores no pueden salir.	Tugs cannot proceed out.
Debido al mal tiempo los remolcadores no saldrán.	Owing to bad weather tugs will not proceed out.
El remolcador va hacia usted.	Tug is on its way to you.
Dos remolcadores salen para su buque.	Two tugs are going off to your vessel.
El remolcador saldrá para usted dentro de *- un cuarto de hora.* *- media hora.* *- una hora.*	The tug will go off to you in - quarter of an hour. - half an hour. - one hour.
¿No sería mejor tomar un remolcador para *- salir?* *- entrar en el puerto?*	Would it not be better to take a tug - to go out? - to go into the port?
¿Quiere usted que pida un remolcador?	Do you want me to ask a tug?
Sí, pida un remolcador.	Yes, ask a tug.
Es preciso tomar un remolcador para *- subir el río.* *- hacer el reviro en el puerto.* *- atravesar los pasos.*	It is necessary to take a tug. - to go up the river. - for swinging round in the port. - to pass across the channel.
Tenemos que tomar un remolcador para *- estar en la barra a la pleamar.* *- llegar a tiempo.*	We must take a tug to - go over the bar at high water. - be arrived in time.
Si no toma usted un remolcador, no podremos	If you don't take a tug we cannot

- *entrar.*	- enter.
- *salir.*	- go out.
- *maniobrar.*	- manoeuvre
- *desatracar.*	- unberth.
- *atracar.*	- go alongside.
El remolcador no tiene potencia suficiente, necesito otro.	The tug has not sufficient power, I require another one.
Necesitamos dos remolcadores.	We need two tugs.

Maniobras de remolques

¿Cómo quiere usted mandar los remolques?	Which way do you wish to send the towing lines?
Dé un guía al remolcador.	Send a heaving line to the tug.
El remolcador se acercará para recibir el cabo de remolque.	The tug will come closer to receive the towing line.
El remolcador mandará una guía.	The tug will send a heaving line.
¡Listos para dar el remolque [los remolques]!	Ready to give the towing line [the towing lines]!
Ponga el mejor a estribor [babor].	Put the best one on the starboard [port] side.
Es preciso poner doble el remolque de proa [popa].	It is necessary to double the forward [aft] towing line.
Un solo remolque es suficiente.	One towing line only is enough.
¡Firme remolque!	Make fast the towing line!
¿Está firme el remolque?	Is the towing line fast?
¿Están firmes los remolques?	Are the towing lines fast?
El remolque está firme.	The towing line is fast.
Acorte el remolque.	Shorten the towing line in.
Que trabajen por igual los remolques.	Keep the towing lines working together.
¡Fila remolque!	Pay out the towing line!
Estoy filando remolque.	I am paying out the towing line.
¿Está usted listo para remolcar?	Are you ready for towing?
Está todo listo para remolcar.	Everything is ready for towing.
¡Empiece a remolcar!	Commence towing!
Estoy empezando a remolcar.	I am commencing to tow.
¡Larga remolque!	Cast off the towing line!
Largue cabo de remolque de proa.	Cast off the forward towing line.
Tengo que largar el remolque.	I must cast off the towing line.
Ha faltado el remolque.	The towing line has parted.
Tenga listo otro cabo.	Get another towing line ready.

MAREAS

¿Cómo está ahora la marea?	How is the tide now?
¿Qué hace la marea?	What is the state of the tide?
Es pleamar.	It is high water.
Es bajamar.	It is low water.
La marea está parada.	The tide is slack.
La marea está bajando.	The tide is falling.
La marea está subiendo.	The tide is rising.
¿A qué hora será la próxima bajamar [pleamar]?	What is the time of next low [high] water?
La bajamar es a las ...	Low water is at ...
La pleamar es a las ...	High water is at ...
¿Cuándo empezará a subir la marea?	When does the tide begin to rise?
La marea empieza a subir a las ...	The tide begins to rise at ...
¿Cuándo empezará a bajar la marea?	When does the tide begin to fall?
La marea empieza a bajar a las ...	The tide begins to fall at ...
¿A qué hora termina de bajar la marea?	What is the time of next low water slack?
¿A qué hora termina de subir la marea?	What is the time of next high water slack?
¿A qué hora será el próximo repunte de marea?	What is the time of next slack water?
El próximo repunte es a las ...	Next slack water is at ...
¿Cuándo cambiará la marea?	When will the tide turn?
La marea cambiará a las ...	The tide will turn at ...
¿Cuál es la amplitud de la marea?	What is the range of tide?
La amplitud de la marea es ... pies.	Range of tide is ... feet.
¿Cuántos pies subirá la marea?	How many feet will the tide rise?
¿Cuántos decímetros bajará la marea?	How many decimetres will the tide fall?
La marea subirá [bajará] ... pies.	The tide will rise [fall] ... feet.
La marea ha subido [bajado] ... decímetros.	The tide has risen [fallen] ... decimetres.
La marea está ... pies por encima de lo previsto.	Tide is ... feet above prediction.
La marea está ... metros por debajo de lo previsto.	Tide is ... metres below prediction.
¿En qué dirección tira la corriente de marea y con qué intensidad?	What is the set and drift of the tidal stream?
La corriente de marea tira hacia *- el ...* *- fuera.* *- tierra.*	Tidal stream sets - to the ... - off shore. - on shore.
La dirección de la marea es ... grados.	The set of the tide is ... degrees.

¿En qué dirección tirará la marea entrante [vaciante]?	How will the flood [ebb] set?
La entrante [vaciante] tirará hacia ...	The flood [ebb] will set ...
La intensidad de la marea es ... nudos.	The drift of the tide is ... knots.
La marea tirará con mucha intensidad.	The tide will run very strong.
¿Será favorable la marea?	Will the tide suit?
La marea está a su favor.	The tide is with you.
Tenemos la marea en contra.	The tide is against us.
¿Cuándo será la marea apropiada para....?	When will the tide be suitable for ...?
Espere hasta la marea baja.	You should wait until low water.
Espere hasta la marea alta.	You should wait until high water.
Debemos esperar la creciente para *- entrar en el canal.* *- pasar la barra.*	We must wait for the flood tide to - go through the channel. - go over the bar.
Esperaremos la pleamar para *- entrar en el puerto.* *- entrar en la dársena.*	We shall wait for the high water to - enter the harbour. - dock.
Debido a las mareas muertas no podemos hoy remontar el río.	Owing to neap tide we cannot go up river today.

CORRIENTES

¿En qué dirección tira la corriente?	What is the set of the current?
La corriente tira hacia *- fuera [la mar].* *- tierra.* *- el sur.*	Current sets. - off shore. - on shore. - to the south.
Hay corriente de proa.	There is head current.
La corriente es muy incierta.	Current is very uncertain.
¿Con qué intensidad tira la corriente?	What is the drift of the current?
¿Es fuerte la corriente?	Is the current strong?
Sí, la corriente es muy fuerte.	Yes, current is very strong.
¿Hay mucha corriente?	Is there much current?
La corriente tira ... nudos.	Current runs ... knots.
La corriente tirará con mucha intensidad.	Current will run very strong.
La corriente es menos intensa acercándose a tierra.	There is less current inshore.
No podemos contrarrestar la corriente.	We cannot stem the current.

SONDAS

Es necesario sondar.	It is necessary to sound.
Tenga preparado el escandallo de mano.	Get the hand lead ready.
Tenga preparado el sondador de eco.	Get the echo-sounder ready.
¿Cuánto fondo hay aquí?	What is the depth (of water) here?
La sonda aquí es de ... metros.	The depth here is ... metres.
¿Cuál es la profundidad aquí con marea llena?	What is the depth at high water here?
La profundidad con marea llena aquí es de ... pies.	The depth at high water here is ... feet.
¿Cuál es la profundidad aquí con marea baja?	What is the depth at low water here?
La profundidad con marea baja aquí es de ... brazas.	The depth at low water here is ... fathoms.
¿Qué sondas tiene usted?	What soundings have you?
Estoy en ... metros de agua.	I am in ... metres of water.
La profundidad del agua a proa [popa] es....	The depth of water at the bow [stern] is....
La profundidad del agua a lo largo del costado de babor [estribor] es ...	The depth of water along the port [starboard] side is ...
¿Cuáles son las mínimas sondas que tiene usted en la bajamar [pleamar]?	What are the least soundings you have at low water [high water]?
La menor sonda es de ... metros.	Shallowest water is ... metres.
¿Hay poca profundidad?	Is the water shallow?
Sí, hay poca profundidad.	Yes, water is shallow.
Hay demasiada profundidad.	Water is too deep.
¿Hay suficiente profundidad de agua?	Is there sufficient depth of water?
¿Tenemos agua suficiente?	Have we water enough?
Sí, tenemos agua suficiente.	Yes, we have water enough.
No tenemos agua suficiente.	We have no water enough.
No hay agua bastante a sotavento.	We have no water enough to our leeward.
Hay suficiente agua a barlovento.	There is water enough windward of us.
¿Tenemos bastante agua por la proa?	Have we water enough before us?
Sí, hay bastante agua por la proa.	Yes, there is water enough before us.
¿Cuándo tendremos agua suficiente?	When shall we have water enough?
Tendremos agua suficiente a las ...	We shall have water enough at ...
¿Qué profundidad hay en	What is the depth (of water)
-la barra?	- on the bar?
- la bajamar?	- at low water?
- la pleamar?	- at high water?

¿Cuál es la menor profundidad de agua en la canal?	What is the least depth of water in the fairway?
La menor profundidad del agua en la canal es de ... metros.	The least depth of water in the fairway is ... metres.

ENCALLADURAS, VARADAS VOLUNTARIAS Y PUESTA A FLOTE

Encalladuras

Corre usted el riesgo de encallar.	You are running the risk of going aground.
Caiga usted a babor [estribor] o varará.	Alter your course to port [starboard] or you will be ashore.
Quedará usted varado en la bajamar.	You will be aground at low water.
¿Está usted encallado?	Are you aground?
Sí, estoy encallado y necesito inmediato auxilio.	Yes, I am aground and require immediate assistance.
Sí, estoy encallado pero no estoy en peligro.	Yes, I am aground but not in danger.
¿Qué parte de su buque tiene encallada?	What part of your vessel is aground?
Estoy varado de proa [popa].	I am aground forward [aft].
Estoy varado por el centro.	I am aground amidship.
Estoy varado en toda la eslora.	I am aground full length of vessel.
Estamos varados.	We are aground.
¿En qué clase de fondo estamos varados?	On what kind of bottom have we gone aground?
El barco está varado en fondo blando [de roca].	The ship is aground on soft [rocky] bottom.

Varadas voluntarias

¿Puede su buque varar sin inconveniente?	Can your vessel be beached without inconvenience?
¿Qué clase de fondo hay donde usted quiere que varemos?	What bottom is it where you intend to beach the ship?
Vararemos el buque sobre *- arena.* *- cascajo.* *- fango.*	We will beach the vessel on - sand. - gravel. - mud.
Debo varar el buque.	I must beach the vessel.
Vare el buque en el punto de la costa señalado por una bandera [luz].	You should beach the vessel where flag [light] is shown.

Puesta a flote

¿Qué calado tenía usted cuando encalló?	What was your draught when you went aground?
Mi máximo calado cuando encallé era ... pies.	My maximum draught when I went aground was ... feet.
¿Cómo estaba la marea cuando encalló?	At what state of tide did you go aground?
Había marea alta [baja] cuando el buque encalló.	The tide was high [low] when the vessel went aground.
Había media marea cuando el buque encalló.	The tide was half water when the vessel went aground.
¿Cuándo tendremos agua bastante para reflotar el barco?	When shall we have water enough to refloat the ship?
¿Cree usted que flotaremos a la pleamar?	Do you think the ship will float at high water?
Sí, creo que el barco flotará a la pleamar porque el agua subirá ... centímetros.	Yes, I think the ship will float at high water because water will rise ... centimetres.
¿Cuándo estará usted a flote?	When will you be afloat?
Espero quedar a flote en la pleamar.	I expect to refloat at high water.
¿Hay probabilidad de que usted pueda ser puesto a flote?	Is it likely that you can be refloated?
Sí, hay probabilidades de que yo quede a flote.	Yes, there is a good chance that I will refloat.
Puedo ponerme a flote sin ayuda.	I may refloat without assistance.
Puedo volver a flote con ayuda de remolcador.	I can be got afloat with tug assistance.
Puedo ponerme a flote si usted me tiende un ancla.	I can refloat if you will lay out an anchor for me.
No puedo ponerme a flote con los medios ahora disponibles.	I cannot be refloated by any means now available.
No puedo ponerme a flote sin descargar.	I cannot refloat without discharging cargo.
Debemos alijar el buque para ponerlo a flote.	We must lighten the ship to get her afloat.
Debemos alijar la proa [popa].	We must lighten the forehead [aft].
Estoy tirando carga a la mar para ponerme a flote.	I am jettisoning cargo to refloat.
Estoy a flote.	I am afloat.

SEÑALES FONICAS

Toque usted el pito.	Blow the whistle.
El pito está inutilizado.	Whistle is out of order.

Haga usted señales con el pito de vapor.	You should signal by steam whistle.
Haré señales con el pito de vapor.	I shall signal by steam whistle.
Haga usted señales con la sirena durante la niebla.	You should signal with siren during fog.
Haré señales con la sirena durante la niebla.	I shall signal with siren during fog.
Toque usted el pito [la sirena] a intervalos.	You should sound whistle [siren] at intervals.
Indique usted su posición por pitadas.	You should indicate your position by whistle.
Dé una pitada corta.	Sound a short blast.
Dos [tres] pitadas cortas.	Two [three] short blasts.
Dé una pitada larga.	Sound a long blast.
Dos pitadas largas.	Two long blasts.

BANDERAS

Ice usted su bandera nacional.	Hoist your colours.
Salude con su bandera.	Dip your colours. [Salute with your colours].
Los buques, al entrar [salir], deben izar su bandera.	Vessels on entering [leaving] should show their colours.
Los buques, mientras estén en puerto, deben tener izada su bandera.	Vessels whilst in harbour should show their colours.
Ice usted. *- su numeral.* *- la bandera de cuarentena.* *- la bandera para pedir práctico.* *- la bandera de práctico a bordo.* *- la bandera de su Casa armadora.* *- la bandera de salida [la bandera P].*	Hoist - your signal letters. - the quarantine flag. - the flag to require a pilot. - the pilot on board flag. - your house flag. - the Blue Peter [P flag].
No puedo distinguir sus banderas.	I cannot distinguish your flags.
Arríe usted las banderas.	Haul down your flags.

EL TIEMPO

Generalidades

¿Qué piensa usted del tiempo?	What do you think about the weather?
El tiempo está demasiado malo.	Weather is too bad.
El tiempo está amainando.	Weather is improving.

El tiempo está empeorando.	Weather is deteriorating.
Una tormenta se acerca por el oeste.	Thunderstorm is approaching from the westward.
La tormenta se aleja hacia el ...	Thunderstorm is passing away to ...
El tiempo no está bueno para *- salir.* *- maniobrar.* *- atracar.*	Weather is not good enough to - leave. - manoeuvre. - come alongside.
Espere hasta que el tiempo mejore.	You should wait until the weather moderates.
Es peligroso entrar antes que el tiempo amaine.	It is unsafe to run in until weather moderates.
Esperaré hasta que el tiempo mejore.	I will wait until the weather moderates.
No podemos salir [entrar] con estos vientos y es necesario *- esperar un recalmón.* *- ir a fondear.*	We cannot go out [in] with the winds as they are, we must - wait for a lull. - go and drop anchor.
¿Qué tiempo tiene usted?	What weather are you experiencing?
El tiempo es bueno.	Weather is good.
El tiempo es malo.	Weather is bad.
¿Qué tiempo ha tenido usted?	What weather have you had?
He tenido buen tiempo.	I have had good weather.
Muy mal tiempo.	Very bad weather.
¿Qué tiempo hay fuera?	What is the weather outside?
Debe de haber mal tiempo afuera.	I think weather is very bad outside.

Temperatura

¿Cuál es la temperatura del aire?	What is the air temperature?
La temperatura del aire es ...	The air temperature is ...
La temperatura del aire está por debajo de cero grados centígrados.	The air temperature is sub-zero centigrade.
Se espera que la temperatura del aire estará por debajo de cero grados centígrados.	The air temperature is expected to be sub-zero centigrade.
¿Cuál es la temperatura de la mar en la superficie?	What is the sea surface temperature?
La temperatura de la mar en la superficie es ...	The sea surface temperature is ...

Presión atmosférica

¿Cuál es la presión atmosférica?	What is the atmospheric pressure?

La presión atmosférica corregida al nivel del mar es de ... milibares.	Corrected atmospheric pressure at sea level is ... millibars.
¿Qué hace el barómetro?	What is the barometer doing?
El barómetro está bajando [subiendo].	Barometer is falling [rising].
El barómetro está bajando de un modo continuo.	Barometer is steadily falling.
El barómetro está subiendo rápidamente.	Barometer is rising quickly.
El barómetro está alto [bajo].	Barometer is high [low].
El barómetro está estacionario.	Barometer is steady.
El barómetro ha bajado [subido] ... milibares durante las tres últimas horas.	The barometer has fallen [risen] ... millibars during the past three hours.

Visibilidad y nieblas

¿Cuál es la visibilidad en ...?	What is the visibility at ...?
La visibilidad en ... es de ... metros.	Visibility at ... is ... metres.
La visibilidad es *- buena.* *- muy buena.* *- mediana.* *- suficiente.* *- muy escasa.* *- muy mala.*	Visibility is - good. - very good. - indifferent. - fair. - very poor. - very bad.
La visibilidad aumenta.	Visibility is increasing.
La visibilidad disminuye.	Visibility is decreasing.
La visibilidad es variable.	Visibility is variable.
¿Cuál es la visibilidad prevista?	What is the forecast visibility?
¿Se espera algún cambio en la visibilidad?	Is visibility expected to change?
Se espera que la visibilidad aumente [disminuya] a ... millas en ... horas.	Visibility is expected to increase [decrease] to ... miles in ... hours.
Se espera que la visibilidad aumente.	Visibility is expected to increase.
He tenido mucha niebla.	I have experienced a lot of fog.
Se acerca niebla densa.	Thick fog is coming on.
Hay demasiada niebla para salir.	It is too foggy to leave.
La niebla va levantando.	Fog is lifting.
La niebla está aclarando.	Fog is clearing.
La niebla ha aclarado.	Fog has cleared.

Vientos

¿Cuál es la dirección del viento?	What is the wind direction?
La dirección del viento es ...	Direction of wind is ...
El viento sopla del sudoeste.	The wind is blowing from south west.

El viento es del través.	The wind is on the beam.
El viento es de proa [popa].	The wind is on the head [astern].
¿Cuál es la fuerza del viento?	What is the wind force?
La fuerza del viento es ...	Wind force is ...
¿Qué hace el viento?	What is the wind doing?
El viento está rolando en el sentido de las agujas de un reloj.	The wind is veering.
El viento está rolando en el sentido contrario a las agujas de un reloj.	The wind is backing.
El viento está amainando.	The wind is moderating.
El viento ha cesado.	The wind has dropped.
El viento aumenta.	The wind is increasing.
El viento está refrescando.	The wind is freshening.
El viento tiende a refrescar.	The wind will freshen.
Está soplando con demasiada fuerza.	It is blowing too hard.
¿Cuándo cree usted que los vientos amainarán?	When do you expect the wind will fall?
Creo que el viento amainará esta tarde.	I think the wind will moderate this afternoon.
¿Qué se espera que haga el viento?	What is the wind expected to do?
Se espera que el viento role en el sentido de las agujas de un reloj.	The wind is expected to veer.
Se espera que el viento role en el sentido contrario a las agujas de un reloj.	The wind is expected to back.
Se espera que el viento aumente [disminuya].	The wind is expected to increase [moderate].
El viento soplará fuerte del *- norte.* *- sur.* *- este.* *- oeste.*	The wind will blow hard from the - north. - south. - east. - west.

La mar

¿Cuál es el estado de la mar?	What is the state of the sea.
El estado de la mar es *- marejadilla.* *- gruesa.* *- muy gruesa.*	The state of the sea is - slight. - rough. - very rough.
La mar es demasiado gruesa.	Sea is too heavy.
No hay mucha mar.	There is not much sea.
La mar va cayendo.	Sea is going down.
La mar ha caído.	Sea has gone down.

¿Cuál es la previsión sobre el estado de la mar?	What are the forecast sea conditions?
Se espera que la mar aumente [disminuya].	Sea is expected to increase [decrease].

Previsión del tiempo

¿Cuál es la previsión del tiempo para hoy?	What is the weather forecast for today?
El parte meteorológico de hoy da ...	Meteorological report for today gives ...
No se dispone de previsión del tiempo.	Weather report is not available.
¿Cuál es la previsión del tiempo para mañana?	What is the weather forecast for tomorrow?
La previsión del tiempo para mañana indica *- buen tiempo.* *- mal tiempo.* *- viento duro.*	Weather forecast for tomorrow gives - good weather. - bad weather. - fresh gale.
¿Qué tiempo se espera?	What weather is expected?
Se espera buen tiempo.	Weather expected is good.
Se espera mal tiempo.	Weather expected is bad.
No se espera cambio de tiempo.	No change is expected in the weather.
¿Se espera mal tiempo?	Is bad weather expected?
Sí, se acerca mal tiempo; tome usted las precauciones necesarias.	Yes, heavy weather is coming; take necessary precautions.

DESEMBARQUE DEL PRACTICO

¿Dónde piensa usted dejar el buque?	Where do you intend leaving the ship?
Mi servicio de practicaje finaliza aquí.	My pilot duties cease here.
Estamos fuera de todo peligro, voy a dejar el buque.	We are clear of all dangers, I will leave you.
Por favor, rellene y firme el impreso de practicaje.	Please, fill out and sign the pilot form.
¿Cómo tengo que rellenar este impreso?	How shall I fill out this form?
Anote el nombre del barco, el tonelaje bruto, la fecha de hoy y su nombre.	Put down the ship's name, the gross tonnage, today's date and your name.
Ponga su firma aquí, por favor.	Put down your signature here, please.
Muchas gracias por su ayuda.	Thank you very much for your help.
Le deseo buen viaje.	I wish you a pleasant passage.

OTRAS OBRAS SOBRE NAVEGACION PUBLICADAS POR

PARANINFO S.A.

Conrad DIXON. *Navegación astronómica básica.* 136 páginas. 56 figuras.

Se propone presentar la navegación astronómica básica en términos sencillos. Escrito para navegantes con alguna experiencia en navegación costera que deseen realizar travesías entre 150 y 500 millas.

Proporciona a los aficionados la confianza necesaria para explorar el mar abierto, así como conocimientos elementales de navegación con sextante.

Conrad DIXON. *Navegación costera básica.* 100 páginas. 20 figuras.

Escrito para las personas que se inician en el mundo de la navegación marítima. Tiene como objetivo hacer comprender al lector que solamente se necesitan unas normas básicas de sentido común y salir al mar para ponerlas en práctica.

Conrad DIXON. *Navegación con calculadora.* 100 páginas. 7 ilustraciones.

El cálculo de las mareas, de la distancia, de la velocidad, del rumbo, la conversión métrica y, por supuesto, la navegación astronómica, serán mucho más rápidos, fáciles y estarán menos sujetos a error, utilizando una simple calculadora de bolsillo.

Luis LEAL. *Diccionario naval. Inglés-Español. Español-Inglés.* 232 páginas.

Con la presente obra se intenta cubrir la necesidad de un moderno vocabulario inglés-español de fraseología naval.

El objetivo de este diccionario no es otro que facilitar a los oficiales de Marina la traducción y entendimiento de las obras, norteamericanas especialmente, que su profesión les fuerza a consultar.